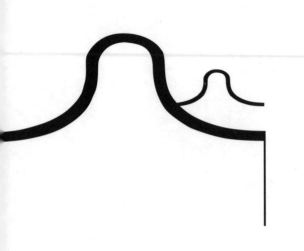

程美寶＼著

# 地域文化
# 與國家認同

晚清以來「廣東文化」觀的形成

# 再版序

　　如果不是香港三聯書店總編輯侯明女士的鼓勵，我是不會想到這本 2006 年在北京三聯書店出版的小書，能以繁體字在香港再版的。說來慚愧，此書源於我 1991－1995 年間在牛津大學撰寫的博士論文，也就是説，從構思撰寫至改寫出版到再次面世，前後已有廿多年的光景，真的是趕上了跨世紀的列車。適逢踏入 21 世紀的第十八個年頭，眼看着種種國內外的政治態勢，或多或少是本書論及的 18－19 世紀民族 — 國家思潮興起的一種延續與反彈。現在回想起來，當年以 "地域認同" 為主題構思論文，也並非沒有因由。這種 "跨世紀" 經驗，頗具時代意義，值得借此再版的時機贅言幾筆。

　　我的博士論文早期的構想，曾在 20 世紀 90 年代初牛津大學一個以討論身份認同（identity）為主題的系列研討會（seminar）上報告過。當時，"身份認同" 這個詞彙及其引申的研究，在人文學界中非常火熱，1991 至 1992 年間，又正值《馬斯特里赫特條約》（Maastricht Treaty）簽訂，為歐洲共同體建立政治聯盟和經濟與貨幣聯盟訂下時間表，該研討會討論的題目也因而不免與歐盟有關。與會者大多為人文學者，討論的內容都比較務虛，諸如談談 "何謂歐洲"，談談神聖羅馬帝國的歷史意義等等。我不諳歐洲史，但因博士論文以地域認同為題，乃有幸獲安排在研討會上報告。與會者大多為歐洲人，還有一些不一定認同自己是歐洲人的英國人，我是在會上屬極少數的中國人，報告的內容又是中國歷史，毋寧是要把這群腦袋扎在歐盟歐羅的歐洲人（和英國人），帶到在他們看來既古老又遙遠的東方國度，而那個叫"Guangdong"（廣東）的地方，於他們好些人來說更是聞所未聞。我還記得，為了讓他們有些基本知識，我展示了中國地圖和廣東省地圖，指出廣東在哪裏，面對英國人，我又特別提到廣東的面積與英國相若，並專門點出香港的地理位置。當時距 1997 年尚有幾年，剛好地圖上的廣東是以深粉紅色標識的，我指着那塊以白色標識的香港說："這塊未幾也會變成紅色"，有些與會者報以一笑。這淡淡的幽默，英國人還是懂得的。

老實說，這個系列研討會上有哪些報告，具體內容和觀點講了些什麼，我都不太記得了，也許當時就沒有聽懂，但研討會的情景，仿佛凝結成一張油畫，至今仍歷歷在目。研討會的主持人艾倫·蒙蒂菲奧里（Alan Montefiore），是牛津大學貝利奧爾書院（Balliol College）的名譽院士（Emeritus Fellow），專研歐洲哲學。在牛津當院士薪水並不豐裕，但擁有房產的學院會安排部份院士寓居較寬敞的房子，院士們也大多會善用這些房子，使其成為有溫度的研討場所。我們來自不同學科和學院約共四十多名師生，每一或兩周某個晚上，便會從四面八方陸續抵達蒙蒂菲奧里的居所，自動自覺地在客廳地上圍坐，一人先作報告，隨後交流研討，至深夜始散。蒙蒂菲奧里身形瘦削，眼神炯爍，經常是身掛一件白袍，開會前先給我們每人遞上一杯葡萄酒，待眾人坐好後，便手撐着頭側臥在地上，靜心聆聽報告和討論。其話不多，屬於"夫人不言，言必有中"那種，因此我記憶中他的聲音份外細碎微弱。就是在這如畫的情景中，我懵懂地領受了一點知識，模糊地感覺到自己的論文具有一定的普遍意義。

蒙蒂菲奧里是在倫敦出生接受英國教育成長的猶太人，其祖父是英國自由派猶太教的創始人，身份認同這個問題因而順理成章地成為他畢生的關懷。有評論人說，蒙蒂菲奧里窮一生苦思冥想的問題，就是何以他的家人認為他應該做一個猶太好孩子。也許，我們只要把"猶太"二字換了其他文化或國度作定語（比如說"中國"），也可以探問同一個哲學問題。蒙蒂菲奧里生於 1926 年，而今也 92 歲高齡了，二十多年前，歐盟還在成形中，研討會上人們熱熾地展望將來，沒想到，二十多年後，英國宣佈脫歐，歐盟內部亦諸多紛擾，個別國家更時聞地方謀求獨立之聲。天下分久必合，合久必分，信非使然？也許像蒙蒂菲奧里一類的哲人，這些早在預想之中，所以一開始便從哲學的角度，揭出身份認同這個命題中應然（我應該做一個猶太好孩子）與實然（我是一個猶太孩子）之差異與聯繫，以及人的主觀能動性在調和兩者中發揮的作用。

這本小書也可以說是從這個最根本的哲學命題出發的，但我作為一個史學學徒，還是想給出一個歷史的答案。我相信，不論是"我是廣東人"，還是"我應該做一個中國好孩子"，不論是"是"，還是"應"，為什麼人們這樣認識和這樣認為，都能從歷史上的文獻與聲音中找到一些憑據，排比出一個時序，勾勒出一個有助我們理解地域認同的分析框架。我以為我在這本小書嘗試達致的目標，就是這些。自 2006 年初版以來，讀了此書而頗有共鳴的同行與讀者，大抵也覺得我列舉的證據還算有力，敘述的時序看來合理，提出的分析框架也有一定的參考價值；但也有不少讀者對拙著存在誤解，以為我講的就是"廣東文化是什麼"的事實，而忽略了我說的其實是成為事實的過程，而這種種事實不過是人們的認知（是）與期待（應）的合成品。"應"一般很容易被質疑，但"是"——尤其是自以為是的"是"——卻往往欠缺自省，批判別人迷信的人不會認為自己相信的"事實"也是一種迷信。拙著勉力要做的，就是抽絲剝繭地拆解這"事實"形成的過程。這種嘗試，也許有助我們重新理解當下種種關係到身份認同的"是"與應"。讀者應該批判的，是拙著的論述最底層的那層"是"，按史學標準是否站得住腳，這也是我要不斷自我鞭策的。

以上不過是換了一種講法，重覆我在本書首章導論的說明。我在導論裏用了一個"本書不是……"的方式，企圖說明本書是什麼。這次我採取較正面但也有點迂迴的說法，再簡單說明本書"是"什麼，順道記下學生時代的點滴回憶，提醒自己，我的想法其實由來有自，拙作不過是20世紀90年代某種學術取向和現實關懷的滄海一粟。由於我的基本觀點和想法無甚改變，後來新發現的資料也不足以改變書中的論點與敘述，加上我的研究興趣也變得越來越靠近物質和感官歷史等方面，此次再版，我沒有對本書作出太多修訂，只是訂正了錯字和筆誤，並更新了少量書目，主要是有好幾位同行的書稿或文稿已正式出版了，應該把最新的信息呈現人前。

此繁體字版書稿的編輯工作，也特別有賴責任編輯俞笛女士和李斌先生把關。俞、李兩位都畢業於我曾任教近二十年的中山大學歷史系，先後加入香港三聯書店任職。這次我的書稿落到兩位手上，讓他們讀一本老師十年前出版的舊著，希望不至於太了無興味。感謝二人細心的責編工作，盡量讓拙著不一錯再錯，當然，如最終有任何錯漏，仍是由我個人負責的。

最後，且讓我在此再版序中多添幾字，以填補某種空白。本來，拙著此次難得再版，是希望能請得某位知音評點，以收畫龍點睛、匡謬正誤之效的，但由於種種原因，終致遺憾錯過。我赫然想到，在微信中讀到的一篇懷念中央電視台上世紀 80 年代拍攝的經典電視劇《西遊記》的文章，其中提到唐僧的那匹白馬的下場——"那匹以八百塊買的白馬，伴隨着劇組走遍祖國的大江南北，後來被送到一處影視基地，　度淪為賺錢的工具。出錢可以拍照，可以騎上它遛一圈，當楊潔導演得知此事去探望它時，它渾身污垢，鬱鬱寡歡。1997 年這匹敬業的白龍馬，悄然離開人間，沒有具體日期，也沒有埋葬地點"——我看到照片中那白馬低下頭來的神情，哇的一聲哭出來了。我的這個反應，自然是有原因的，朋友圈中的一些內地朋友也有同感，但我當時也不明白自己為何如此激動。現在我明白了，原來這於今日之我來說，是一種預兆。畢竟，如實記錄，盡一切可能留下痕跡，讓當時或後世有興趣的人做點歷史考究，也是我們身為歷史學徒的責任。願與諸君共勉。

程美寶

初稿草於新界太和陋室，2018 年 1 月 25 日訂定，

2018 年 2 月再增補訂正

# 目錄

# 第 一 章

導論：展覽文化

1940 年 2 月 22 日，一個熱鬧非凡的展覽會在香港大學馮平山圖書館開幕了。根據當時人的描述，這個展覽會佈置得頗為張揚：

　　門口高搭彩樓，中間掛着一個彩門，垂了一條紅色絲帶。彩門上方，掛着一個藍地金字花邊直匾，寫着 "廣東文物展覽會" 幾個仿宋體字。兩旁掛着大圓燈籠兩個；門的兩旁分掛着硃聯，是 "高樓風雨　南海衣冠"，出自葉恭綽的寫作；入口的左旁紅硃木架上插着兩個高腳牌，一個寫着 "研究鄉邦文化"，一個寫着 "發揚民族精神" 的大會宗旨。這些佈置，十足地道的表現廣東的色彩。[1]

　　這個以 "廣東文物" 為主題的展覽會，展出的廣東文物品達兩千多件，從 2 月 22 日到 3 月 2 日閉幕的短短不足十天時間裏，到場觀眾達三四萬人之多，被稱為 "南國空前的文化盛舉"。其時，廣東的省城廣州已經淪陷一年多了，廣東的文化人避難到香港，值此國家民族危急存亡之秋，一批文化人在香港舉辦這樣一個旨在 "研究鄉邦文化，發揚民族精神的" 的展覽會，自非舊日文人消閒玩物之舉，而有其深意所在。正如展覽會的主要籌辦人之一，嶺南大學校長李應林所表白那樣：

---

**1** 《廣東文物》，1941 年，上海：上海書店，1990 年重印，第 211 頁。在 "廣東文物展覽會" 結束後，籌備委員會把部分展品拍成照片，並徵求各界學者專家撰寫相關論文，同時以 "參觀廣東文物展覽會述評" 為題，向香港的青年學生徵文，彙編成《廣東文物》一書，於 1941 年出版。

際此邦家多難，世變方亟，端賴上層知識分子，接承先民艱難締造之固有文化，從而發見保持繼往開來之光榮史料，整理研究而發揚光大之，使與國家民族生命維繫於不斷，自非好整以暇，甚而玩物喪志者可同日而語。**2**

究竟這個展覽如何區別於玩物喪志之舉，且讓我們先跟着時人的記錄，走進會場看個究竟吧。

隨着擠擁的人群踏上石階進入馮平山圖書館，面向正中大堂，"即仰見高懸當中的孫總理遺像在黨國旗之中，左右則有歷代名賢鴻哲烈士大儒的遺像，如張曲江、丘瓊山、黃公輔、陳白沙等，各人瞻仰遺容自起敬仰之心，其愛國愛種的精神，沒有不油然興起的。"**3** 對於幾位古人，有人評論道："張曲江之詩，陳白沙之經，丘瓊山之史，俱為我國學術之大流；亦崛然屹然，自成系統，樹立嶺表之學，與中州之士異。"**4**

循樓梯走上第一層的大堂，首先入目的是陳公哲剛剛發現的香港史前遺跡，包括一些斷定為紀元前或商周時代的石英珥和玉環，一位記者這樣判斷："其制度與中州所出土者相同，又何疑乎？""吾國古籍與國際學者，認為我國文化，係由北而南者，其說極為謬妄；此種懷疑，不獨記者一人根據目前出土之古物，可

---

**2** 《廣東文物》，第 V 頁。

**3** 同上，第 214 頁。

**4** 同上，第 251 頁。

以證明，而吳越考古學會諸學者，亦多數疑為我國文化，係由南而北。"[5] 我們暫且擱置這種 "中國文化源流" 的爭論於一旁，把目光移向大堂左邊，一幅高奇峰的畫像活現眼前。有觀眾看後，寫下感觸說，這幅由趙少昂等幾位嶺南畫派的傳人繪畫的遺像，"神態如生，使人對此一代藝人，致其不勝景仰之忱"。[6]

向右轉入第一室，最引人注目的，是康有為上書攝政王痛斥袁世凱罪狀的草稿，"從草稿中，可以看出清室帝皇的庸懦無能，同時更可以看出袁世凱這東西，在清室已經是個亂臣賊子；在民國，他更是一個民族的罪人。"[7] 此外，還有明末忠臣鄺露的瑪瑙冠和綠綺台琴，以及陳子壯的遺墨，"都令人看了之後，憧憬着鄺陳兩先生的壯烈事蹟，而更加振起我們救國的精神。"[8]

第四室的展品似乎最激動人心。"這充溢了血和淚的一個小房間 —— 第四室 —— 窒息的氣氛是特別顯得緊張而嚴肅。" 除了簡又文珍藏的太平天國史跡文獻之外，"這兒有先烈被捕時不屈的供狀，有用血寫成的話，有孫總理行醫時期的器具，廣告和畢業證書，還有那初期革命的四大寇合照"。[9]

這次展覽的展品，以書畫佔大多數。第二、三、五、六室陳列的典籍志乘、翰墨丹青，俱出自唐代以降廣東名人手筆。唐有

---

5 《廣東文物》，第 253－254 頁。

6 同上，第 250 頁。

7 同上，第 250 頁。

8 同上，第 250 頁。

9 同上，第 330 頁。

張九齡，明有陳白沙、湛若水、袁崇煥、丘濬、海瑞、陳恭尹、黃子高、黎簡等；清有陳澧、林伯桐、黃培芳、朱次琦、李文田、康有為、梁啟超等；入民國則是二高（高劍父、高奇峰）一陳（陳樹人）的天下，還有胡漢民、陳少白等革命核心人物，不一而足。

看了這批書畫，有人讚賞不已，但也有人怕在抗戰期間玩物喪志而發出這樣的議論："姑勿論中國繪畫在世界畫壇上地位如何高超優越，但是為了民族的生存，為了民族的萬年大計，今後我們的努力應該怎樣轉向一下，才能在這競爭生存的世界上立腳。" **10** 不過，整體而言，這個展覽會還是發揮了振奮精神的作用的，"的確，這一個充滿民族意識，充滿了大廣東精神的'文展會'，是感動了每一個家園破碎的廣東人 —— 中國人！" **11**

在展品目錄裏，還錄入廣州土話《舊新約聖經》、拉丁化客家話《新約聖經》、客話《新約聖書》、馬禮遜抄本《新約聖書》等幾種用廣東方言編纂的基督教文獻，又有用廣府話撰寫的木魚書班本十二種等，**12** 不知道這幾件不大顯眼、當時不值分文的文物，有沒有淹沒在芸芸名家文獻書畫、革命遺物當中，而為大多數觀者所忽略？

這就是 1940 年被展覽出來的"廣東文化"。

---

**10** 《廣東文物》，第 246 頁。

**11** 同上，第 330 頁。

**12** 同上，第 31、32、35 頁。

# 文化的展覽

如同舉辦公共展覽是一種由西方引入的玩意一樣，文化成為一個特定的命題，被加上地域的界定，並進而以展覽的方式表達出來，也是一個近代的發明。

在 20 世紀前半期的中國，以公共展覽作為表現一時一地的文化或經濟實力的手段，不論在形式或內容上，都可以説還是一種新鮮的玩意。就形式而言，同許多其他來自西方的新鮮事物一樣，展覽這一概念和手段為國人所認識，如從 1940 年回溯，也不過是約半個世紀以前的事。一般言及世界上最早的公共展覽，俱以 1851 年在倫敦舉辦的"大賽會"（Grcat Exhibitions）為濫觴。**13** 至 19 世紀末，伴隨着許多其他西方的新鮮事物進入中國，時稱"賽會"的展覽活動亦漸漸為清朝的官員和工商人士所認識。在清末積極推動洋務的廣東人鄭觀應，在向國人介紹西方各種促進通商的手段時，便注意到賽會不但可以"擴識見，勵才能，振工商，興利賴"，更可在舉辦賽會期間，帶動各種相關服務行業的生意，利國利民，"開院之經費抵以每人每日之遊資，數百萬金錢取之如寄，而客館之所得，飲食之所資，電報、輪舟、鐵路、馬車之所費，本國商民所獲之利，且什百千萬而未已焉。" **14**

---

**13** Asa Briggs, *Victoria Things*, London: B.T. Batsford, 1988, Chapter 2.

**14** 鄭觀應：《盛世危言》，《賽會》，載夏東元編：《鄭觀應集》，上海：上海人民出版社，1982 年，上冊，第 731 頁。

早在光緒二年（1876），清廷已派員把一批中國工藝品送到美國費城參加"美國百年大會"，在中國的展品中，"尤奇者為一木床，其雕刻之功，細密異常，床帳以極細之絲織成輕紗，上繡花鳥草蟲，窮極巧妙，費工數年，價值銀洋數千圓。又一木床，雕刻花紋稍次，已有人購得，出資一千六百圓云。此兩床乃廣東所造，人工之巧，已可見一斑矣。"[15] 1904 年，中國又參加了在美國舉行的聖路易斯（St. Louis）賽會。[16] 梁啟超在賽會前夕遊歷新大陸，路經此地，悉北京政府所派副監督帶來工人，因天氣炎熱，"裸體赤足，列坐門外，望比鄰之遊女，憨嬉而笑"，以致遭當地員警彈壓，不禁歎謂："嗚呼！各省攤派搜括數十萬金，以賈唾罵，是亦不可以已耶。"[17] 中國之所以有能力出國參與這些賽會，仰賴各地商人和省政府的財政支持。在後來某些國際性展覽中，中國只有個別省份有能力派員參與，例如 1905 年在比利時城市列日（Liege）舉辦的一次萬國賽會（Universal and International Exhibition）中，代表中國參與的就只得五個省份，廣東省是其中之一。[18] 廣東省的財政實力較其他省份雄厚，在後來國內舉辦的賽會中，進一步表露無遺。1910 年，中國首次工商賽會在南京開幕，

**15** 《格致彙編》，第二年夏（光緒三年，1877），《美國百年大會記略》，第 4 頁。

**16** 《東方雜誌》，1905 年，第 2 卷，第 9 號，《商務》，第 96 頁。另見 *Illustrated London News*, 16 January 1904, p. 77; 16 April 1904, p. 577。

**17** 梁啟超：《新大陸遊記》，1903 年，《飲冰室合集・專集》之二十二，上海：上海中華書局，1936 年重印，第 88 頁。

**18** 《東方雜誌》，1906 年，第 3 卷，第 6 號，《商務》，第 45－50 頁。另見 *Times* (London), 23 January 1905, p. 6; 22 April 1905, p. 10; 28 April 1905, p.3。

廣東省在本地商人和華僑的捐獻下，在展覽場地裏搭建的展亭，不但遠遠大於其他各省，面積更等同展覽場地其餘面積的總和！ [19]

入民國後，個別省份自行舉辦展覽，或與鄰近省份合辦展覽，推動工商，展示一地成就。此類展覽，大多以推動工商發展為主要目標，但在展示土產或國貨的場合，也往往是表現地方色彩和國家意識的最佳機會，而在此時的國家意識的表達中，往往不會缺少的，是"革命"的話語。1929 年 2 月，廣州成立廣州市立博物院，其啟幕宣言開宗明義地說：

革命將以刷新舊文化而產生新文化。吾華建國，肇自邃古，迄秦政定一尊，愚黔首，希圖垂祀為萬世，專制政體，於焉固立。自是以還，篡統易朝，循環搬演，一本嬴氏之遺策，越二千年而政體未嘗少變。我　總理提倡革命，樹義嶺表，奔走四十餘年，創建中華民國，亦越十有七年，復以民眾武力，蕩滌瑕穢，剪除反側，而統一南北，訓政開基。我廣東為革命策源之地，總理誕降之省，際此自有歷史以來未嘗或有之盛會，能無偉大之紀念乎？吾廣州市當局，乃有重修鎮海樓之盛舉，即假以為博物院之院址，閱三月而告成，謹於啟幕之日，特為宣言，以告民眾曰。[20]

---

**19** Michael Godley, "China's World's Fair of 1910: Lessons from a Forgotten Event", *Modern Asian Studies*, Vol. 12, No. 3, 1978, pp. 517, 521。

**20**《廣州市市立博物院成立概況》，廣州：天成印務局，1929 年，第 1 頁。

廣州市市立博物院的陳列主要分為"自然科學標本"、"歷史風俗"、"美術"三部分，為了與"革命"這主題互相呼應，博物院又突出"總理遺物"和"革命遺物"這兩類展品。在 1933 年廣州市政府舉行的一次展覽中，也有"革命紀念館"之設，據時在中山大學任教的朱希祖在其日記中記載，他在該展覽的古物館中特別賞識多件書畫文物，在革命紀念館中也看到許多革命先烈的遺像與遺物。[21] 在隨後的兩三年，其他地方也舉辦過以地方文化為標榜的展覽，如浙江吳中等地，就分別舉辦過兩次地方文獻展。[22]

由此可見，1940 年在香港舉辦的"廣東文物"展覽，在內容分類和展品選擇方面，皆有跡可尋，有例可依。不過，不可忽略的一個事實是，"廣東文物"展覽舉辦之時，廣州已為日軍所佔，淪陷幾近年半。際此存亡危難之秋，知識分子撰文論及廣東，都少不免會與抗戰聯繫起來。在 1939 年 1 月出版的《東方雜誌》上，時任西南聯合大學教授的陳序經（1903－1967）發表《廣東與中國》一文，一開始便說："廣東在中國，無論在文化上，在抗戰上，都佔了很特殊與很重要的地位。"接下來通篇論述的，就是廣東既是"新文化的策源地"，也是"舊文化的保留所"，更是"抵抗外侮復興民族的根據地"等言論，為的是振奮"廣東精

---

**21** 《廣州市政府新署落成紀念專刊》，1934 年，第 302 頁。朱希祖的見聞，見《酈亭專行日記》，收入《朱希祖先生文集》第 6 冊，台北：九思出版有限公司，1979 年，第 3988 頁（1933 年 2 月 18 日）、3992－3993 頁（1933 年 2 月 25 及 26 日）、第 4015 頁（1933 年 3 月 11 日）、第 4022 頁（1933 年 3 月 14 日）。

**22** 楊千里：《廣東文物展觀後記》，《廣東文物》，1941 年，第 262 頁。

神"，鼓舞人心，克復失地。[23]

　　當時，香港在英人的殖民統治之下，尚未被戰火波及，成為內地人民特別是文化界人士的避難所。他們在避難之際，不忘集結力量，以筆鋒禦敵。"廣東文物"展覽會的籌辦組織 ——"中國文化協進會"（以下簡稱"文協"），就是在這樣的情勢下於1939年9月17日，即"九‧一八"八周年紀念的前夕成立的。這個團結"教育界、學術界、文藝界、新聞界、戲劇界、電影界、藝術界、音樂界"等各方人士組成的協會，成員包括時任香港大學中文系主任的許地山，時為國民政府立法委員廣東省主席吳鐵城秘書的簡又文，嶺南大學校長李應林，廣州大學校長陳炳權，文化界方面尚有陸丹林、葉淺予、戴望舒，戲劇界包括粵劇名伶馬師曾、薛覺先，著名導演、聯華影片公司總經理羅明佑等二十多個理事，此外還有當時以"中華實業專使"身份來港的葉恭綽擔當顧問。[24] 這個由文化人組成的"文協"，在抗戰救亡的年頭裏，用舉辦文物展覽的方式，來展示"廣東文化"，最直接的目的，是要履行"文協"成立的使命。根據《大公報》1939年9月18日報道，這個組織成立的目的是：

---

**23** 陳序經：〈廣東與中國〉，《東方雜誌》，第36卷，第2號，1939年1月16日，第41－45頁。

**24** 有關"中國文化協進會"的詳情及其與其他抗日文藝組織的關係，參見盧瑋鑾：《中國文化協進會（1939-1941）組織及活動》，盧瑋鑾：《香港文縱》，香港：華漢文化事業公司，1987年，第93－133頁。

（1）克服過去各自為戰之缺點，使得有一共同會所交換意見，實行大團結。

（2）保養中國新文化，保衛人類文明。

（3）在此抗戰建國過程中，在特殊意義之香港，集中大家力量，輸送並供應國外文化入內地，做一國內外文化溝通站，直接服務祖國。

文協的顧問葉恭綽和理事陸丹林把這個目的表達得更為明確，他們分別說：

我們今日之所以要組織這個"中國文化協進會"的原因，是因為我們感覺到中國的文化到今天有切實的認真的發展之必要。

為着適應時代和環境的需要，聯合文化界各部門工作人們共同大規模的組織，發揚光大祖國固有的文化，而和現代文化相溝通。**25**

由此可見，即使身處戰亂環境，"文化"仍然是當時中國知識分子最核心的關懷。那麼，到底文化是什麼呢？"廣東文物"展覽會籌備委員簡又文在其《廣東文化之研究》一文一開頭就這樣說：

文化是人們心力創作的結晶。一時代有一時代的文化；一地

---

**25** 以上三段引文皆出自盧瑋鑾：《香港文縱》，第 95 頁。

域有一地域的文化，一民族有一民族的文化；各有其特色、特質、特徵。[26]

在簡又文看來，"文化"有新有舊，有傳統有現代，可以保養保衛，輸送發展；應該發揚光大，相互溝通。簡又文的這些議論，定義了文化是什麼，也劃定了文化的時空界限，"廣東文化"作為一個實體而存在，由此便有一番學理依據了。

這樣的敘述及其背後的假設，是我們再熟悉不過的，我們甚至可以說，到了今天，它已經成為許多人的思維模式和論述框架。自從"文化"這個概念逐漸變得普及以來，我們對它的詮釋與運用，也不斷地改變着。作為今天的學人，我們的認識不一定會比簡又文他們那一代人"進步"。本書無意重新定義"文化"是什麼，更不是要討論"廣東文化"為何物。我們要理解的，是60年前以至更早時期的人們，如何理解"文化"。

雖然在今天的學術討論中，大家都嘗試賦予"文化"這個詞一個超越價值取向的意義，但人們在使用這個詞語的時候，常常很難真正保持其價值中立的涵義。在中文的語境中，"文化"是可以"擁有"的，某人"有文化"是指某人有教養，某地有文化，就是意味着更文明和開化。中國文化不能給"文化"一個中性的定義，與"文化"和"文明"早在古籍裏具備特定的意思有關。《易・乾文言》云："見龍在天，天下文明。"疏："陽氣在田，始

---

**26**《廣東文物》，第 652 頁。

生萬物，故天下有文章而光明也。"《説苑・指武》曰："凡武之興，為不服也，文化不改，然後加誅。"在這裏，文德是相對於武力而言，國家透過文字文章的薰陶，使人"明達"，使人"轉化"。[27]

19 世紀末以後，"文化"這個詞逐漸被賦予了我們今天所理解的涵義。正如其他許多日譯西方辭彙一樣，先是日本人從古漢語的辭彙中借用"文化"和"文明"這類辭彙，來翻譯西方的概念（英文即 culture 和 enlightenment 二字）其後，中國的讀書人又把這些辭彙從日本移植到中國，"文明"和"文化"這些辭彙在日本和中國迅速流行開來，在譚嗣同、黃遵憲、梁啟超和嚴復的著作中，經常交替使用，[28] 並漸漸成為中國知識分子的習慣用語，甚至成為一個可以説是他們委身託命的理念。

然而，"文化"這個概念顯然是充滿歧義的，遲至 1922 年，梁啟超撰寫的專文《什麼是文化？》時，一方面嘗試去給"文化"下定義，另一方面，也沒有否認它的含混性，文章一開頭就提出：

"什麼是文化？"這個定義真是不容易下，因為這類抽象名詞，都是各家學者各從其所抽之象而異其概念，所以往往發生聚訟，何況"文化"這個概念，原是很晚出的，從翁特（Wundt）和

**27** 參見龔書鐸：〈近代中國文化結構的變化〉，載龔書鐸：《近代中國與近代文化》，長沙：湖南人民出版社，1988 年，第 21 頁。

**28** 參見龔書鐸：《近代中國與近代文化》，第 22－23 頁；Wang Gungwu, *The Chineseness of China: selected essays*, Hong Kong: Oxford University Press, 1991, pp. 146-147.

立卡兒特（Rickert）以後，才算成立。他的定義，只怕還沒有討論到徹底哩。我現在也不必徵引辨駁別家學說，徑提出我的定義來，是："文化者，人類心能所開積出來之有價值的共業也。" **29**

　　既然要定義"文化"是這樣的困難，定義之後，其範圍又寬泛得難以把握，那麼，像簡又文那樣用空間的界線去限定一下 —— 例如"廣東文化"—— 似乎就可以使"文化"這個概念變得更容易掌握了。既可以提出"廣東文化"這個説法，也就表示中國存在着各種以地域單位為區分的文化體系，換句話説，既有"廣東文化"，自然也就有"湖南文化"、"河北文化"，當然也可以有"番禺文化"、"北京文化"，這就是簡又文所説的"一地域有一地域的文化"的意思。

　　可是，由於什麼才是文化，或什麼才算是"某地文化"，就正如"廣東文物"展覽會和一切展覽會一樣，都是一個經過選取的結果，那麼，一時一地的觀念和習俗，在經過篩選之後，多少會反映出一套普遍的準則。廣東文化之所以是"廣東的"，自然有其獨特性，但什麼才是"文化"，則不免又是指那些具備某種共同性的事物；"廣東"是獨特的，"文化"卻是具有共性的。對於邏輯上的這個矛盾，簡又文並沒有忽略，因此，他作出以下的調和：

---

**29** 梁啟超：〈什麼是文化〉，1922 年，《飲冰室合集・文集》之三十九，上海：上海中華書局，1936 年重印，第 97–98 頁。

但二千年來廣東向為中國之一部，廣東人亦皆中國人，廣東文化亦素來是與全國一貫一致都屬於一個大系統的，不是囿於一隅或離開漢族傳統的。因此我們雖因簡便而言"廣東的文化"，其實應該說"中國文化在廣東"。**30**

廣東文物展覽會向世人展出的"廣東文化"的種種面相，所要表達的，不就是這個看上去如同悖論一樣的地域文化觀念嗎？本書從這種地域文化觀出發，企圖進一步追尋這樣一種文化觀念如何在具體的歷史過程中建構起來，並在特定的歷史場景中展現。我在開展這項研究中所持的核心理念、研究視角和基本思路，是從前輩學者有關近代國家與文化觀念問題的許多精闢研究得到啟發形成的，在開始進一步的討論之前，有必要先就此作一點交代。

## 文化與文人

當代人類學者的研究，早已讓我們明白，塑造文化並非文人的專利，目不識丁的鄉民，同樣在日常生活中參與文化塑造和建構。不過，有意識地"界定"一種文化，把"文化"視為己身的事業和終極關懷，並且有資源和有能力去把這套定義形諸於器物和文字，恐怕只有文人才更有優勢和發言權。歷史學者能夠追尋的，基本上是出於文人手筆的記錄。雖然筆者一直嘗試作出努

---

**30** 簡又文：〈廣東文化之研究〉，《廣東文物》，第 658 頁。

力，去聆聽不識字者的聲音，但他們通過文人的筆墨滲透出來的聲音，畢竟太微弱了，更免不了被文人潤飾以至扭曲。這一方面是因為歷史文獻的局限，另一方面，也是因為"文化"這個命題，在定義上就是文人的發明。

更深一層來看，何謂文化固然含混不清，到底什麼人算是"文人"，在學理上也不易定義。文人應該用什麼名稱 ——"文人"、"士紳"、"儒生"、"士子"、"士大夫""讀書人"還是"知識分子"—— 這些名稱之間的異同究竟何在？本身就已經是一個問題。如何界定這種種稱呼？用什麼為標準 —— 學歷、職業、社會角色、抑或是自我賦予的某種責任感？更成為當代學者認為應該解決並且企圖解決的問題。明顯地，這些概念的含混性不是任何作者隨便加個引號便迴避得了的。

也許正是半個世紀以來中外學者基於不同的出發點從不同的角度對中國士紳的大量研究，製造了這些糾纏不清的認識。[31] 從事中國研究的學者大都認為，在傳統中國，文化的傳承主要靠擁有功名的士紳階層實現。華盛頓大學的 Franz Michael 在 1950 年

---

[31] Timothy Brook 簡要地回顧了近半世紀以來歐美和日本學界對中國士紳的研究。他指出，1950 年代以美國為主的中國士紳研究，大多竭力尋求士紳作為一個階層的 "本質"，缺乏歷史脈絡；1960 年代日本以重田德為代表的中國士紳研究，更著重探討士紳階層的經濟和社會基礎；1980 年代以降，歷史學界普遍認同的研究取向更強調士紳階層形成的過程，具體探討他們如何在地方社會中，運用各種文化、社會、經濟和政治資源，去確立和鞏固自己的地位。見 Timothy Brook, *Praying for Power: Buddhism and the Formation of Gentry Society in Late-Ming China*, Cambridge [Mass.]: The Council on East Asian Studies, Harvard University and the Harvard-Yenching Institute, 1993, Introduction, "The Historiography of Gentry Studies", pp. 5-14.

代綜述了何炳棣和張仲禮等人的研究，指出中國傳統有相當教育程度的精英分子（educated elite，或稱為文人 literati，或稱為士紳 gentry），在國家與鄉村社會之間扮演了中間人的角色，一方面，他們依照國家的政策，管理本地的公共事務；另一方面，他們在地方上又代表着平民百姓，向國家的官僚機構表達意見。士大夫也是傳播國家核心的意識形態的傳播者，他們學之，信之，傳之；並對自己這種 "以天下為己任" 的角色深信不疑。[32] 這種士紳研究的視角，一直為對廣義的中國文化和中國基層社會感興趣的研究者所承襲。[33] 至 1990 年，當 Joseph W. Esherick 和 Mary Buckus Rankin 編撰 Chinese Local Elites and Patterns of Dominance（《中國地方精英與支配模式》）一書時，刻意放棄士紳（gentry）、學者－官員（scholar-officials）和地主（landlords）等僵化的類目，而代之以 "精英" 這個概念。他們把精英視為在地方社會的舞台上能夠

---

**32** Franz Michael, "State and Society in Nineteenth century China", *World Politics*, Vol. 7, No. 3, 1955, pp. 419-433; Chang Chung-li, *The Chinese Gentry: Studies on their Role in the Nineteenth-Century Chinese Society*, Seattle: University of Washington Press, 1955; Hsiao Kung-chuan, *Rural China: Imperial Control in the Nineteenth Century*, Seattle: University of Washington, 1960, p. 574, endnote 11 to chapter 3.

**33** 早年最著名的士紳研究，當然要數費孝通、何炳棣和上引張仲禮的著作，參見 Hsiao-tung Fei, *China's gentry: essays in rural-urban relations*, London: University of London Press, 1953; Ping-ti Ho, *The ladder of success in Imperial China: aspects of social mobility, 1368-1911*, New York: Wiley, 1964）；近年國內以士紳為主題的研究，有賀躍夫的《晚清士紳與近代社會變遷：兼與日本士族比較》（廣州：廣東人民出版社，1994 年）；王先明：《近代紳士：一個封建階層的歷史命運》（天津：天津人民出版社，1997 年）；西文論著則有 Joseph W. Esherick and Mary Backus Rankin, *Chinese Local Elites and Patterns of Dominance*（Berkeley: University of California Press, 1990）和上引 Timothy Brook 書。

行使支配權的人，由於不同的精英因應可用的資源採取不同的策略，因此，各種精英支配的模式也有很大的差異，儘管如此，各地的精英因為都在同一個中國歷史和文化的脈絡裏行事，他們彼此也有很多互動和共同之處。[34] 不過，科大衛和蕭鳳霞認為，英文"精英"這個概念是頗為含混的，有時指有權力者，有時則指有地位者。曾在清朝擁有權力的家族，到了民國，其權力基礎的認受性（legitimacy）受到挑戰。權力基礎的性質既因時而異，誰是或不是"精英"便沒有一成不變的標準了，此外，太強調"支配模式"的"支配"成分，也未免把所謂"治於人"者看得太軟弱被動，漠視了他們的主觀能動性。[35]

考慮到上述各種有關中國士紳或士大夫研究的複雜性，當筆者在本書裏使用"士大夫"或"知識分子"等用詞時，指謂的意義主要有兩層。首先，與其說"士大夫"或"知識分子"指的是具體的人物，不如說是一種理想典型，一種當事人的自我認同。其次，這個標籤也指謂那些以"士大夫"或"知識分子"為楷模去塑造自己的形象與行為的人。這兩層意義是互為表裏的，社會上沒有前一共識，人們也不會把追求這種人格形象和身份視為達致自己某種理想或爬上社會階梯的重要途徑；沒有那些相信"士大夫"或"知識分子"作為一個統一的群體的存在並由此而作出

---

**34** Joseph W. Esherick and Mary Buckus Rankin, ＂Concluding Remarks＂, in their co-edited *Chinese Local Elites and Patterns of Dominance*, p. 305.

**35** David Faure and Helen Siu (eds.) *Down to Earth: The Territorial Bond in South China*, Stanford: Stanford University Press, 1995, pp. 8-11.

相應的行動的人，這種共識也沒有什麼意義。這樣的定義可避免研究者自以為是地尋求一種"客觀"的標準，主觀地把研究對象分類和定義，為誰"是"或"不是"知識分子下判斷。其實，余英時在其《士與中國文化》的序言，就"士"作為一個分析單元同時具備的兩層意義論述得最清楚不過，他說：

> 本書所刻畫的"士"的性格是偏重在理想典型的一面。也許中國史上沒有任何一位有血有肉的人物完全符合"士"的理想典型，但是這一理想典型的存在終是無可否認的客觀事實；它曾對中國文化傳統中無數真實的"士"發生過"雖不能至，心嚮往之"的鞭策作用。……我們雖然承認"士"作為"社會的良心"不但理論上必須而且實際上可能超越個人的或集體的私利之上，但這並不是說"士"的"超越性"既不是絕對的，也不是永恆的。……我們所不能接受的則是現代一般觀念中對於"士"所持的一種社會屬性決定論。今天中外學人往往視"士"或"士大夫"為學者 — 地主 — 官僚的三位一體。這是只見其一、不見其二的偏見，以決定論來抹煞"士"的超越性。[36]

簡單地說，在自認為"士大夫"的人中，背景可能各異，但"士大夫"作為一個理想的楷模這個觀念卻長期維持不變。事

---

**36** 余英時：〈略說中西知識分子的源流與異同 ——《士與中國文化》自序〉，載余英時：《文化評論與中國情懷》，台北：允晨文化實業股份有限公司，1988 年，第 122 頁。

實上，在帝制時代，那些獲得功名，以維護道統為己任的官僚學者，固然"是"士大夫；不過，好些沒有功名的人，也會認為自己是"士大夫"的一分子，其身份也會得到當地其他人的認可，研究者不能因為他們缺乏某些"條件"而漠視其主觀的認同。

晚清廢除科舉制度，並沒有馬上廢除"士大夫"這個身份及其附屬的涵意，廢科舉所標誌的，其實是"士大夫"這個觀念的分裂。正如 Laurence Schneider 指出，"從此，中國年青一代受過教育的精英分子，一方面為了回應傳統士大夫的評價，另一方面為了回應當時的社會壓力，不得不重新定義自己。社會的功能、學人的責任、政治的角色 —— 所有這些的定義都得受到質疑。"**37**

繼承着傳統的"士人夫"的觀念，民初的讀書人稱自己為"知識分子"或"知識階級"。他們竭力為自己營造一個有異於傳統士大夫忠君衛道的自我形象，這個新的自我形象的內涵，更多的是對學術獨立的追求，對民眾的關懷，以及對國家前途的憂心。儘管新一代的知識分子對自我身份的定義有上述幾項特性，但正如面對"士"這個概念一樣，我們仍然很難歸納出什麼客觀和清楚的標準，去判斷誰才能算是"知識分子"。Laurence Schneider 指出，夏丏尊早在 1920 年代就注意到所謂"知識階級"的定義相當寬鬆，被歸類為"知識階級"的人，在就業和收入方面千差萬別，不論是大學教授、藝術家、醫生、小學教師、新聞從業員，或者

---

**37** Laurence Schneider, *Ku Chieh-kang and China's New History: Nationalism and the Quest for Alternative Traditions*, Berkeley: University of California Press, 1971, p. 6.

是學生，都可以算是屬於“知識階級”。[38] 可見，雖然“知識階級”或“知識分子”這個概念，填補了傳統“士大夫”的真空，卻並不代表客觀存在着一個很統一的社會階層。

那麼，有關“士大夫”或“知識分子”的討論，和地方文化觀念的形成又有何關係呢？本書的討論將力圖說明，“士大夫”或“知識分子”對自身的定義，直接影響到他們對地方文化的定義，他們對地方文化的認同和標榜，往往不是表彰地方文化本身，而是要顯示地方文化如何代表他們的水準，如何體現國家文化。筆者也試圖進一步論證，中國國家、省籍和族群身份的表述，到清末民初的時候已經形成一種有意識的表述，並且越趨標準化。之所以會出現這種標準化的趨勢，是因為建構這套表述的文人，不管屬於哪一個地方，不論出自哪一個社會階層，他們對自身和對中國的觀感，都大同小異：他們都是在同一個中國文化的框框裏，表述自己的地方認同。正如孔邁隆（Myron Cohen）所言：“中國的傳統精英都是文化買辦，他們在社會取得崇高的地位，是因為他們符合了全國所接受的某套標準，同時也為地方文化所承認。”[39] 列文森（Joseph Levenson）也說，讀書人以本地書院的成

---

**38** Laurence Schneider, *Ku Chieh-kang and China's New History: Nationalism and the Quest for Alternative Traditions*, p. 114，引夏丏尊：〈知識階級的運命〉，載《一般》，1928 年，第 5 期；Yeh Wen-hsin, *The Alienated Academy: Culture and Politics in Republican China 1919-1937*, Cambridge [Mass.]: Council on East Asian Studies, Harvard University, 1990, p.187。

**39** Myron Cohen, "Being Chinese: The Peripheralization of Traditional Identity", in "The Living Tree: The Changing Meaning of Being Chinese Today", *Daedalus*, Vol. 120, No.2, 1991, p. 113.

就自豪，是因為書院反映了當地讀書人的水準，能與全國的知識界並駕齊驅。錢穆的見解亦有異曲同工之妙，他認為：

在國外有一種錯誤的想法，那就是認為中國人的家庭觀念和鄉土觀念太重，中國人的地方主義使他們容易受國家政權的控制。事實上，中國人以家庭和社區為中心正是中國人民對宗教和國家權力絕對化的反抗。一個國家的力量和一個文化的廣度取決於人民對其鄉土和家庭的眷戀……過去這種社會產生了士人——鄉紳、文人、解釋價值觀念的領袖。他們是人民和國家之間的溝通者。

士人文化統一了帝國的各族人民，並在他們各自的社區身上加上了一種思想意識——禮。只要他們的風俗習慣能被解釋成符合於"禮"，他們就能被帝國所容忍和接受，這樣也就達到了安定團結。[40]

錢穆在另一篇文章又說：

中國人言社會，則尤重其禮俗。俗亦禮也，惟俗限於一時一地，禮則當大通於各地各時，其別在此。故中國言天下，而西方

---

[40] 鄧爾麟著，藍樺譯：《錢穆與七房橋世界》，北京：社會科學文獻出版社，1995年，第117頁。

則僅言社會。[41]


　　錢穆對"禮"的意涵的這番理解，有助於我們明白中國地方文化論述中普遍性和特殊性並存的現象。中國讀書人在描述地方的"俗"時，同時希望提倡的，是他們認為普天下皆通行的"禮"。於是，他們的天下觀，直接影響到他們對自身和對自己的地方文化的定義。從清末到民初，中國讀書人面對新的政治局勢，不得不淡化"天下"的觀念，製造並採用"國家"的觀念；他們對地方文化的定義，也由是作出相應的改變。對於這個轉變，列文森談到 1949 年後中央與地方的文化關係時，認為中央政府之所以蔭庇地方文化，理由是"中央和現代"，而不是"地方的和前現代的"，[42] 實際上指的就是國家觀念的興起及其對地方文化的定義的影響，如何在 1949 年後得到延續。


## 從"天下"到"國家"


　　關於"天下"和"國家"這兩個概念在近代中國的運用和詮釋，已經有不少研究者論及。余英時指出，傳統中國人注重文化

**41** 錢穆：〈禮與法〉，載錢穆：《晚學盲言》，台北：東大圖書股份有限公司，1987 年，上冊，第 400 頁。

**42** Joseph Levenson, "The Province, the Nation, and the World: The Problem of Chinese Identity", in Albert Feuerwerker, Rhoads Murphey, Mary Wright (eds.), *Approaches to Modern Chinese History*, Berkeley and Los Angeles: University of California Press, 1967, pp. 279, 282.

意義的民族意識遠過於政治意義的國家觀念。[43] 列文森也提供了一個很好的分析框架，幫助我們理解中國知識分子的國家觀念從傳統到現代的轉變。必須注意的是，列文森開宗明義便指出，所謂"傳統／現代"、"主觀／客觀"等二元分類，並非歷史事實的真正分類和對立，而是一種提供解釋作用的分類。傳統之所以能夠維持"傳統"的地位，其實存在着一個悖論——傳統是在演化和保存的二重奏中得以維持的，進行演化的是維護傳統者，而為傳統添上防腐劑的卻往往是反傳統者。因為反傳統者為了唾棄傳統，會將傳統凝固在過去的時空，以示其不合時宜；維護傳統者為了使傳統生生不息，倒是會加以更新和修改。[44] 在是否將"傳統"凝固化的意義上，列文森這樣的解釋是十分有見地的，甚至可以說是完全顛覆了一般人對"傳統"和"現代"的認識。沿着這種思路，我們可以說，在是否將"傳統"凝固化的意義上，倡言孔教的康有為堪稱改革家，而竭力打倒孔家店的胡適卻是個泥古不化之士。從傳統過渡到現代的轉變，列文森是這樣理解的：

這樣一種文明的變化命運，這樣一段廣闊而複雜的歷史，被濃縮在"天下"與"國"這兩個概念的關係的變化中。[45]

---

**43** 余英時：〈國家觀念與民族意識〉，載余英時：《文化評論與中國情懷》，第 21 頁。

**44** 見 Joseph Levenson, *Confucian China and its Modern Fate*, Berkeley and Los Angeles: University of California Press, 1968, pp. xi, xxxvii. 此緒言部分並沒有收入下引中譯本。

**45** 譯文引自列文森著，鄭大華、任菁譯：《儒教中國及其現代命運》，北京：中國社會科學出版社，2000 年，第 84 頁。

任何嘗試處理"天下"和"國"這兩個概念在中國的意義的研究者，都會不約而同地引用顧炎武關於"亡國"和"亡天下"的名論，列文森和余英時也不例外。顧炎武在《日知錄》中説：

> 有亡國，有亡天下，亡國與亡天下奚辨？曰：易姓改號謂之亡國，仁義充塞，而至於率獸食人，人將相食，謂之亡天下。[46]

顧氏這番話，清楚地説明了傳統士大夫"天下"和"國"的分別，正如余英時進一步解釋：

> "天下"在這裏是指整個中國文化而言的，所以"保天下"是每一個中國人的責任，而"國"則僅是指朝代，所以"保國"屬於在其位的君與臣的事。用我們現代的話來説，"亡天下"是整個民族的文化價值的喪失，"亡國"不過是一個政權的崩潰而已。[47]

對此，列文森也有相類似的發揮：

> "天下"與"國"形成對比，後者不只是意味着土地和人民，而且還包括對土地和人民所提供的武力保護。但天下則是一個文明化的社會的概念，其含義要比一種靠實際的權力所據有的政治

46 顧炎武：《日知錄集釋》，卷之十三，《正始》，長沙：岳麓書社1994年版，第471頁。
47 余英時：〈國家觀念與民族意識〉，載余英時：《文化評論與中國情懷》，第21頁。

單位寬泛得多。……

文化與道德，亦即整個價值世界都屬於"天下"。[48]

近代中國思想史的大部分時期，是一個使"天下"成為"國家"的過程。"天下"的觀念實際上是與儒家的"道"，亦即中國自身的主要傳統緊密的結合在一起的。由於某種原因，當近代中國人被迫求助於外國的"道"時，將國家置於文化亦即"天下"之上，也就成了他們的策略之一。他們說，如果文化的改變有利於國家，那它就應該被改變。[49]

列文森在這裏沒有講明的"某種原因"，其中一個應該是近代中國某些知識分子或改革家在企圖改變他們的國家觀念時，實際上考慮的是推翻滿清的統治。對於漢人來說，滿洲人雖然是外族，但卻沒有破壞他們原來的道（即儒家的道），反而保存和發揚得很好。滿人既然沒有破壞道統，要質疑其統治的合法性，便只能從種族觀念入手，重新定義"國家"的觀念，結果是政治意識形態的轉化。我們可以說，傳統的天下觀念實際上是一種文化主義，當演化為現代的國家觀念時，民族主義便取代了文化主義成為新的政治理論的核心。

梁啟超在 1902 年發表的著名的《新民說》，是當時中國知識分子眼中"天下"和"國家"之別的最佳寫照：

---

[48] 譯文引自中譯本，《儒教中國及其現代命運》，第 86 頁。

[49] 同上，第 87－88 頁。

我民常視其國為天下，耳目所接觸，腦筋所濡染，聖哲所訓示，祖宗所遺傳，皆使之有可以為一個人之資格，有可以為一家人之資格，有可以為一鄉一族人之資格，有可以為天下人之資格，而獨無可以為一國國民之資格。[50]

1910 年，梁啟超又發表了《憲政淺說》，為建立立憲政體鋪路，嘗試正面說明"國家"的定義：

立憲政體者，政治之一種也，而國家者，政治之所自出也，故知憲政之為何物，必當先知國家之為何物。[51]

然則，國家果何物乎？曰：

國家者，在一定土地之上，以權力而組織成之人民團體也。[52]

梁啟超接着詳細解釋"土地"、"權力"、"人民"和"組織"等幾個概念，其中，對於"人民"的理解，由於他沒有也不必囿於反清的種族主義者的框框，所以他強調"人民不必有親族血統之關係，徒以同棲息於一地域故，利害相共，而自然結合，謂之國民。"[53] 梁的論述，似乎表示他已經充分理解近代西方"國家"一詞的定義，並且期望透過立憲政體之建立，教育之普及，將中

---

**50** 梁啟超：〈新民說〉，《飲冰室合集·專集》之四，第 6 頁。

**51** 梁啟超：〈憲政淺說〉，《飲冰室合集·文集》之二十三，第 33 頁。

**52** 同上，第 31 頁。

**53** 同上，第 31 頁。

國人的國家觀念轉化為這樣的認識。不過，由於原來中國“天下”的觀念所包括的元素，除政體以外，還有其他更核心也更抽象的內涵 —— 文化、道德和各種價值觀，中國知識分子在以“國家”代替“天下”的觀念的時候，感到有必要重新定義和改造中國的道德和文化。關於道德方面，梁啟超在《新民說》早就有闡述了，他極力提倡的“公德”，便是他認為“國民”應該具備的要素。

至於文化該如何改造，以充實現代“國家”的觀念，則成為清末以來中國知識分子重要的關懷。“國家”這個概念是外來的，但中國之所以是“中”國，中國文化必須是獨特的，必須是本土的。正是在中國知識分子重新定義中國文化時，地方文化的定義與改造也落入他們的視野之內。有些提倡打倒舊中國文化的人，認為應該進入鄉村，走到群眾中去，吸取新鮮的養分，改造中國文化；另一些同樣自認為是建立現代和進步的中國文化者，卻把地方文藝和風俗習慣摒除出文化之列，但求去之而後快。從文化“天下”到民族“國家”，從“士大夫”到“知識分子”—— 20世紀之交的中國讀書人在重新定義自己的身份的同時，也重新定義自己和國家及地方的關係。這個劃時代的轉變，不但是本書所研究課題的大背景，更可以說是本書討論的核心所在。

## 從“國家”到“地方”

國家觀念研究是近年來人文社會科學研究主要關心的課題之一。英國歷史學家 E. J. Hobsbawm 著的 *Nations and Nationalism since 1780: Programme, Myth, Reality*（《1780 以來的國家與民族主義：規劃、神話與現實》，1990 年初版）、及其與 Terrance Ranger 合編的 *The Invention of Tradition*（《傳統的創造》，1983 年初版）、Benedict Anderson 著的 *Imagined Communities: Reflections of the Origins and Spread of Nationalism*（《想像的共同體：民族主義的源流與散播》，1983 年初版）等，皆探討了 18 世紀以來英法等民族國家如何透過各種國家象徵、禮儀和其他活動的發明和實踐，鞏固人民心目中的國家意識。這幾本著作都是研究國家認同、民族主義和民族身份必不可少的參考書，其共同之處，在於研究者都採取建構主義的取向。[54] 不論是有關 18 世紀英法等歐洲民族國家的研究，還是有關殖民主義和後殖民主義時代的亞非國家的分析，都認為 "國家" 這個概念不是本來就有的，而是透過儀式、教育、歷史的寫作等各種機制，細水長流地滲透在每一個個人的心目中，影響着他們的信念與行為。在建構主義的方法的影響下，許多原來看似牢不可破的概念，都備受質疑。什麼叫 "中國" 和什麼叫 "中國人"，就像什麼是 "法國" 或 "法國人" 一樣，都需要研究者重新思考。在美國出版的著名學術期刊 *Daedalus* 於 1991 年以 "The Living Tree: The Changing Meaning of Being Chinese"（"做中國人" 的意義的轉變）為主題刊行的一組

---

**54** 有關建構主義的哲學討論，以 Alfred Schutz 的論述最為深刻；相關的社會學理論以 Peter Berger, Thomas Luckmann, *The Social Construction of Reality: a treatise in the sociology of knowledge* (London: Penguin Press, 1967) 的綜述最為簡明和最常為人所引用。

文章，討論的就是這個問題。[55]

　　如果"國家"代表了一種抽象的、統一的、核心性的文化理念，具體生活在"地方"上的人群，便體現了實際的文化和生活習慣的差異。有差異是一回事，但這些差異是否為當事人和局外人所意識到，如何被嚴格地甚至僵化地按照所謂種族或地域去分類，如何拿來與抽象的國家文化理念比較，則視乎當事人或局外人在一時一地的認知和掌握了怎樣的一套語言。由是，建構主義的視角，同樣適用於探討近代所謂的族群問題。儘管韋伯在一個多世紀以前已經討論到民族和國家意識的主觀性；[56] 陳寅恪在 1940 年代已辨明北魏胡漢之別，不在於種族而在於文化；[57] 但以這樣的命題為前提的民族研究，一直到 20 世紀 80、90 年代，才成為學術界的主流。Frank Dikötteer 的 *The Discourse of Race in Modern China* 和 Pamela Crossley 討論了中文和英文語境中"民族"和相關概念的意義的轉變；Crossley 更特別提及中國歷史敘述的撰寫，如何受"民族"這個觀念的影響，從而一直以來過分強調"漢化"這種單向及從上而下的文化滲透過程。[58] Emily Honig 有關上

---

55　"The Living Tree: The Changing Meaning of Being Chinese Today"，*Daedalus*, Vol. 120, No.2, 1991.

56　Max Weber (edited by Guenther Roth and Claus Wittich), *Economy and Society*, Berkeley: University of California Press, 1978, Ch. V.

57　陳寅恪：《唐代政治史述論稿》，上海：上海古籍出版社，1997 年，第 16－17 頁。

58　見 Frank Dikötteer, *The Discourse of Race in Modern China*, Stanford: Stanford University Press, 1992; Pamela Crossley, "Thinking about ethnicity in modern China"，*Late Imperial China*, Vol. 11, No. 1, June 1990, pp. 1-35。

海蘇北人的研究，探討了大城市中不同群體的互相標籤。[59] Stevan Harrell 在中國西南的研究，突出了地方上的群體，在面對不同層面的教化手段和從上而下的族群分類時，如何發揮其討價還價的力量。[60] 簡言之，時下歷史學界和人類學界的族群研究，正在運用一套頗具顛覆性的語言，重新衡量王朝統治的影響力，重新思考所謂"邊疆"和"中心"的位置，所謂"主體"和"客體"的相對性。研究者不再從僵化的族群標籤和分類出發，去尋找這個或那個族群的特性和特質；研究者更重視的是這個或那個族群的自我意識和被他者標籤的形成過程。這是一場無休止的對話，是統治者、被統治者、當事人、局外人、研究者和歷史之間的對話。[61]

　　研究者對"國家"和"民族"等概念的質疑，也引導我們重新審視"地方"的定義。在探討"中國何以為中國"漫長的學術之路中，"區域"曾一度被認為是一個很適用的分析單位。1960 年代初，施堅雅（G. William Skinner）採納新古典經濟學和地理學的理論，提出結合市場層級系統和天然地理界線，將中國分為九大巨區，利用區域研究的取向，分析中國經濟和社會的整合。70 年

---

**59**　Emily Honig, *Creating Chinese Ethnicity: Subei people in Shanghai, 1850-1980*, New Haven: Yale University Press, 1992.

**60**　Stevan Harrell (ed.), *Cultural Encounters on China's Ethnic Frontiers*, Seattle: University of Washington Press, 1995; Stevan Harrell, *Ways of being Ethnic in Southwest China*, Seattle: University of Washington Press, 2001.

**61**　有關中國族群問題的研究的理論探索，較近期的討論見 Pamela Kyle Crossley, Helen Siu and Donald Sutton (eds.), *Empire at the Margins: Culture, Ethnicity and Frontier in Early Modern China* (Berkeley: University of California Press, 2006)。

代以還，部分研究者相信，透過個別區域的個案研究的累積，中國整體的共性和發展趨勢自然能夠漸漸歸納出來。結果，以區域特別是以一省為單位的研究，尤其吸引了研究者的興趣。

其後，區域研究取向的重心漸漸從着重區域經濟和社會的分工與整合，轉移到着重區域身份和意識的建構。Diana Lary 在其有關 1925－1937 年間的廣西軍閥研究中，就特別注意到地方意識的興起。蕭鳳霞在研究廣東中山縣小欖鎮的菊花會傳統時，更強調在區域政治經濟發展的過程中，地方精英如何創造本地文化，以確立自己的社會地位和文化身份，同時又得以與國家的文化話語整合。[62] 其實，這類更着重局內人的文化認同和主觀意識的探討，實際上都迫使我們重新思考 "區域" 這個概念的本身。英國史學家 Peter Burke 在檢討歐洲史的研究時，也提出這樣的疑問：

"區域"（region）這個概念實際上不像看起來那麼清晰。我們有可能把歐洲各個區域逐一列舉出來嗎？如果不可能的話，〔分隔區域的〕屏障到底有多大效用，便值得質疑了。最顯而易見的劃分單位是省份（provinces），正如法國在本書涵蓋的年代〔即 1500－1800 —— 引者〕的晚期引入縣制（departments）前曾經設置過的省份一樣。那麼，Brittany 是否是一個區域呢？兩者的區分

---

**62** Helen Siu, "Recycling Tradition: Culture, History, and Political Economy in the Chrysanthemum Festivals of South China", in S. C. Humphreys, *Cultures and Scholarship*, Ann Arbor: The University of Michigan Press, 1997, pp. 139-185.

並不在於行政劃分，而在於文化差異。17世紀時，Haute-Bretagne 地區是講法文的，而 Basse-Bretagne 地區是講 Breton 文的。然而，我們甚至可以在更基本的層次根據生態條件〔這裏指語言 —— 引者〕去分門別類。在 Basse-Bretagne 地區裏，Cornouaille 的人所講的 Breton 方言，與 Morbihan 或 Finistere 的人所講的 Brenton 方言的分別是可以聽得出來的。那麼，Cornouaille 能算一個 "區域" 嗎？又或者，我們是否應該乾脆把它和它屬下的村子混為一談？我們甚至可以無窮無盡地劃分再劃分，一直劃分到家庭甚至個人為止。有什麼理由足以阻止這樣的劃分呢？即使我們採用其他劃分的標準，或者以其他區域為對象，也不過是重複同一個故事而已。**63**

對於我們來說，Brittany 這個地方可能離我們很遙遠，但它繁雜的方言景觀和由此引起的 "分區" 的困難，對於我們來說並不陌生。中國各地方言的複雜性，可說是有過之而無不及，按方言劃分中國的區域，結果肯定也是無窮無盡的。

明顯地，基於以上的認識，我們今天在處理所謂的 "區域史" 時，目的絕對不是提出 "新" 的或 "更正確" 的劃分，而在於明白過去的人怎樣劃分，在於明白這段 "劃分" 的歷史。在這裏，歷史至少有兩種含義。一是人們對自己所認同的地域文化所製造或熟悉的歷史敘述，這樣的敘述表現了敘述者的主觀信念，是事

---

**63** Peter Burke, *Popular Culture in Early Modern Europe*, Hants: Scolar Press, first edition 1978, revised reprint 1994, p. 52.

實和傳說的擇取與結合，摻雜着敘述者個人的好惡和偏見。第二層不可忽略的歷史，是這類歷史敘述的構造的歷史。我們在理解國家觀念和地域認同的建構過程時，必須把它置於一個更寬闊的框架中理解。要研究這段製造歷史敘述的歷史過程，我們要問的問題是：為什麼人們在為自己尋找和定義地域身份時，要建構這樣一段歷史？他們選取了什麼內容？如何建構？更重要的是，誰建構？當問到"誰"的問題時，實際上也就是在問，誰有這樣的文化和經濟資源，去寫作和刊行這些歷史，使之得以流傳後世，成為"事實"。

換句話說，把廣東文化視為一個實體來看，無疑有它的一段發展的歷史；不過，如果我們把"廣東文化"作為一個命題、一套表述來看，這個命題或表述的建立，本身也有一段歷史。某種"文化"得以被定義和宣示，實際上得經過一個建構的過程，是各種勢力討價還價的結果；這個定義和再定義的過程是連綿不斷的，備受不同時代的知識結構、權力和政治的變動所規範。

## 地方與中央

以上的討論側重在理念和意識形態的層面上，要理解中國地方文化認同和國家觀念的互動，當然不能忽略地方與中央政權之間的政治和經濟關係。從清末到民國，廣東與中國的關係，可以說是前所未有的緊密；不過，廣東與中央的關係，在某種意義上，也可說是前所未有的疏離。晚清革命分子出於對清政府不滿，有提倡廣東獨立之說。民初軍人當權，1928 年國民政府北伐勝利，也只不過是達致名義上的統一，廣東地方實力派仍以種種形式與中央權力抗衡，這是廣東地方與中央政府疏離的表現；不過，同時，在晚清提倡變革的仁人志士，建立中華民國的革命元勳，北洋政府和廣州國民政府的官僚中，不少赫赫有名者都是廣東人士，則廣東人與中央政治的關係，又不可謂不密切。廣東省和廣東人在中國的政治地位的變化，在很多方面皆影響到廣東士大夫或知識分子對地方文化和國家觀念的定義。

廣東地處中國南隅，自秦漢以來已設郡縣。不過，長期以來，北方人都視南方為蠻夷之地，北方的官員和士子來到廣東，所見所聞所記多為獵奇異趣之事。廣州雖自漢唐以來便是中外海上貿易重要口岸，但真正帶動珠江三角洲整體經濟發展的，卻是明代以後中國與西方國家貿易的興起與大規模的沙田開發。地方豪強運用王朝正統的文化資源，把自己在地方上的地位和勢力，建立在王朝秩序的框架之中，經濟實力與日俱長，從而有足夠的文化資源，遵從甚至參與維持正統的禮治秩序。[64]

就行政管治而言，嶺南自秦以後，即已入中國版圖，但在行政規劃上，廣東自成一行政體系經歷了一個歷史演變過程。秦始

---

**64** 相關討論見 David Faure, "Becoming Cantonese, the Ming Transition", in Tao Tao Liu and David Faure (eds.), *Unity and Diversity: Local Cultures and Identities in China*, Hong Kong: Hong Kong University Press, 1996, pp. 37-50。科大衛、劉志偉：〈宗族與地方社會的國家認同 —— 明清華南地區宗族發展的意識形態基礎〉，《歷史研究》，2000 年，第 3 期，第 3–14 頁。

皇公元前 225－224 年平嶺南，設桂林、象、南海三郡，今廣東省境大部分屬南海郡，治所在番禺。漢初，南越王趙佗割據嶺南自稱為帝，漢武帝平南越後，分嶺南為南海、蒼梧、鬱林、合浦等九個郡。三國時，吳始分交州置廣州，以番禺為州治，轄今兩廣地區之大部。唐代時，全國分為十道，嶺南道是其中之一，後再劃分為嶺南東道（治廣州）和嶺南西道（治邕州）。宋初在嶺南置廣南路，後又把廣南路分為廣南東路和廣南西路，治所分別在廣州和桂州。元朝，今廣東境內分設廣東道和海北海南道，廣東道屬江西行省管轄，海北海南道屬湖廣行省管轄。明洪武二年（1369），設廣東等處行中書省，並將海北、海南道改隸廣東，廣東成為明朝十三行省之一。近代廣東的行政與地理區域由此成為定制。清沿明制，至道光時，廣東全省轄廣州、韶州、南雄、惠州、潮州、肇慶、高州、廉州、雷州、瓊州等十府，以及羅定、連州和嘉應等三個直隸州。[65]

　　然而，行政區劃的一體性並不意味着文化上的一致性，廣東省內方言和文化千差萬別，以廣州為中心的中部和西南部主要操粵語，東部和北部則以客語為主，潮州府地區則是潮語和客語的天下。這三種方言又有許多變種，比如說，在新會、恩平、開平和台山流通的四邑話，雖被歸類為粵語，但卻不是廣府其他州縣的人士所能聽懂。此外，還有當代被歸類為少數民族的語種，包括黎、苗、徭、壯和畲等，使廣東省的語言地圖顯得更錯綜複

---

65 道光《廣東通志》，卷 3－7。

雜，而當地人的自我分類和認同，更非語言學家可以以旁觀者的身份主觀概括。

自 17 世紀以來，廣東因其特殊的地理位置，成為中國與外部世界交流和衝突的中心。19 世紀後發生在廣東的許多政治事件，也突顯了中央和地方之間的利益衝突。第一次鴉片戰爭時，朝廷嚴禁鴉片的政策，損害了廣東行商和沿海藉中外貿易為生的各行各業的利益，廣東上下彌漫着支持弛禁的空氣，在官員向朝廷報告廣東的情況的奏摺裏，"漢奸"之説觸目皆是。咸豐年間，一方面有紅兵之亂，另一方面又面對第二次鴉片戰爭的炮火，頻繁的動亂和戰事，皆顯示出清朝國家力量之疲弱，在地方士紳的組織下，廣東各地紛紛組織團練以自衛。這些團練組織得到政府的認可，地方以維持國體的名義，保護了自身的利益。第二次鴉片戰爭的失敗，兩廣總督葉名琛被俘，客死異鄉，廣州城落入英法聯軍之統治幾近三年等經歷，至同光年間，廣東人仍記憶猶新，既然中央無力，地方只能靠加強軍事化來建立本地的秩序。

19 世紀下半葉，廣州過去因獨口通商而取得的貿易地位，漸漸為香港、上海等新開商埠所取代，加上地方動亂頻仍，不少廣東商人都把投資轉移或分散到上海、香港及東南亞等地區，由此，在廣州貿易地位下降的同時，廣東商人和足跡遍及海外的人士數世紀以來對西方貿易運作和社會制度的認識，又成為為中國引進變革的主要動力來源。各階層的廣東人也紛紛到香港、東南亞和北美，或經商，或求學，或當買辦，或充苦力。這些聯繫對日後廣東及中國的政治和經濟發展都發揮了相當的影響。[66]

　　晚清廣東讀書人所經受的社會和政治變遷，重新塑造了他們的國家觀念和地方意識。不論是革命分子，政府官員，抑或是地方士紳，都在重新定義一省的政治地位。革命分子鼓動人們對地方的感情，呼籲各省脫離滿清政權。據說，孫中山就曾經提出要在兩廣獨立成立共和國。[67] 梁啟超也曾論及，廣東“民族與他地絕異，言語異，風習異，性質異，故其人頗有獨立之想，有進取之志”，他認為，他日中國若“有聯邦分治之事”，廣東必為首倡者之一。[68] 康有為的學生歐榘甲（1870－1911），1901 年在三藩市的華文報刊上發表《新廣東》一文，就提出“廣東自立”的主張，強調廣東具備自立的特質。必須指出的是，雖然歐榘甲用了“獨立國”這樣的字眼，並且從捍衛廣東人的身家性命財產的立場出發，大呼“廣東者廣東人之廣東也，非他人之廣東也。廣東為廣東人之廣東，非他人之廣東，是廣東人者，為廣東之地主矣。”然而，在當時的語境中，歐“提倡自立”的更重要的原因，是國民當時“日呻吟於專制政體之下，不得平等自由，登進文明之路”，所以“早宜樹獨立旗，擊自由鐘”，脫離滿清的統治。因此，歐最後強調，他之提倡各省自立，絕不等同瓜分，“我之倡一

---

66 羅香林：《香港與中西文化之交流》，香港：中國學社，1961 年；Carl Smith, *Chinese Christians: elites, middlemen, and the church in Hong Kong*, Hong Kong: Oxford University Press, 1985。

67 陳錫祺主編：《孫中山年譜長編》，北京：中華書局，1991 年，第 83 頁。

68 梁啟超：《中國地理大勢論》，《飲冰室合集·文集》之十，第 84、90 頁。

省之自立，以刺激各省自立之心，為各省自立之起點耳，豈與瓜分同哉！即以瓜分論，中國自分之，中國自合之，亦易事耳。"[69] 1905 年，汕頭出版的《嶺東日報》連載了一篇題為《廣東魂》的論說文章，回顧了數千年來廣東的政治、文化和經濟的發展歷程。該文作者有感而發地說："望夕照之殘圖，江河欲下，我粵民曾亦振刷心神，認定廣東人之廣東否乎？"[70] 可見，歐榘甲"廣東者廣東人之廣東"的口號，隨後幾年在本地的報刊上也得到共鳴。

太平天國對清政府最致命的衝擊是引致地方軍事和財政力量膨脹，晚清改革（1900－1911）推動君主立憲及各省議會，多少是要在制度上承認這個分權的事實。中央政府為了重新確立其統治權威，有意識地把部分行政權力分割與地方。此舉過去並非沒有先例，不過，在中央和地方層次上推行選舉，至少在名義上以部分民意為依歸，在中國歷史上，卻屬創舉。在議會制度下，一省一縣的地方士紳對地方事務的參與得以制度化，在法理上的地位甚至和中央委派的官員平起平坐。

從上而下的憲政改革讓地方領袖名正言順地表達和維護地方自身的利益。在 1905－1906 年間的粵漢鐵路事件中，廣州商人和士紳與在京師的粵籍官員合作，在粵漢鐵路粵段的財政和管理事

---

**69** 歐榘甲：《新廣東》，收入張枬、王忍之編：《辛亥革命前十年間時論選集》，北京：三聯書店，1960 年；1902 年，梁啟超在日本橫濱創辦報社，再次刊行歐榘甲這篇文章。另參見 Edward Rhoads, *China's Republic an Revolution: the case of Kwangtung, 1895-1913*, Cambridge, [Mass.]: Harvard University Press, 1975, pp. 47-49。

**70**《廣東魂》，《嶺東日報》，光緒三十一年正月二十日（1905 年 2 月 23 日）。

務上，與兩廣總督岑春煊（1861－1933）勢如水火。廣東紳商希望自行投資和管理鐵路，但岑春煊卻打算收歸官辦。[71] 岑春煊和廣東紳商的矛盾，在報章上表現為廣東人與外省人的衝突。1906 年《華字日報》提出，廣東重要的官職，應由粵人自己出任。[72] 1910年同一份報章的評論，認為歷任的兩廣總督之所以對粵人粵事麻木不仁，是因為他們皆來自外省。[73] 一時之間，廣東的輿論洋溢着"粵人治粵"的口號，省籍身份，也倏然間成為重要的政治資本。

辛亥革命後，廣東人在中央政治舞台上角色舉足輕重。以孫中山為首的廣東革命領袖，固然不在話下，廣州軍政府亦幾乎是廣東人的天下，"粵人治粵"的主張，可說是在一個非制度化的情況下實現了。其後，孫中山辭退總統一職，讓位與袁世凱，袁在北京就任，另組內閣，其中廣東人亦佔了不少重要的位置。1917至 1927 年間，廣東成為孫中山領導的國民政府部署北伐的總部。儘管孫中山志在統一大業，以總統自居，但少不得倚靠地方軍事力量。在 1920 年代提倡"粵人治粵"，在惠州擁有強大的軍事力量的陳炯明，就是在這樣的情況下與孫中山合作至 1922 年才決裂的。

1927 年，國民政府北伐成功，在南京成立政府，廣州一下子從"中央政府"總部的地位，落得只剩下"模範省"和"革命聖地"

---

**71** Edward Rhoads, *China' s Republic an Revolution: the case of Kwangtung, 1895-1913*, pp. 91-
   92；陳玉環：《論 1905 年至 1906 年粵路風潮》，載廣州市文化局、廣州市文博學會編：
   《羊城文物博物研究：廣州文博工作四十年文選》，廣州：廣東人民出版社，1993 年。

**72**《華字日報》，1906 年 5 月 4 日，1906 年 11 月 30 日。

**73**《華字日報》，1910 年 1 月 19 日。

的虛名。不過，由於廣州長期是國民政府的基地，在國民政府和國民黨的要員中，廣東人一度佔據相當重要的位置。憑藉與孫中山的關係，國民黨粵籍成員如孫中山的兒子孫科（1891－1973），革命元老鄒魯（1887－1975）等人，在多次事件上，都與以蔣介石為首的江浙集團抗衡，彼此關係緊張。廣東政界中人與中央政府的關係，更多是貌合神離。

1930 年代，廣東實際上由軍人陳濟棠統治。陳雖然是以在廣州成立的國民黨中央執行委員會西南執行部和國民政府西南政務委員會的常務委員的身份，來合法化他對廣東黨政軍的領導，但實際上他對南京國民政府陽奉陰違。西南各省包括廣東在內的政治領袖所代表的國民黨派系，一直與蔣介石有矛盾，1931 至 1936 年歷任廣東省政府主席，都願意和陳濟棠合作。至 1934 年，廣東省政府的幾個重要職位，包括民政廳廳長、財政廳廳長和教育廳廳長，都由陳濟棠的親信擔任。[74] 直至 1936 年，南京政府在其他廣東將領的合作下，將陳濟棠推翻，廣東才重歸南京控制。未幾，抗日戰爭爆發，廣州在 1938 年 10 月淪陷，省政府遷至曲江，文化人士除了去曲江，也有不少逃難到香港，"廣東文化展覽會" 就是在這樣的情況下辦成的。1945 年 8 月，日軍投降，廣東

---

**74** Lloyd Eastman, "Nationalist China during the Naking decade 1927-1937", in Lloyd Eastman, Suzanne Pepper, and Lyman Van Slyke (eds.), *The Nationalist Era in China 1927-1949*, Cambridge: Cambridge University Press, 1991, pp. 11-52；廣州市政協文史資料研究委員會編：《南天歲月：陳濟棠主粵時期見聞實錄》，《廣州文史資料》，廣州：廣東人民出版社，1987 年，第 14 頁。

省政府遷回廣州，正式歸南京政府管轄。

　　事實上，民國時期的中國從來沒有達致真正的統一，廣東省的政治角色，和中央政權互為牽動，或升或降。有時候，廣東"是"中國；有時候，廣東只能守住它省的本分。當國民政府以廣州為北伐基地時，廣東"是"中國；當國民政府北伐勝利建都南京後，廣東失卻它的"中心"位置；而所謂的"廣東政府"，實際上也管不了整個廣東。與此同時，不論是出於機緣巧合，還是出於裙帶關係，民國時期不少積極參與"建造中國"的文人政客，都來自廣東。他們不但努力組織實體的政府，還構想抽象的理念，甚至設計許多影響到日常生活和行為、儀式和建築。他們在國家政治舞台的活動，對他們為自己的地方塑造出來的廣東文化，亦留下了深遠的影響。

　　辛亥革命後差不多半個世紀期間，廣東內部四分五裂，與中央關係貌合神離，到底這樣的政治分離有沒有導致廣東的政治和文化精英產生一種強烈與國家對立的"省籍意識"？筆者可以在這裏先提出的答案是：沒有。實際情況恰恰相反。廣東與國家的政權和文化距離越遠，廣東的政客和文人越積極論證他們的地方文化與國家文化有着同根同源的關係，這個悖論長期貫穿了中國歷史上中央與地方的關係，也是本書的主題所在。

## 本書的主題與結構

　　如果"區域"的邊界是這樣的模糊不清，"文化"是如此的包羅萬有，"士大夫"的標籤又是理想模型多於真實寫照，那麼，本研究如何落實到具體的人和事上去呢？

近年來，有關"地方文化"的研究和討論已是汗牛充棟，蔚為大觀。筆者才學疏淺，無意加入這種有關"地方文化"的討論之中。因此，在簡要地說明本書的主題之前，筆者也許有必要在這裏畫蛇添足地澄清它"不是"什麼：

首先，本書不是一個地域文化的研究。如果讀者指望在這裏得到"廣東文化是什麼？"的答案，肯定是要失望的。相反，大凡回答"廣東文化是什麼"的嘗試，都是本書的研究對象，也可以說是本書的起點，而不是它的最終關懷。

其次，本書不是一個純粹的"觀念史"研究。它嘗試從文獻出發，立足於有關人物的具體活動，理解他們如何界定和使用"廣東文化"這個概念。

最後，本書不是一個地方史的研究。"廣東"，在這裏只是一個個案，本書企圖實現的，是提出一個便於理解晚清以來中國地方文化觀的形成過程的分析框架。

正面地說，本研究企圖以"廣東文化"為例，嘗試把清末以來中國的"地方文化"視為一個命題、一套表達的語言來看，探討在不同的時代，在怎樣的權力互動下，不同的內容如何被選取填進某個"地方文化"的框框。本書一開始便指出，所謂"廣東文化"的定義，並非歷來都是一個樣子的，什麼才算"廣東文化"，視乎當時的人怎樣去定義，更重要的是，在怎樣的歷史文化環境裏，哪些人有權力和資源去定義。

前面已經提過，簡又文關於廣東文化的表述 —— 廣東文化是有其特色、特質和特徵的，但廣東文化是中國文化的一部分，所以，廣東文化體現的就是中國文化 —— 既是本研究的出發點，也是本研究的終點。如果用回溯的方法去說明本書的思路的話，本書試圖論證的，就是今天我們耳熟能詳的“廣東文化”的敘述方式或框架，是在 20 世紀 30 與 40 年代左右確立的，其形成過程大約始於 19 世紀的 20 與 30 年代。換句話說，本書的討論，主要集中在 1820 年代至 1940 年代期間。這一百多年的歷史的連續性，不但體現在“廣東文化”這個命題在敘述層面上所發生的關鍵性變化，更體現在牽涉其中的歷史人物之間的師承、地緣和其他人際關係。“廣東文物”展覽會挑選的實物和簡又文的研究，剛好在這百多年的歷史長河中起着承先啟後的作用。不論是展覽實物還是研究文獻，其代表的都不純粹是客觀的“事實”，而是一種信念。支撐這種信念的，是一套在 1940 年代時已經發展得相當成熟的論述地方文化的模式。這套模式既是讀書人的創造，但同時也透過各種管道廣為傳播。

概括地說，這套近乎標準化的敘述地方文化的模式，就清末以來的廣東而言，主要包含以下幾方面的主題：

一是思想文化與學術成就。論者既要彰顯嶺南思想文化開風氣之先，又不忘堅持嶺南文化秉承中國學術之正統。於是故，大凡討論廣東文化，總要上溯至惠能、張九齡、陳白沙、湛若水；中貫之以漢學大家陳澧及主張漢宋調和的朱次琦；下則以康有為、梁啟超、孫中山為英傑。

二是以中原漢人血統認同為依歸的族群（又稱"民系"）劃分。當代大凡討論廣東文化，除了把廣東文化劃分為"漢族風俗文化"和"少數民族風俗文化"兩大類外，更根據方言分為"廣府"（粵）、"客家"和"潮州"三大族群；[75] 同時，有關各個族群的歷史和文化特徵的論述和求證，皆以證明該族群文化具有正宗的漢族血統和文化淵源為指向。

三是民間民俗。嶺南地區婚姻、喪葬、節令、飲食等種種習俗，過去被鄙視為蠻風陋俗，後來逐步提升為"廣東文化"的重要組成部分。尤其是方言文學，尤以廣府話為"廣東方言的老大哥"，木魚書、南音、粵曲、鹹水歌等等，更有逐漸被捧至可登大雅之堂的勢頭。近年來，潮州、客家的民俗文化研究亦不為人後，大有後來居上之勢。

這種今天我們耳熟能詳的"廣東文化"的基調，約在二十世紀上半期成型，本章從 1940 年舉辦的一次"廣東文物展覽會"所表現的事實與觀念談起，就是因為這種基調在展覽中得到了集中的體現。本書的論述企圖解釋過去一百多年來廣東文人如何在地方關懷和國家意識的二重奏中調校出適合的調子，加入自己的聲音，界定自己所認同的地域文化。

本書的結構，大體圍繞以上三方面的內容搭建。就第一個

---

75 據聞，目前正陸續出版的以"幫助廣大讀者系統地暸解嶺南的歷史文化，認識其過去和現在"的大型叢書《嶺南文庫》，就有"為廣東三大民系立傳"的設想。參見譚元亨：《為嶺南三大民系立傳的可喜開端》，載《廣州日報》1997 年 5 月 9 日。

主題而言，本書以晚清廣東學術發展和地位為考察對象，討論全國性的文化主流如何在廣東這偏隅之地藉着研究機構的建立而得以鞏固，當與文化息息相關的教育機制發生變化後，原來掌控教育資源的地方讀書人又如何調適或營造自己的空間。進入民國之後，族群劃分的觀念，如何伴隨着以民族主義為後盾的新的國家觀念形成而崛起，隨着新興的人文社會科學學科的興起，讀書人如何通過以民族主義為前提的民俗學視角看待地方文化，這部分的討論，實際上也涉及上述第三個主題。

就第二個主題而言，本書利用了清代以來廣東地區的方志、文集、遊記、鄉土教材等文獻，探討讀書人如何在文化地理的層面上界定"廣東"，這個定義又如何因為清末西方種族觀念的輸入，而被進一步修訂和運用。到了 1940 年代末，經過數十年新的國家觀念的洗禮後，新編地方志在語言和內容上，又如何表述國家觀念和地方意識。上述第三個主題所涉及的問題，還包括方言在地方和國家文化中的地位。本書專門闢出一章，以廣府方言文獻為主要材料，集中討論晚清至民國初年方言文獻在廣府地區的發展和運用，考察其地位在清末民初隨着現代國家概念在中國的興起而經歷的微妙的變化。

從時間跨度來說，本書第二至第四章主要討論的時期，約始於清道光年間，迄於清末民初，第五章和第六章着重討論 1920 至 1940 年代。由於師承、地緣和其他人脈關係，各種書籍和印刷品或新興出版，或重複刊行，"廣東文化"的定義的衍變，從清道光至 1940 年間，既有許多繼承和重疊的部分，也有許多新增或重新詮釋的內容。

　　換個角度說，考察晚清以來中國地方文化觀之演變，實際上也是在探討中國讀書人自我身份（self-identity）的定義的轉變，從晚清到民國，中國讀書人的安身立命之所從"天下"轉移到"國家"。本書通篇要論證的就是，恰恰由於中國讀書人這種特性，使得中國的國家觀念和地域文化觀的論述之間，始終保持着一種辯證關係，研究者不能用簡單的二元對立觀來視之。在最後總結的一章裏，筆者嘗試重新思考幾個與研究中國近代地方文化觀有關的概念 —— 地方、國家、文人、文化，同時提出日後研究中國地域文化的形成過程幾個值得注意的方向。筆者期望，本書點出的幾個與近現代中國地方文化觀念形成有關的命題和歷史轉捩點，是具有普遍意義的，嘗試為研究清末民初各省各地的地方文化觀的形成過程，提供一個可供參考的研究框架。當然，筆者更希望的，是其他地方的研究成果，能對這個分析框架作出批判，並加以充實和完善。

# 第 二 章

嶺外入中國

要闡發一個地方的文化，最常見的手段莫過於闡述這個地區的歷史。不過，在中國，歷代地方史的敘述，所強調的與其說是"地方"的歷史，不如說是"國家"的存在如何在地方上得到體現的歷史。在這個意義上，"國家"的含義既是具體的典章制度，也是抽象的意識形態，而所謂"地方史"的敘述，實則上又是通過對本土風物的描畫和對本地人身份的界定來達致的。地方史所敘述的，是如何把地方上具體的人和物，與人們觀念中的國家文化和國家象徵聯繫起來。廣東可以說是一個很好的典型。廣東在地理上僻處嶺外，歷代都被視為蠻荒之地，但也正是因為這樣，漢以後一直到今天的地方文獻，都總是要特別強調這個地區與"文明"的中州文化的聯繫。經過一代一代學者建立起來的廣東地方歷史敘述，就是廣東這個嶺外荒服之地，逐步文明開化，在文化上成為中國一個重要部分的歷史。

我們藉以建立這樣一個歷史解釋所依據的材料，主要是書寫和印刷的文獻，這些史料大多出自讀書人之手，它們主要反映的，是讀書人的地方文化觀。儘管我們嘗試把視線往下移，企圖在通俗的出版物裏，在尋常百姓家中，搜尋其他線索，探討讀書人以外的人的觀感，不過，一旦考慮到中國社會對文字的迷信以及士大夫文化廣泛的影響，我們就不得不有所警惕，時刻提醒自己，那些所謂"下層"的文字材料，往往體現的仍然是士大夫主導的書寫傳統所表達的天下、國家和地方文化觀。[1]

## 界定粵人

廣東簡稱"粵"，因而廣東人也就被稱為"粵人"，據說，這
個名稱來自古代"百越"之"越"，因為"粵"與"越"通。明
代廣東學者歐大任著有《百越先賢志》一書，輯錄自周至唐百越
先賢百餘人的傳記，意在彰顯百越"陽德之盛，鍾為人文"的傳
統。他以一句"粵、越，一也"，就把嶺南納入了古代越文化傳
統之中，不失巧妙。不過，儘管在許多古代文獻中，粵與越的確
通用，如《史記》中用"越"字處，《漢書》多用"粵"，但是，
在大多數文獻上，用"粵"字與用"越"字所指往往各有側重，
"粵"多指五嶺之南的地區，而"越"則指古代屬揚州的百越地
區，其地理範圍包括了今浙江、江西、福建、兩湖、兩廣地區。
歐大任在《百越先賢志自序》中說："粵、越，一也。《禹貢》、

---

**1** 有關文字傳統和口述傳統的相互影響，可參見英國人類學家 Jack Goody 的研究，如
*Domestication of the Savage Mind* (Cambridge, New York: Cambridge University Press, 1977)；
*Logic of Writing and the Organization of Society* (Cambridge, New York: Cambridge University
Press, 1986)；及其編著的 *Literacy in Traditional Societies* (Cambridge, Cambridge University
Press, 1968)。在 David Johnson, Andrew Nathan, Evelyn Rawski 合編的 *Popular Culture in
Late Imperial China* (Berkeley: University of California Press, 1985) 的多篇文章中，也談到
士大夫傳統如何藉著小說戲曲等媒介得以廣泛流傳，例子見 Barbara Ward, ﹁Regional
Operas and Their Audiences: Evidences from Hong Kong﹂一文。

《周職方》揚州，外境五嶺，至於海，盡越之南裔。"[2] 給人的印象是，嶺南地區在《尚書‧禹貢》和《周禮‧職方》的記載中已經屬揚州之地，但其實不然，歐大任用了這樣模糊的語言，把嶺南劃入了古代揚州，也就很順理成章地把嶺南之粵與江南之越混而為一了。

在中國古代文獻中，南方的"越人"據說是夏禹六世孫少康之庶子無余的遺裔，[3] 這是一個把百越與華夏正統聯繫起來的傳說。因此，如果嶺南的粵人也是百越之一，其淵源自然也就同樣與華夏正統連上關係了。不過，在這個傳說中的百越，雖然是夏禹之後裔，但自無余封於越之後，"文身斷髮，披草萊而邑焉。"[4]所以在後來從中國之地看過來，其後裔仍然是蠻夷。[5] 於是，越也好，粵也好，在歷代文獻上，總是含有未開化義涵的名稱。而循着無余封於越的傳說的邏輯，百越之地與華夏文化正統的聯繫，就總是通過綿延不絕的中原移民來維繫和不斷加強的。特別有趣的是，在這種歷史解釋的邏輯中，前代的移民到了嶺外，歷年久遠，就會逐漸蠻夷化，而新來的移民再帶來中州之風，把嶺外帶回中國。基於這種歷史觀，在清代初年，廣東著名學者屈大均寫

---

**2** 歐大任：《百越先賢志》，《自序》，《叢書集成》版。

**3** 見後漢趙曄著的《吳越春秋》，卷 6，《越王無余外傳第六》，《四部備要‧史部》，上海中華書局。

**4** 司馬遷：《史記》，卷 41，《越王句踐世家第十一》，北京：中華書局，1975 年。

**5** 同上，卷 114，《東越列傳第五十四》有云："太史公曰：越雖蠻夷，其先豈嘗有大功德於民哉，何其久也！"

《廣東新語》的時候，就"粵人"的身份問題，作了一番非常精彩的議論，他說：

> 自秦始皇發諸嘗逋亡人、贅婿、賈人略取揚越，以謫徙民與越雜處。又適治獄吏不直者，築南方越地。又以一軍處番禺之都，一軍戍台山之塞，而任囂、尉佗所將率樓船士十餘萬，其後皆家於越，生長子孫，故囂謂佗曰，頗有中國人相輔。今粵人大抵皆中國種，自秦漢以來，日滋月盛，不失中州清淑之氣，其真鬋髮文身越人，則今之傜、僮、平鬃、狼、黎、岐、蛋諸族是也。夫以中國之人實方外，變其蠻俗，此始皇之大功也。佗之自王，不以禮樂自治以治其民，仍然椎結箕倨，為蠻中大長，與西甌、駱、越之王為伍，使南越人九十餘年不得被大漢教化，則尉佗之大罪也。蓋越至始皇而一變，至漢武而再變，中國之人，得蒙富教於茲土，以至今日，其可以不知所自乎哉。**6**

屈大均這段議論用"真粵人"為標題，他在文中用了"越""真越人""南越人"與"中國人""粵人"相區別開來。前者指本地的"土著"，後者指其先來自中州之地的"中國種"。按照屈大均的説法，廣東這片"方外"之地，由於"中國之人"的到達，變其蠻俗，日滋月盛，如果不是南越王趙佗要當蠻中長老，這個發展的過程可能更快。屈大均這段話最有意義的地方，在於他把當

---

**6** 屈大均：《廣東新語》，北京：中華書局，1974 年，第 232 頁，着重號為筆者所加。

時的"猺、獞、平鬃、狼、黎、岐、蛋諸族"，與"大抵皆中國種"的"粵人"區分了開來，明確把"粵人"同蠻夷劃清了界線。這種把"移民繁衍"作為解釋廣東文化有所進步的原因和"土著猶存"作為說明廣東文化只能"無異中州"卻又不完全與中州等同的理由，成為嗣後貫穿廣東地方史敘述的二重奏。在明清以後的歷代方志和文人著述中，有關嶺南地區向化過程的這種歷史解釋不斷被論證和陳說，形成了嶺南地方歷史的一種模式化的表述套路。

這種歷史解釋的權威性，在歷次地方志的記述中得到加強。由明迄清，《廣東通志》的修纂凡六次。先是有嘉靖十四年（1535）戴璟修輯的《廣東通志初稿》，隨後嘉靖四十年（1561）黃佐纂修《廣東通志》；萬曆三十年（1602），再有郭棐重修《廣東通志》。入清後，《通志》又分別於康熙十四（1675）和雍正九年（1731）年間兩度重修，最後一次在道光二年（1822）刊刻的，是阮元主持編纂的《廣東通志》。有關廣東歷史文化的敘述，在嘉靖黃佐修《廣東通志》中已見輪廓，而到道光阮元主修《通志》之時，更成體系。在地方史志中，最直接表達地方文化特性的，自然是在"風俗"一章。在道光《廣東通志》的〈風俗〉一章中，"粵人""粵俗"和以"粵"字起頭的事物觸目皆是，這些用語很容易給人一個印象，以為編纂要敘述的，是一種獨特的地方文化；而像"吾粵"一類的用語，更似乎是有意識地表達着一種群體身份。這種地方特性和本地人的意識，當和其他地方作出比較時，尤覺明顯。例如，道光《廣東通志》談到韶州府英德縣時，引用了《英德縣志》，謂當地"土俗淳樸，頗知詩書，科目代不乏人。明初地無居人，至成化間，居民皆自閩之上杭來立籍，間有江右入籍者，習尚一本故鄉，與粵俗差異。"[7] 可見英德雖在"粵境"，但其習尚卻不被歸類為"粵俗"。

不過，在地方文獻中，"粵"這個概念所包含的範圍，卻並非固定不變的。作為一個地域名稱來說，"粵"自然是指整個廣東。但明清以來，當把"粵"作為定語加諸於某一事物的時候，"粵"這個詞又往往只用來指謂一些以廣府方言為代表的文化範疇；粵語，一般只指"廣府話"，甚至"粵人"都可能只是指講"粵語"的人群。在道光《廣東通志》裏，除了廣州一府的人被稱為"粵人"之外，其他府的人都沒有被冠以"粵人"的稱呼，屬潮州府者，稱為"潮人"，屬惠州府者，稱為"惠人"，屬韶州府者，稱為"韶人"。[8] 方言區之間的差別，在各府各縣的方志和其他文獻更為明顯，其中，潮州府是最突出的例子。在《廣東新語》〈粵歌〉一章中，潮州人的歌曲傳統，是另闢一節描述的，其中有云："潮人以土音唱南北曲者，曰潮州戲。潮音似閩，多有聲而無字。"[9] 可見至少在語言方面，潮音被認為更像閩，而不被歸類為"粵"。光緒年間的《粵遊小志》的〈風俗〉篇中，也處處對比着潮俗和粵俗的不同。[10]

---

**7** 道光《廣東通志》，卷 92，1988 年重印本，第 1792 頁。

**8** 同上，第 1791、1793、1795 頁。

**9** 屈大均：《廣東新語》，第 361 頁。

**10** 張心泰：《粵遊小志》，夢楳僊館藏版，序於光緒二十五年（1899），卷 3。

當然，這樣的分類並不是說在潮州、惠州和韶州等地便沒有廣府人或操廣府話者，但不能否認的是，在許多明清時期的地方史籍裏，本來用來涵蓋今天整個廣東以至廣西地區的"粵"這個標籤，往往只狹義地應用在以廣州府為中心的廣府話地區上。如果我們進一步看晚清編纂的縣志，我們甚至會發現，只有《南海縣志》使用"粵俗"這個標籤。[11] 在許多其他縣志裏，都沒有用上"粵"這個定語，去表述其風俗之所屬。鄰近縣份的方志如番禺者，提到了"番禺隸省會"這個事實，沒有怎樣強調番俗和粵俗是否同一回事；[12] 至於順德的情況，按照咸豐（1859）《順德縣志》的描述，則是"順德分自南海，南俗即順俗也"。[13] 有趣的是，民國（1929）《順德縣志》的編纂，卻刻意反駁這樣的類比，認為"地方風俗，每因水土而異，或因習尚而殊。郭志謂順德分自南海，南俗即順俗，亦不盡然。今順德之風俗，有與鄰邑相同者，有為本邑特異者"[14]，明顯要突出順德的特色。種種方志的敘述，皆讓人覺得南海是粵文化的核心，這和方志所論述的廣州府的歷史實在也不無二致 —— 第一個在今天廣東地區設立的象徵帝國統治的行政單位，便是公元前 214 年秦始皇建立的南海郡，當時，廣東和廣州等名稱還沒有出現。

　　明代及清初文獻中，在使用"粵人""粵地"之類的用語時，

11 見宣統《南海縣志》，卷 4，頁 20。
12 見同治《番禺縣志》，卷 6，頁 4−5。
13 咸豐《順德縣志》，卷 3，頁 35。
14 民國《順德縣志》，卷 1，頁 16。

其定義比起後來的文獻相對寬鬆和含混。一直以來，就地方文獻所見，編者一般用"廣人"來指稱廣州府人，而"潮人"、"韶人"或者"惠民"等用語，很大程度上只是以行政區域的劃分為依據的籍貫或地望名稱。至清代中期，在嘉應州從潮州府分析出來之前，"潮人"甚至包括了居住在程鄉、大埔等地、後來被稱及自稱為客家人的人。不過，由於明中葉以後，以省城為活動中心的廣府人，控制了廣東不少政治和經濟資源，也控制了地方歷史的編撰，當他們使用"粵人"一詞時，自然以自我為中心。在不存在相互比較的參照體系時，"粵人"這個詞還可能有較大的包容性，但當潮人和客家人也形成了強烈的自我認同意識之後，由廣府人定義的"粵人"這個詞，就可能逐漸變成他們自己"廣人"的專稱了。

廣府地區在有關廣東的歷史敘述中所呈現的核心性，不僅是因為廣州是廣東的省會和文化中心，更與明清時期成為廣州府核心區域的珠江三角洲的崛起有直接的聯繫。隨着珠江三角洲經濟發展，自明中葉始，珠江三角洲農業、手工業與貿易迅速增長，物產豐富，人口劇增，廣府人在廣東地方政治、經濟和文化的核心地位愈趨鞏固，地方讀書人對本地的觀感也產生了很大的變化。隨着在本地出生的讀書人日益增多，湧現了一批熟習經史的學者。大量地方文獻，在這時候紛紛出現。從明代以來，廣東省志和許多府志縣志都是由廣府人士纂修的，從此有關廣東歷史與文化的話語權，基本上就掌握在廣府人手上。本書不可能詳細敘述這一發展過程，但編撰嘉靖《廣東通志》的黃佐家族及其個人的成就，可以視為明代廣府地區士大夫興起的一個縮影。從本章的討論，我們可以看到，黃佐對於有關嶺南地區的歷史敘述和解釋模式的建構，堪稱貢獻殊多。本節開頭提到的作《百越先賢傳》的歐大任，也是黃佐的弟子和協助他編纂《廣東通志》的學者。

黃佐（1490－1566），字才伯，香山人。根據黃佐敘述其先世的歷史，黃氏先祖為元西台御史，以直諫忤君意，被貶嶺南，卒於途，"子從簡藐然孤子入廣，留家南海之西㴑，是為始遷祖也。"元末時，從簡跟隨何真起兵，由此可知其家出身本是明初歸附的軍籍。黃佐的高祖溫德是從簡的孫子，明初時被派到香山衛所守禦。[15] 其孫黃瑜在明景泰年間登鄉貢進士，後任長樂知縣，其家寓居番禺（即廣州），有《雙槐集》及《雙槐歲抄》行世。[16] 黃佐之父黃畿也是一位頗有名氣的學者。出生在這樣一個家庭的黃佐自小治經史之學，正德中，舉鄉試第一；嘉靖初，始成進士。黃佐任官至南京國子監祭酒，並以理學名世，但其史學成就也十分卓著，除了著有《革除遺事》等史書外，在地方歷史的編撰上，更有開風氣、定規矩之功。他的地方歷史著作主要有：《廣東通志》七十卷、《廣西通志》六十卷、《廣州府志》六十卷、《香山縣志》八卷、《廣州人物傳》等。[17] 其中《廣州人物傳》是他早期的

---

15 黃培芳：《黃氏家乘》，卷 4，頁 1－2，《事蹟》上，《郡志自敘先世行狀（文裕公撰）》；從簡隨何真起兵事又見嘉靖《廣東通志》，卷 59，頁 1。

16 謝廷舉：〈明故文林郎知長樂縣事雙槐黃公行狀〉（弘治十年），收入黃瑜：《雙槐歲鈔》，北京：中華書局，1999 年。

17 黃畿及黃佐傳見黃培芳：《黃氏家乘》，卷 3，頁 7－9，道光廿七年刊於廣州純淵堂。

著作，在凡例中，他提到"〔三國〕吳陸胤所撰《廣州先賢傳》，多蒼梧、交趾人，殊不可曉，今皆附書。"[18] 可見，黃佐的"廣州"只限於明代廣東的範圍，正如為《廣州人物傳》作序的姚淶説："余與黃子皆史官，天下所當為者，未盡於此也，而黃子先成此者，志厚鄉也"[19]。黃佐通過編撰地方文獻，比較成體系地建立起有關廣東地方歷史的解釋，標誌着在本地成長起來的讀書人對本地歷史和文化的意識的提高。

在明朝正德嘉靖年間，除了黃佐以外，在廣州府還湧現出一批在朝廷政治和學術上都有相當大影響的仕宦，例如梁儲（1451－1521）、霍韜（1487－1540）、湛若水（1466－1560）和方獻夫（卒於 1544）等。他們位高權重，特別是霍、方等人，在"大禮議"中支持嘉靖皇帝，一時權位隆高；他們甚至藉着在朝廷這場爭論中所佔的上風，提倡興建家祠，強化宗族觀念，鞏固其既有的權勢。有明一代，是廣東士大夫藉着個人地位的提升，將地方既有的秩序，整合到王朝秩序之中的重要時期。[20] 明代廣東士大夫和廣東本身地位的上升，是和明代中央政府對地方的管治能力加強有關，不過，明代中央政府管治能力的延伸，並不是一種從上而下指令的結果，同時也是地方上的勢力在本地化動力的驅動下，主

---

**18** 黃佐：《廣州人物傳》，〈凡例〉，廣州：廣東高等教育出版社，1991 年，第 6 頁。

**19** 同上，第 1－2 頁。

**20** 關於這方面的討論，可參見 David Faure, "Becoming Cantonese, the Ming Dynasty Transition" 一文。

動與國家意識形態和王朝政策相互配合的結果。[21] 可以說，經歷了明代中期廣府地區士大夫勢力的上升，以及他們很快地在地方上建立起與國家正統與王朝秩序相配合的社會之後，"粵"或"粵人"的定義，已經脫離了古代"百越"所含的蠻夷意義，而這個轉變，是通過建立起一套有關廣東"向化"過程的歷史敘述來實現的。

## 教而化之

地方史志中有關本地文化變遷的歷史，主要是通過有關地方風俗的演變過程來論述的。這種在地方風俗的記錄，雖是在闡述地方特色，但其立意，在於實現地方"向化"的追求，所謂"為政之要，辯風正俗，最其上也。"[22] 因此，在明清地方志〈風俗〉篇中，對一地之風俗的評說，常常是以中州禮樂文明為標準的。由於實際的地方文化多少總與抽象的"中州禮樂"有差別，當地方志討論到地方風俗的時候，不免會面對一種矛盾和緊張的狀態 —— 如果強調了地方風俗和"中州禮樂"的一致性，那麼不同的地方風俗，如"粵俗"與"潮俗"之間又如何呈現自己的特色？如果強調了地方風俗與"中州禮樂"的差異，那無異在說當地還沒有開化？無論方志的纂修者是否意識到這個問題，他們都

---

21 有關這方面的討論，可參考劉志偉：《在國家與社會之間：明清廣東里甲賦役制度研究》，廣州：中山大學出版社，1997 年。

22 應劭：《風俗通義》，〈序〉，上海：上海古籍出版社，1990 年，第 3 頁。

有意無意地運用了一套文化滲透論和進化論的語言，去化解這個矛盾。黃佐在嘉靖《廣東通志》〈風俗〉篇中，就是用一種非常凝練的歷史敘述方式，勾畫出一幅廣東文明教化的歷史長卷：

漢，粵人俗好相攻擊，秦徙中縣之民，使與百粵雜處。

晉，南土溫濕，多有氣毒……革奢務嗇，南域改觀。

南朝，民戶不多，俚獠猥雜，捲握之資，富兼十世。

隋，土地下濕，多瘴癘，其人性並輕悍，蹲結箕踞，乃其舊風。

唐，閭閻樸霧，士女雲流謳歌，有霸道之餘旰，俗得華風之雜。

宋，海舶貿易，商賈交湊，尚淫祀，多瘴毒……民物歲滋，聲教日洽。

元，今之交廣，古之鄒魯。

本朝，衣冠禮樂，無異中州，聲華日盛，民勤於食。**23**

黃佐這篇"廣東文化發達史綱要"，一開始突出了"中縣之民"移居粵地及由此帶來的深遠影響；它說明了本地土著和自然環境的特性，以及這些特性如何逐漸發生變化；它指出了政治、禮制、教育和商業的發展，如何使這個地方"向化"和繁盛，最後達到明代"無異中州"的局面。這個過程，總結成以下這種歷史表述，後來一再被各種地方文獻引用，到今天，幾乎成為關於廣東文化與歷史的不刊之論：

---

**23** 嘉靖《廣東通志》，卷 20，頁 1–7。

蓋自漢末建安至於東晉永嘉之際，中國之人，避地者多入嶺表，子孫往往家焉，其流風遺韻，衣冠氣習，薰陶漸染，故習漸變，而俗庶幾中州。[24]

這種歷史敘述從明代以來以至今天，其正確性似乎從來不會被人懷疑。廣東原是"嶺外"，自然是野蠻愚昧的，但在中國之人帶來的衣冠氣習薰陶下，逐漸"向化"。根據這種邏輯，如果地方文化和中原文化還有什麼不同，只是"向化"的程度的差異。既然這個向化過程是與時俱進的，那麼年代越後的方志，所描述的地方風俗，自然比年代越遠的方志更為正面。以新會縣為例，嘉靖《廣東通志》指新會"病事艾灸鬼神，喪多用浮屠，信風水，亦有火葬者"；[25] 但乾隆（1741）《新會縣志》卻申明"民間冠婚喪祭多循朱子家禮"；[26] 後來的道光《廣東通志》和道光（1841）《新會縣志》，便自然沿用這個更新近的說法。[27] 光緒（1880）《清遠縣志》是另一個例子，顯示編纂有意識地反駁前志的說法，將未進化的"陋俗"的歷史推前數個世紀：

---

**24** 嘉靖《廣東通志》，卷 20，頁 9；道光《廣東通志》，卷 2，1988 年重印版，第 1780 頁。

**25** 嘉靖《廣東通志》，卷 20，頁 9。

**26** 乾隆《新會縣志》，卷 1，頁 31。

**27** 道光《廣東通志》，卷 92，1988 年重印本，第 1790 頁；道光《新會縣志》，卷 2，頁 62。

又按：舊志載小民喜火葬，今四屬並無火葬之事，即詢諸故老，亦未有聞火葬者，此俗變移，想必在數百年前矣。[28]

縣志編修往往因襲前志，很多時候，編纂不加説明就照錄前志的記載。他們一旦對前志的事實提出商榷，與其説是因為搜集了更新或更準確的材料，不如説是他們要刻意宣示某種觀點，或維護某集團的政治或經濟利益，或為本邑的文化或其他發展説項。上述的例子，説明了地方讀書人如何利用縣志這塊園地，展示他們地方文化進步的成就。

在“粵人”（不管是廣義或狹義的）從“教化”的角度來顯耀自己的文化優越性的同時，潮人、韶人和惠民當然也可以通過同樣的方式，為自己的文化身份辯護。這種做法在各地的地方志中有明顯的表現。例如，有關教育在地方上得到普及的敘述，尤其是北方的名宦或流寓入粵後如何幫助地方建立學校的故事，便常為潮州地區的士大夫津津樂道。蘇軾（1037－1101）在貶謫至惠州期間，曾經這樣寫道：

始，潮人未知學，公命進士趙德為之師，自是潮之士皆善於文行。[29]

---

28 光緒《清遠縣志》，卷 2，頁 13。在此之前的《清遠縣志》分別在康熙和乾隆年間編纂。

29 王水照校釋：《蘇東坡選集》，上海：上海古籍出版社，1984 年，第 407－409 頁。

蘇軾這句話後來屢為《潮州府志》和各版本的《廣東通志》引用，作為證明潮州自唐代以來便得到中州文化的薰陶的證據，[30]而趙德和韓愈，更成為潮州士大夫格外推崇的前賢，被認為是潮州向化的鼻祖。可見，"北人南移說"和"中原教化論"，也同樣出現在潮州府地區的論述中。從這種"教化"理論出發，廣人和潮人既是來自中原，或者受中原之"風"的薰陶，這兩個區域，到了明清的時候，自然都變得"有文化"，即使彼此的方言習尚不一樣，但那不過是"俗"之不同。任何人只要證明自己的祖先來自中原，或者證明自家世世代代受到中原文化的薰陶，都可以分享廣義上的"廣東文化"，問題只在於是否具備這種意識，以及所需的權力和文化資源。

地方志書所揭示的國家觀念，實際上也是地方文化的表述的一體兩面。廣東地區之所以變得有文化，是因為受到中原文化的薰陶。要證明自己"純正"的廣東人的身份，必須證明自己是遷移自北方的移民，或者是受到中州禮俗所感染。這樣的主題不但出現在官修的方志裏，也見於私人修纂的刊物甚或通俗文學之中。

到底官修志書的地方文化觀，對普羅大眾有可能產生什麼影響？官方和士大夫的國家觀念，透過什麼管道得以深入民眾？無可否認，像《廣東通志》一類的官方出版物的流傳相當有限，要

---

**30** 嘉靖《潮州府志》，卷 5，頁 1；戴璟採輯：嘉靖《廣東通志初稿》，卷 18，頁 6；雍正《廣東通志》，卷 51，頁 14；道光《廣東通志》，1988 年重印本，第 1795 頁；屈大均：《廣東新語》，第 322 — 323 頁。

理解大多數人的想法，我們或可嘗試從零散的民間文獻着手。當然，我們不得不提醒自己的是，既是從文獻着手，我們所能瞭解得到的充其量只是一個文字的傳統，至於過去的口述傳統，則得依賴民俗工作者所搜集的材料了。

讓我們先從較接近官修方志的一部私人撰述 —— 道光十年（1830）出版的《嶺南叢述》入手。《嶺南叢述》六十卷，包括天文、歲時、輿地、宦紀、人事、百花、草木、神仙、怪異、諸蠻等共四十目，儼然一部微型的廣東通志。據對東莞地方文獻甚有研究的楊寶霖教授考，《嶺南叢述》的作者是東莞人鄧淳（1776－1850），其曾祖、祖父和父親，都是舉人或進士。鄧淳自己雖然功名只達庠生，道光元年（1821）闈舉孝廉方正，卻頗獲歷任粵督起用，個人亦熱衷參與省城的政治事務。阮元修《廣東通志》時，命其採訪東莞事，成《東莞志草》五十卷以進，入志局任分校之職，增刪明以前列傳；道光十三年（1833）獲盧坤聘主東莞石龍龍溪書院；道光十九年（1839）林則徐來粵查禁鴉片，鄧淳條陳十條。道光二十一年（1841）英人單方面將告示貼於新安，強佔香港，據說廣東巡撫怡良徘徊觀望，不置可否，鄧淳連同學海堂學長曾釗等，"集郡紳於學，具詞以請，謂偽示橫悖已甚，宜加痛剿，並詣制府陳焉"，[31] 起草《懇嚴行剿辦英夷呈文》，呼籲省憲 "為國宣猷，為民除害"。翌年，鄧淳又為廣州團練作《討英

---

31 梁廷枏：《夷氛紀聞》，上海：商務印書館，1937 年重印本，第 59－60 頁。

檄》，控訴英軍"據我土地，伐我文武，淫我婦女，掠我資財"。[32]

鄧淳是道光《廣東通志》的編纂之一，而在《嶺南叢述》的十位參訂者中，番禺人儀克中也有參加《廣東通志》的採訪工作，可以相信《嶺南叢述》的資料來源，和官修的《廣東通志》相若，但具體的選材和撰述，則因鄧淳個人的興趣而異。鄧淳在〈自序〉中説，《嶺南叢述》與《通志》相異之處是，前者在選材方面是雅俗兼收。與此同時，為表明其認真負責的態度，鄧淳亦強調他所用的每條資料皆有文字為證，"是編以徵引事實為主，故言不妨雅俗兼收，然字字皆前人撰述，不敢臆斷。"[33] 我們可以説，《嶺南叢述》的對象比《通志》較為普及，但編者對於他讀書人的身份亦非常在意。

那麼，像《嶺南叢述》一類的書籍，出於一個"嚴夷夏"的年代，出自一個極力捍衛鄉邦文化的紳士之手，其所表述的地方文化與國家文化，所用的話語和官修的《通志》又有何異同呢？從以下〈凡例〉一節可見一斑：

　　一、嶺南自宋而後，風景人物，直與中州相埒。五代以前，雖有畸人傑士，然大半皆越人，諸蠻雜處，故不無椎野之習。茲編採輯宋元以前書籍，亦以考據，必探其原，不必以今昔不侔為

<hr>

32　楊寶霖：〈愛國志士鄧淳和他的《嶺南叢述》〉，楊寶霖等編輯：《東莞近百年文化名人專輯》，中國人民政治協商會議，東莞市委員會文史資料委員會，1998年，第1–10頁。

33　鄧淳：《嶺南叢述》，〈凡例〉，出版地不詳，序於道光十年（1830）。

諱也。

一、嶺南自秦伐山通道以來，其間治亂不一，宋南渡後，中
州士夫接踵僑居，文明愈啟，然山箐海寇，往往有梗化者，惟我
聖朝奄治，覃敷海隅，罔不率俾，為亙古未有之隆，此誠萬年有
道之靈長也，故終之以靖氛。**34**

可見，在鄧淳眼中，朝廷軍事勢力的擴張，意味着齊民的開
始，教化的延伸。上引〈凡例〉，主旨和《廣東通志》實大同小
異，其中尤其值得注意的主題至少有三。一是稱為"越人"的原
居民，習俗野蠻；二是廣東的文明是由來自中州的移民開啟的；
三是廣東的文明始於宋代。有關中原文化何時進入廣東，在各
《通志》或《嶺南叢述》一類著述中，說法略有分歧，但它們經常
表達的一個共同主題是，當代的廣東人之所以有文化，是因為他
們是來自北方的移民的後裔。

在上述文化滲透論的框架下，一部廣東文化史，實際上也是
一部廣東移民史。《通志》表述的是一段廣義的的遷移史，至於個
別家族的遷移史，則插入在明清以來如雨後春筍般出現的族譜之
中。這些族譜大多出自史傳上不聞其名的地方讀書人之手，其敘
述家世源流的部分，大多說其先世在宋室南渡時從中原地區遷到
廣東南雄，後來皇帝派兵搜捕逃匿至此的胡妃（一說蘇妃），祖
先為了避難，乃再度南遷到廣東珠江三角洲地區。1957 年出版黃

---

**34** 鄧淳：《嶺南叢述》，〈凡例〉。

慈博編錄的《珠璣巷民族南遷記》和近年的《南雄珠璣巷南遷氏族譜、志選集》，便收錄了許多長短不一，內容紛異的珠璣巷傳說。珠璣巷傳說的杜撰成分，自不待言，但引起研究者興趣的是它的敘事結構。其中有關官府向這些南逃的氏族頒發"文引"的情節，更是許多珠璣巷傳說都不會缺少的部分，這是明代定居在珠江三角洲的氏族，證明自己在當地的入住權具有官府認可的合法依據的一個十分重要的故事元素。[35]

關於珠璣巷的傳說，不但在族譜中輾轉抄襲，而且還流傳於製作簡陋的民間故事小書中。一本印刷裝幀十分粗糙、以《附刻蘇妃新文，南雄珠璣巷來歷故事》為題的小書，就詳述了"蘇妃"的故事，說南遷的氏族"赴縣陳告，不准立案，不給民引〔應作"文引"，下同 —— 引者〕，復赴府告，准給民引，立號編甲，陸續向南而來"；同時，更煞有介事地羅列了一百個名字，說"太府發了文引，足一百戶人收拾，卜於三月十六日在珠璣巷趕程往南而來，帶子攜妻親侶戚屬而行，人口甚眾。四月十五日，力至崗州大良地面，幸遇土人馮元成接歇數天，會同赴縣告案立籍……知縣李叢芳准他們在大良都古節里增圖甲，以定戶籍。"[36] 可見，即使是民間故事的撰述者，也十分明白"取文引、定戶籍、增圖甲"是一個群體在地方上取得入住權的制度上的

---

**35** 有關討論參見 David Faure, "Lineage as a Cultural Invention: the case of Pearl River Delta", *Modern China*, Vol. 15, No. 1, 1989, pp. 4-36.

**36**《附刻蘇妃新文，南雄珠璣巷來歷故事》，明文堂藏版，出版年不詳，大英圖書館藏。

條件。

這類小書雖然製作粗糙，但卻是使像珠璣巷一類的故事得以廣泛流傳的管道之一。像縣志和族譜這一類出版物，畢竟流通有限。真正把士大夫的地方文化觀和國家意識廣泛散播的，更多是這些長期以來被忽略以致今天散處各方的小書。

在王朝時代，士子為了提升個人的地位，為求在官僚機構裏謀得一官半職，惟一的途徑就是參加科舉，因此，某省某縣的科舉成績，既表現了地方的教化程度，也表現了地方士子在官僚體制中佔據了怎樣的席位。不管在哪一個階層的人的心目中，考得功名，當上大官，和天子拉上關係，往往都是夢寐以求的景象，這在口頭傳說、戲曲、小說、歌謠和雜文中都有所反映。筆者所見的一本在光緒年間出版，題為《廣東名人故事》的小書，便是這類文獻之一。[37] 這本木刻小書製作粗糙，丁方如巴掌大，但在體例上卻仿效官修方志。書的前半部分，內頁分上下兩欄，上欄模仿方志的選舉志，列舉明至清光緒年間考獲功名的廣東人的姓名，下欄順序分為四目，略述廣東情況。

顧名思義，《廣東名人故事》的主題，就是褒揚廣東人物的光榮事蹟。不難發現，在這本小書後半部分所講述故事中的主人公，他們之所以是名人，都和朝廷有着這樣或那樣的關係，而在

---

**37** 此書出版年份不詳。惟一的線索是該書第 17 頁記載 "廣東狀元" 一章中，最後提到的一名廣東狀元的考獲年份是光緒二十一年（1895）。估計此書在 1895 年後完成或出版。

故事中突出的情節，是他們或才華出眾，或運氣極佳，或身懷異術。其中最顯著的例子是明朝官至禮吏兵三部尚書的梁儲，《廣東名人故事》說他"七歲能詩"；至於明朝著名的理學家，位居吏部尚書的湛若水，根據《廣東名人故事》的描述，他之所以能夠有這樣的成就，是因為他為他的父母擇了一塊風水寶地。即使是在明正統年間造反，幾乎把廣州攻陷，在官方史志裏被定性為盜賊的黃蕭養，在《廣東名人故事》裏也有一席位，故事說他在監獄裏被同僚所救，全靠一隻老鼠通風報信。我們都知道，在民間故事的敘述傳統裏，天才兒童、風水寶地、動物人格化等，都是十分常見的題材，儘管《廣東名人故事》以印刷形式出現，但這些故事在口述傳統裏，大抵也普遍流傳，許多人的地方文化觀，往往就是透過這些在士大夫看起來荒誕庸俗的故事塑造的。

隨着印刷術的進步與普及，也隨着大眾傳播媒體的發展，這些藉着在口述傳統或製作粗糙的出版物流傳的故事，到了清末民初的時候，漸漸發展成報紙上以廣府話撰寫的連載小說，這些小說，部分在報紙上連載後，更出版成書。在 1920 年前後，廣州出版了不少以"廣東"為名的"新小說"，如《廣東英雄》、《廣東豪傑》、《廣東才子》、《廣東奇人》、《廣東女英雄》、《廣東女才子》、《廣東花月記》等。[38] 上述梁儲的故事，到了 1930 年代左右，在爬格子動物的筆下，也以連載長編小說的形式刊載，後來

---

**38** 見廣州《國華報》1918 年 8 月 10 日廣告。這批小說皆出自一位叫劉傑伯的作家之手，於 1918 年由廣東公書局印行。

更合為一本題為《太師梁儲傳》的小說。**39** 作者"中山客"在第一章寫道：

　　廣東一省，狀元有，宰相有，名士有，武將有，皇帝都有，有親都至少成雙成對，太師呢？我並無呃人情事，計到上溯五十年，搵勻廣東省，就只得梁儲一個，我話梁儲是廣東第一人；我自問並無杯獎錯，點解？無他，獨一無二也，一切事物，最難得者獨一，你夫人見你咁好也不外就這獨一兩個字，所以獨一太師梁儲，依我推斷，便推之為第一人。有人話梁儲蛋家仔耳，是船生水住，實不知否廣東人，你推之為廣東第一人，到底你起過字容，梁老儲是否廣東仔也？乜話，梁儲不是廣東人？據我所查，梁儲正一地道廣東骨，舊是〔應為"時"——引者〕人是追封三代，已經巴閉，皇帝都係七廟，侯王勳貴，才是五代，梁儲呢卻是覃恩五代，同王爺一例無差，梁老儲的上五代，講得有頭有路，有名有姓，你話佢蛋家，真係冤枉。**40**

---

**39** 此小說最初在《現象報》連載，據梁群球主編的《廣州報業》（廣州：中山大學出版社，1992年，第418頁）《現象報》創刊於1914年，在1938年停刊，抗戰勝利後復刊，至1950年再停刊。此外，在小說第2輯第4頁提到："古代講聖諭這個習例，其作用相等於如今唱黨歌讀遺囑一樣，如今開會，照例先整這兩味"（最後一句的意思是"照例先進行唱黨歌和讀遺囑這兩個程序"——引者）。估計此小說寫於1925年孫中山逝世之後。

**40**《太師梁儲傳》，第1輯，第1頁，香港：陳湘記書局，出版年不詳。引文中部分廣府方言釋詞如下："呃人"：騙人；"搵勻"：找遍；"杯獎"：誇獎；"點解"：為什麼；"巴閉"：威風；"有頭有路"：頭頭是道。又，文中有一句謂"到底你起過字容"，意思是"到底你查過他的底細沒有"。

除卻這類小說的鄙俚成分，我們發現，它所表達的文化意識與士大夫筆下的通志或族譜中所表達的其實有直接的聯繫。首先，出將入相，在科舉考試裏取得成就，是衡量地方人物的名氣的最重要標準；其次，出身"純正"，祖宗家世有跡可查，才能入"廣東人"之列，如果是"蛋家"，就不是廣東人了。這種根深蒂固的"正統"觀念，在通俗小說中，表達得尤其露骨。這段話還透露出一個非常重要的信息，就是過去完全屬於貴族士大夫文化規範的廟制，這個時候通過這些可能出自低層士紳之手的民間故事的傳播，很可能已經成為普通百姓所熟悉的文化規範，他們甚至懂得用梁儲能把上五代祖先講得頭頭是道，作為他不是蛋家的證明。聯繫到一些當代明清社會史學家所指出的在明清以後宗法倫理庶民化的趨勢，[41] 我們可以相信這種小說故事，是把士大夫文化規範傳達到下層社會的一種媒介。還必須一提的是，這本小說是在 1925 年至 1930 年代撰寫的，當時國民政府已在大原則方面提倡五族共和，在具體政策方面則扶助少數民族，對過去被視為"卑賤之流"的水上居民，也不再稱為"蛋民"，採取與陸上居民一視同仁的政策。[42] 顯然，這類通俗小說的作者並沒有意識

---

[41] 相關的討論可參見鄭振滿：《明清福建家族組織與社會變遷》，長沙：湖南教育出版社，1992 年。

[42] 據陳序經載錄，1932 年，廣州市政府調查人口委員會發表了一篇《告水上居民書》，呼籲水上居民如實填報人口狀況，說明只有 "填報人口之後，我們才能獲得市籍；有了市籍，才有市民資格，才能受政府一切法律保障。" 見陳序經：《蛋民的研究》，上海：商務印書館，1946 年，台北：東方文化書局，1971 年重印，第 103－104，107－108 頁。

到要與官方口徑一致，仍然把"蛋民"排除在"漢種"甚至"廣東人"之外。事實上，當時某些報章如在廣州出版的《國華報》和《越華報》，其有關所謂"蛋民"的報導還經常是語帶輕蔑的。**43**

我們可以估計，這些出版物的讀者對象是教育程度較低的平民百姓，我們也可以估計，由於這類書籍品質低劣，公共圖書館大多不予收藏，私人藏書家也往往不屑，因此目前傳世者已經不多，當時在民間流傳的品種和數目一定遠比我們今天仍能眼見之數多。儘管這些出版物的作者往往以化名出現，出版時地不詳，我們很難像利用官方或士大夫寫作的文獻一樣，對它們作出系統的著錄、考訂，但它們卻是歷史學家從不同的角度探討地方文化觀的表述的重要線索。皇帝、天下、地方榮耀等觀念，往往通過這些以方言撰寫，以本地讀者為對象的文獻，再通過那些粗通文字的平民百姓的口頭轉述，在下層民眾中傳播。我們也不應忽略口述傳統和書寫傳統之間複雜的互動，飽讀詩書的士大夫和目不識丁的老百姓，實際上共用着一個十分類似的文化認同的議程。在文化認同這個問題上，用以劃分"精英"和"平民"的"階級"或"階層"理論，就似乎不是十分有效的分析工具了。

---

**43** 例如，《國華報》1931 年 5 月 26 日和 9 月 19 日便分別有 "蛋民忤孝：攻打四方城失敗，無端將老母難為" 和 "蛋婦深夜偷漢之敗露" 等報導。《越華報》1932 年 6 月 26 日亦有 "蛋民串撟之宜防" 的報導。

# 由方言到種族

長期以來，在地方文獻中有關地方歷史的敘述，一直是以文化進化論和文化傳播論為主導的，這個局面直至 19 世紀末出現種族的理論，根據血統去作文化分類，才有所改變。19 世紀之前的文獻中，當然也會有從地域、方言、風俗以至族群去進行分類，只是這種分類，更多是一個文化意義上的分類。在一般的觀念上，文化的獲取，不完全是與生俱來的，而是可以透過教化而達致的。陳寅恪早就指出，南北朝胡漢之別在文化不在種族；[44] 余英時也言簡意賅地說明，傳統中國分別"中國"與"非中國"的重點不在種族和血統，而在文化；南北朝時期的史書上常有"中國人""華人""夏人""漢人"的名詞，其涵義都是文化的。[45] 因此，明清文獻上所謂的"粵人"和"漢人"，並不是兩"類"人，"粵人"是構成"漢人"的一部分。他們之中既有中原移民的後代，同時也包括了經過累世教化轉變為漢人的土著。古人的着眼點，顯然放在當地風俗相對於中原文明的"向化"程度上，並沒有特別拘泥於人種學意義上的血統屬性。因此，中原移民對地方社會的重要性，也在於他們是中州禮樂文明的傳播者和王朝教化的執行者。

按照這套邏輯，既然粵人可以經歷向化的過程，則潮州、客

---

**44** 陳寅恪：《唐代政治史述論稿》，第 16 — 17 頁。

**45** 余英時：〈國家觀念與民族意識〉，載余英時：《文化評論與中國情懷》，第 18−21 頁。

家、瑤、蛋、狼、壯等人，雖本屬化外，也自然可以經過向化而成為化內之民。然而，誰說誰"向化"與否，如何掌握由化外到化內的標誌，就是一個話語權的問題了。明清以降，由於廣府人在廣東政治經濟格局下處於中心地位，不少史志文獻多出自廣府人之手。在廣府人的筆下，潮州、客家、瑤、蛋、狼、壯之所以和自己不同，根據的是方言和風俗差異的表象，而接着要解釋這些客觀的差異，則歸咎於他者向化未深。然而，當文字的操控權不再僅僅掌握在廣府人手裏，當其他方言群的自我意識越趨強烈之後，他們便不一定接受廣府人這種一廂情願的論述。客家人的歷史敘述，便是從一個別人撰寫的歷史，演變為自己寫自己的歷史的過程，更確切地說，是演變為自己意識到自己"是"客家人，並為自己所認同的群體撰寫歷史的過程。這個過程典型地反映出所謂族群之區分，其實是一種發現"己"之意識，然後把"己"和"他"劃分開來的結果。時移世易，當客家人大量編寫自己的歷史時，剛碰上19世紀末20世紀初種族觀念的引入，這樣一來，就與過去廣府人和潮州人的建立自己的歷史解釋的情況有所不同，引出了不同的結果。

19世紀中葉以前，有關"客家人"的描述，一般都是透過廣東其他方言群的歷史敘述表達出來的。所謂"客家"，在字面上本來就是對"另類"的稱呼，早期有關"客家"的記述，也大多出於非"客家"人之手，即使在這些著述的撰作人中，有些人所講的語言可能就是後來被稱為"客語"的方言，但他們自己不見

得就有很鮮明的"客家人"或"客人"的意識。[46] 例如,梁肇庭據
萬曆《永安縣志》的記載指出,永安縣是隆慶三年(1569)年析
長樂和歸善二縣地設置的,雖然長樂和歸善二縣是許多後來被標
籤為"客家人"的移民的聚居地,但萬曆十四年(1586)纂修的
《永安縣志》中還沒有出現"客家"這個説法。[47] 萬曆《永安縣志》
的纂修者是歸善縣(今惠陽縣)人葉春及,今天的惠陽也屬客家
地區,如按今天的標準,葉春及可能應該算是客家人,但葉本人

**46** 有關近期族群理論如何運用於客家研究上,可參見 Nicole Constable (ed.), *Guest People: Hakka Identity in China and Abroad* (Seattle and London: University of Washington Press, 1996)。有關廣東客家的遷移歷史,客家人族群意識的興起,以及客家研究的學術史,可參考梁肇庭的研究。梁之見解頗為獨到,所用材料亦十分細緻,可惜英年早逝,其遺下的手稿由 Tim Wright 整理出版成 *Migration and Ethnicity in Chinese History: Hakkas, Pengmin, and Their Neighbors* 一書,1997 年由 Stanford University Press 出版。其生前出版的兩篇有關的論文分別為 "The Hakka Chinese of Lingnan: Ethnicity and Social Change in Modern China", in David Pong and Edmund S.K. Fung (eds.), *Idea and Reality: Social and Political Change in Modern China, 1869-1949*, New York: University Press of America, 1985, pp. 287-326;〈客家歷史新談〉,載《中國社會經濟史研究》,1982 年,第 1 卷,第 1 期,第 101-105 頁。不過,值得注意的是,雖然梁肇庭使用"文化群體"(cultural group,指擁有共同文化和傳統的群體,不管他們自己是否意識到這種共同性)和"民族群體"(ethnic group,指這些群體感覺受到另一群體威脅時,有意識地強調他們的文化共同性以加強團結和動員力量)兩個概念,來討論客家自我意識興起的過程,但在 *Migration and Ethnicity in Chinese History* 一書收入的各篇文章中,特別是從遷移史的角度討論客家和棚民問題時,梁往往有把客家本質化的傾向。近年另一本指出"客家人"和"客家話"這兩個概念的含混性,嘗試解構其形成的過程的著作,是劉鎮發的《客家 —— 誤會的歷史、歷史的誤會》,廣州:學術研究雜誌社,2001 年。

**47** 參見 Sow-Theng Leong, *Migration and Ethnicity in Chinese History: Hakkas, Pengmin, and Their Neighbors* (edited by Tim Wright, with an introduction and maps by G.William Skinner), Stanford: Stanford University Press, 1997, p. 64。筆者曾覆查萬曆《永安縣志》,確認該書無"客家"此説法。

會否認為自己是客家人，恐怕難以查考。清代出版的永安縣志，所描述的客家人的形象都十分正面。如康熙（1687）《永安縣志》謂："縣中雅多秀氓，其高曾祖父多自江閩潮惠諸縣遷徙而至，而名曰客家。比屋讀誦，勤會文富者，多自延師厚修脯美酒饌；貧者膏火不繼，亦勉強出外就傅，戶役里幹，皆奇民為之，中無士類焉。"這番刻畫後來仍為道光（1822）《永安縣志》所襲用。[48]

相形之下，出於"粵人"或"潮人"之手的文獻中有關客家人的記述，卻大多是負面的，[49]情況就像"粵人"在來自北方的士子的筆下所描述的一樣。例如，崇禎（1689）《東莞縣志》稱為"犵獠"的人，很可能指的就是後來被稱為"客家人"的群體。[50]順治初年，揭陽爆發"九軍之亂"，雍正《揭陽縣志》稱此"九軍"的成員為"猺賊"，謂"猺賊暴橫，欲殺盡平洋人，憎其語音不類也。"這裏，"平洋人"指的是操"福老話"的人群，而"語音不類"，顯然是當地操"客語"和"福老話"兩個群體用以識別敵我的一個重要標誌。[51]在傳統的文獻中，加了"犬"旁的名稱，有貶抑其為非我族類之意。乾隆（1754）《增城縣志》，一方面承認客家人到了增城後有助開發墾殖，但另一方面，也表達了本地

---

**48** 康熙《永安縣次志》，卷14，頁1－2；道光《永安縣三志》，卷1，頁34－35。

**49** 這些負面的描述的例子可參見上引 Sow-Theng Leong 書，p. 65。

**50** 崇禎《東莞縣志》，卷8，1995年版，第992－993頁。

**51** 有關韓江流域地區客家族群觀念的形成過程，參見陳春聲：〈地域認同與族群分類：1640－1940年韓江流域民眾"客家"觀念的演變〉，《客家研究》創刊號，2006年6月，第1-43頁。

人對來自英德長寧等縣的移民在當地開發土地日多的不滿：

自明季兵荒疊見，民田多棄而不耕，入版圖後，山寇仍不時竊法，墾復維艱。康熙初，伏莽漸消，爰謀生聚，時則有英德長寧人來佃於增，村落之殘破者，葺而居之。未幾，永安龍川等縣人，亦稍稍至。當清丈時，山稅之佔業寖廣，益引嘉應州屬縣人，雜耕其間，所居成聚，而楊梅、綏福、金牛三都尤夥。

客民習田勤耐勞勛，佃耕增土，增人未始不利。然其始也，不應使踞住荒村；其繼也，又不應使分立別約，遂致根深蒂固，而強賓壓主之勢成。[52]

嘉慶（1820）《增城縣志》，沿襲了上述乾隆（1754）《增城縣志》這些話，再進一步說"客民最健訟，其顛倒甲乙，變亂黑白，幾於不可窮詰。大率客民與土人訟，必黨合謀，客民與客民訟，亦分曹角勝"。[53] 正如上述雍正《揭陽縣志》突出了"語音不類"的問題一樣，乾隆《增城縣志》也談到當地客民的語音，說他們"雖世閱數傳，鄉音無改，入耳嘈嘈，不問而知其為客籍也"。[54] 可見，這時語音本身已成為人群分類的標籤，道光《廣東通志》說"興寧、長樂音近於韶，謂我謂㖹，廣人呼為㖹子"[55]。直到最

---

52  乾隆《增城縣志》，卷 3，頁 9－10。

53  嘉慶《增城縣志》，卷 1，頁 28。

54  同上，卷 1，頁 9－10。

55  道光《廣東通志》，卷 92，1988 年重印本第 1781 頁。

近，"哎子"仍然是廣東地區許多本地人對客家人的一種稱呼。

嘉慶二十年（1815），惠州府和平縣人徐旭曾在惠州豐湖書院任教，時"博羅、東莞某鄉，近因小故，激成土客鬥案，經兩縣會營彈壓，由紳耆調解，始息。院內諸生，詢余何謂土與客？答以客者對土而言，寄居該地之謂也。吾祖宗以來，世居數百年，何以仍稱為客？余口講，博羅韓生，以筆記之。"徐認為，當時的客人是在宋元之際隨宋室南逃而來到嶺表的，"有由贛而閩，沿海至粵者，有由湘贛逾嶺至粵者"，當他們在當地定居下來後，"粵之土人，稱該地之人為客；該地之人亦自稱為客人"。徐甚至斷定，"今日之客人，其先乃宋之中原衣冠舊族，忠義之後也。"徐這番被當代學者認為是迄今所見最早的客家人源出中原說的文字記錄，以《豐湖雜記》為題，被收入和平《徐氏族譜》，近年再收進 1991 年新編的《廣東和平徐氏宗譜總譜》。[56] 徐旭曾大抵是以"客人"自居的，這種身份認同可見於他以下一段話：

> 彼土人以吾之風俗語言，未能與彼同也，故仍稱吾為客人。吾客人亦因彼之風俗語言，未能與吾同也，故仍自稱為客人。客者對土而言，土與客之風俗語言不能同，則土自土，客自客，土其所土，客吾所客，罩〔疑為"恐"字 —— 引者〕再閱數百年，

---

**56** 見嚴忠明：〈《豐湖雜記》與客家民系形成的標誌問題〉，《西南民族大學學報・人文社科版》，總 25 卷，第 9 期，2004 年 9 月；鄭德華：〈客家歷史文化的承傳方式 —— 客家人"來自中原"說試析〉，《學術研究》，2005 年，第 3 期。

亦猶諸今日也。[57]

　　然而，值得我們注意的是，直到徐旭曾這個時候，"客人"與"土人"之別，仍然是以風俗和語言為基礎的，而從"院內諸生詢余何謂土與客"這個問題和徐"客者對土而言"這個回答看來，當時的人對於所謂"客人"尚未有一種清晰的認識和本質性的界定。

　　咸豐至同治年間，土客矛盾愈趨尖銳，械鬥之風不可遏止，在許多發生土客械鬥的地區的地方志中，客人常常被稱為"匪"。[58] 隨着土客械鬥把敵我之分推至極端，客家人的自我意識也變得空前高漲。他們一旦掌握到文化資源 —— 如著書、撰

---

**57** 徐旭曾：《豐湖雜記》，收入〔徐〕金池編纂：《廣東和平徐氏宗譜總譜》，1991年編印，1993年重印，卷2，第18－19頁。羅香林在1930年代得徐氏後人鈔示和平《徐氏族譜》，摘出部分篇章，收入其《客家史料彙編》，當中亦包括《豐湖雜記》一文，惟個別字句與《廣東和平徐氏宗譜總譜》刊載者略有出入，見羅香林：《客家史料彙編》，台北：南天書局有限公司，1992年（香港1965年初版），第297－299頁。徐旭曾，字昕光，嘉慶四十年進士，官至戶部員外郎，曾掌教粵秀、豐湖書院。徐旭曾的《豐湖雜記》關於土客問題的言論，是對惠州豐湖書院學生提問的回應，可見當時在惠州一般人對何謂土與客並無清楚的概念。另外，在1991年編印的《廣東和平徐氏宗譜總譜》中，收錄了從明弘治至清嘉慶年間以至20世紀90年代的歷次修譜序言，當論及和平徐氏源流時，都沒有提到"客人"或"客家"這種身份認同。當我們閱讀徐旭曾《豐湖雜記》一文有關"客人"身份的敘述時，不宜過分誇大地將之理解為"客家人"意識的強烈表達。

**58** S.T. Leong, "The Hakka Chinese of Lingnan: ethnicity and social change in modern times", p. 306。同治《高要縣志》，卷2，頁30；同治《新會縣志》，卷10，頁7；光緒《新寧縣志》，卷14，頁22－37；光緒《高明縣志》，卷15，頁17－27。

文、修志，便要對自己的身份和先祖源流作出自己的表述。[59] 同粵人潮人一樣，客人用以證明自己的文化身份的正統性淵源的方法，同樣是用"中原來源説"。

客家士子用以支持"中原來源説"的論據，除了用他們所認識的歷史上發生多次的動亂而導致的大規模移民遷徙外，還有他們對客語的來源的論斷。徐旭曾認為，"客人語言，雖與內地各行省小有不同，而其讀書之音，則甚正。故初離鄉井，行經內地，隨處都可相通"[60]。大埔縣的林達泉（？－1878）、鎮平縣的黃釗（1787－1853）兩位客家士子，更進一步撰文力圖證明客音源自中原古音。[61] 林達泉説：

大江以南，徽音異蘇，蘇異浙，浙異閩，閩異粵，粵異於滇黔，滇黔異於楚南江右。其土既殊，其音即異，惟於客也否。客於縣而他縣之客同此音也，客於府而他府之客同此音也，於道於省，無不如此。是稱客無殊其音，即無異也。且土之音，或不叶

---

59 學額亦是客家人極力爭取的文化資源，據梁肇庭考，早在乾隆二十五年（1760），開平縣的客籍生員便向官府要求落籍以取得學額，結果沒有獲准。其後粵客矛盾越趨激烈，官府在很多粵客雜處的縣份設立客籍學額，包括新寧（1788年），開平和東莞（1811年），新安和高明（1812年）。參見上引 Sow-Theng Leong 書，p. 62。又據道光（1823）《開平縣志》，卷6，頁23－24；嘉慶（1819）《新安縣志》，頁12；道光（1839）《新寧縣志》，卷6，頁33；光緒（1893）《新寧縣志》，頁267－268。

60 徐旭曾：《豐湖雜記》，〔徐〕金池編纂：《廣東和平徐氏宗譜總譜》，卷二，第19頁。

61 林達泉：《客説》，載溫廷敬輯：《茶陽三家文鈔》，出版年份不詳，序於宣統二年，台北：文海出版社重印，卷4，頁2－3；黃釗：《石窟一徵》，出版年地不詳，卷7，頁1－17。

於韻，客則束髮而授語孟，即與部頒之韻，不相逕庭。蓋官韻為歷代之母音，客音為先民之逸韻，故自吻合無間，其有間則雜於土風耳，非其朔也。

從客音和官韻相近的現象，林達泉更進一步推論說：

由是觀之，大江以北，無所謂客，北即客之土。大江以南，客無異客，客乃土之耦。生今世而欲求唐虞三代之遺風流俗，客其一線之延也。[62]

林是大埔縣的舉人，同治三年（1864）在家鄉組織團練；黃釗來自嘉應州鎮平縣，曾主講韓山書院。林黃二人，俱是當時有名的客家士子，他們撰寫這類文章，很明顯是有意識地為自己所認同的客家人說話的。

光緒（1889 年）《嘉應州志》的出版，是族群意識強烈的客家士子利用官方史志的地盤，建立起自己認同的文化和歷史陳述的一個典範。嘉應州在明洪武時稱程鄉縣，屬潮州管轄，清因之，雍正十一年改為直隸嘉應州，下轄興寧、長樂、鎮平、平遠四縣；嘉慶十二年（1807）升為府，復置程鄉縣，十七年（1812）復改州廢程鄉縣，宣統三年（1911）改為梅縣。在光緒《嘉應州志》之前，有乾隆《嘉應州志》，在乾隆志中，仍然是用上述蘇軾論

---

**62** 兩段引文皆引自林達泉：〈客說〉，載溫廷敬輯：《茶陽三家文鈔》，卷 4，頁 3。

韓愈在潮州所作的文化貢獻來論證本地文化，該志云：

故蘇文忠謂：自是潮之士皆篤於文行，延及齊民至今，號稱易治。嘉應，本潮屬也。古為程鄉，義化之風濡染，尤切先儒。[63]

可見，乾隆《嘉應州志》在敘述當地的文化時，所強調的仍然是當地與潮州的關係。然而，到光緒《嘉應州志》，我們看到所敘述的地方文化，重心卻轉移到客語群體上去了。其總纂溫仲和（1849－1904），嘉應人，光緒四年（1878）選學海堂專課肄業生，光緒十五年（1889）成進士。[64] 在《嘉應州志》中，身為總纂的溫仲和，在很多篇章裏同時也擔任"復輯"的角色，加入自己的按語。在《方言》一卷中，溫仲和的按語往往引經據典，力圖證明"吾州方言，多隋唐以前之古音"，甚至發現，"通儒所謂一線僅存之古音，竟在吾州婦孺皆知之土音中，特不經證明，人自不覺耳。"[65] 溫仲和認為客話多古音古語的主張，似乎是參考了他的老師、學海堂學長陳澧（1810－1882）對廣州話所作的判斷，陳澧曾作《廣州音說》，說廣州方音合於"隋唐時中原之音"，[66]

63 見乾隆《嘉應州志》卷 1《輿地部・風俗》，廣州：廣東省立中山圖書館，1991 年，第 44 頁。

64 容肇祖：〈學海堂考〉，載《嶺南學報》，1934 年，第 3 卷，第 4 號，第 76 頁。

65 光緒《嘉應州志》，卷 7，頁 34－35。

66 陳澧：《東塾集》，菊坡精舍藏版，光緒十八年，卷 1，頁 27－29；相關討論詳見本書第三章。

而溫則在《嘉應州志》的〈方言〉一章曰：

　　仲和昔侍先師番禺陳京卿嘗謂之曰：嘉應之話，多隋唐以
前古音。與林太僕所謂合中原之音韻者隱相符契，故今編方言
以證明古音為主，而古語之流傳，古義之相合者，亦一一證明
之。……夫昔之傳經者，既以方音證經，則今考方言自宜借經相
證，其間相同者，蓋十之八九，以此愈足證明客家為中原衣冠之
遺，而其言語皆合中原之音韻，林太僕之說為不誣，而先師所謂
多隋唐以前之古音者，實有可徵也。[67]

　　在《禮俗》一卷中，溫仲和也加了不少按語，詳細地論證客
家禮俗如何符合正統的規範，[68]這在地方志書中是十分少見的。更
特別的是，溫仲和對明代廣東著名學者丘濬以《朱子家禮》為依
據編的一本較通俗的《家禮》予以嚴厲的批評，認為他有違古禮，
這在廣東其他方志中也是十分罕見的。丘濬聲名卓著，其編修的
《家禮》也在廣東地區廣泛流傳，地方志每每以該地已採取"丘文
公"的家禮，作為地方風俗如何符合規範的標榜，溫仲和這種做
法，似乎是想透過批評在廣東地區流行的既有觀念，以論證客家
文化更勝一籌。

　　這些廣府或客家士人論證自身方言更近古音的說法，論據

---

**67** 光緒《嘉應州志》，卷7，頁86－87。

**68** 光緒《嘉應州志》，卷8，頁53。

是否充分，論證能否成立，不在本文討論之列，筆者更注重的事實，是他們敘述的模式 —— 他們都一無例外地把自己認同的文化與想像的中原文化掛鈎。同樣的論述邏輯，也可以在潮州士子著述中找到。客家的論述尤其值得注意之處，是客族自我意識最強烈之際，正好是近代種族觀念和國家觀念根植中國之始，這導致客族的自我敘述模式，發生了劃時代的變化，也見證了清末以來廣東地方文化觀的一個關鍵性的轉折。

如果說在嘉慶至光緒年間，已經具有強烈的"客人"身份意識的客家士人用以說明"客家"文化的中州淵源時，所用的論據主要還是以地域和方言分類為基礎的移民說的話，那麼，到光緒末年以後，在這種移民說上，疊加了更濃厚的以血統為基礎的種族觀色彩。人種學意義的民族觀念在 19、20 世紀之交傳入中國，很快就形成了以血統界定族群的傳統。[69] 在種族觀念的影響下，粵客之別以至粵客之爭的焦點，發生了微妙的變化，從方言之別轉變為人種之分。有趣的是，這場爭論的觸發點，是出現在清末由清廷頒令各地編撰的鄉土教科書中有關人類種族的敘述的。鄉土志和鄉土教科書，是光緒末年至辛亥革命前在中國出現的一種新的地方文獻，有關這類教科書所反映的地方與國家觀念，我們將在下節專門討論，這裏先看看廣東鄉土教科書中有關人類種族的

---

**69** 有關 20 世紀初種族觀念在中國的理解和運用，見 Pamela Crossley, "Thinking about Ethnicity in Early Modern China"；Frank Dikötteer, *The Discourse of Race in Modern China*；韓錦春、李毅夫：〈漢文"民族"一詞的出現及其早期使用情況〉，載《民族研究》，1984 年，第 2 期，第 36－43 頁。

論述，如何濃縮地反映了新舊交替的讀書人，在吸收了新的種族和國家觀念的時候，怎樣重新調整其族群認同的表述語言。

根據清廷頒佈的例目，各地鄉土教科書的編纂當以新編的鄉土志為基礎，而鄉土志的內容則應包括歷史、政績、兵事、耆舊、人類、戶口、氏族、宗教、實業、地理、道路、物產、商務等專案。**70** 在這裏，與我們的討論有關的是"人類"這一條目，根據《學務大臣奏據編書局監督編成鄉土志例目擬通飭編輯片》的規定，鄉土志中"人類"篇應包括以下內容：

本境於旗漢戶口外，有他種人者，務考其源流，敘其本末世系，現在戶口若干，聚居何村何山，其風俗大略，均應編入，其種約分：回、番、佘、猓、苗、猺、獞、狑、犵、狼、皿、猍、打牲、貂、黎、土司，如土司不屬府州縣者，則由布政司查明編輯。**71**

按照這個例目，當時在廣東出版的各種鄉土志和鄉土教科書都有"人類"一章，從中可以看到，編纂者如何把種族理論和我們在上幾節討論過的"遷徙同化論"結合起來，力圖證明自己所認同的方言群體是"純粹"的"中國種"或"漢種"。光緒

---

**70** 〈學務大臣奏據編書局監督編成鄉土志例目擬通飭編輯片〉，載《東方雜誌》，第 2 年第 9 期（1905 年），第 218－223 頁。

**71** 〈學務大臣奏據編書局監督編成鄉土志例目擬通飭編輯片〉，載《東方雜誌》，第 2 年第 9 期（1905 年），第 220 頁。

三十二年（1906）出版的《廣東鄉土史教科書》沿襲着這時已成為“成說”的粵人中原南遷說云：

南宋時，中原人避亂，多遷居南雄珠璣巷，故粵人多中國種。**72**

光緒三十四年（1908）出版的《廣東鄉土地理教科書》亦云：

蓋自秦謫徙民處粵，為漢種入粵之始。唐宋時代，中原人士，多避亂嶺表，自是漢種盛焉，漢種盛，粵種遂衰。**73**

這裏述說的歷史，與以往的說法在內容上並無二致，但一個“種”字的使用，卻使這一歷史敘述突出了“種族”的觀念。《廣東鄉土地理教科書》接着解釋，所謂“粵種”，就是尚存的“獠”、“俚”、“黎”、“歧”、“蜑族”及“猺猺”諸種；而“漢種”則是“秦以後入粵者”。

在同一觀念下，縣一級的鄉土志也有類似的論述，《廣寧縣鄉土志》“人類”一章說“他種人及旗戶，本境俱無。”**74** 這一以“種”的分類來區分人群，涇渭分明地劃清“漢種”與“他種”界線的

---

**72** 黃佛頤：《廣東鄉土史教科書》，粵城時中學校刊本，光緒三十二年，第 2 課《廣東人之種別》。

**73** 黃培坤、岑錫祥：《廣東鄉土地理教科書》，粵東編譯公司光緒三十四年再版，第 19 課《廣東人之種族》。

**74** 伍梅、龔炳章編輯：《廣寧縣鄉土志》，〈人類〉，第 18 頁，出版年地不詳。

觀念，在以客家為主要居民的縣級鄉土志中也有清楚的表述，如《始興縣鄉土志》〈人類〉篇謂：

> 本境僻處偏隅，除土著外，從無旗籍漢軍，至於回番猓苗狢犵等類，從未曾有。惟南境深山中，舊有來自連山猺人，結廬佃，種雜糧，然近來遊匪出沒無常，猺人佃山者，聞風遠徙，數年前幾絕猺足跡。[75]

這段話的意思就是說，當地本來是有與屬於漢種的土著有別的"他種"的，只是近年已幾乎絕跡。又《始興縣鄉土志》〈氏族〉篇云：

> 本境氏族陳、李、何、張、劉、鄧、曾、鍾為大，盧、黃、吳、賴、官、華、林、朱、蕭、聶次之。其受氏多溯炎黃後裔，漢魏晉隋，邈難稽矣。有隨宦至粵，唐朝相傳者三十七代，有南宋流寓者傳二十九代，惟明初自福建上杭遷居者族類最多……合本境論，皆土著，無客籍。作氏族記。[76]

我們可以很清楚看到，《始興縣鄉土志》中所謂的"土著"，指的是"炎黃後裔"的大族，而"客籍"只是指新近遷徙來的居

---

75 張報和總纂：《始興縣鄉土志》，〈人類〉，第36頁，清風橋文茂印局，出版年不詳。
76 張報和總纂：《始興縣鄉土志》，〈氏族〉，第36–37頁。

民，與當時用作指稱操客語的"客家"是不同的概念。明清以後，始興縣的居民基本上操客語，所以，這裏的"土著"應該就是指今天稱為"客家"的人群。可見，在晚清的鄉土志中，因應"鄉土志例目"的要求，編纂要回答一個誰是"漢種"，誰是"他種"的問題，就連他們原來熟悉的"土－客"之分，也要置於這種種族區分的框架中去表述。這一點在當時已經很明確使用"客家"的名稱來定義自己身份的地區的鄉土志中，可以看得更為清楚，《興寧縣鄉土志》〈人類〉篇云：

邑中人類，本中原衣冠舊族。宋南渡時，播遷轉徙，多由閩贛而來，語言風俗，與土著異，故當時土著稱為客家。厥後由縣轉徙他方者，遂自稱客家，而並無改其語言風俗，示不忘本也。考據家謂其語言多存古者，風俗猶有古禮焉。相傳盧、藍、毛、賴、潘五姓為土著種族，至今婚娶猶有盧毛錢一欸，詢厥原因，蓋為當日土族索取新人過路錢而設，日久相延，遂成故事，今無此風，錢仍歸媒。若今所稱盧毛等五姓，均係宋元間由中原遷來者，非復當日盧毛土著也。至於猺本槃瓠種，散處嶺表間，所在多有。明弘治十六年，流猺作亂，據大望山。正統間，其種尚多，土人彭伯齡為水口副巡檢，專事撫猺，成化丁酉罷其制，但取其屬一長者量之，名曰撫猺老人。清初縣東六十里鐵山嶂，尚有猺民，磊石為居，其人樸野，鮮機智，近百年來既消歸烏有矣。猺之別種曰畬，刀耕火種，採實獵毛，蓋亦猺類也。粵人於山林中結竹木障覆居息為輋，故稱猺所止曰輋。向北，猺亦有稱畬長者(《天下郡國利病書》)。按:畬、峯古,今字峯為畬之訛,畬,土畬之訛)按《廣東通志》云:惠潮間多峯民;《廣東新語》言:興寧大信有峯民。興寧向屬惠州,大信向屬興寧,今邑北百三十里泰寧堡毗連大信地方,有所謂上畬下畬苗峯荷峰峯者,殆當時峯人所居之地,久遂沿為地名,特種族泯滅,不可考耳。蛋籍向係河泊所(明洪武初置),在興寧者,奏編屬縣下六都,立其中甲首甲以領之,然課類猶稱河泊焉(《天下郡國利病書》)。今惟麥氏二三人,尚是當時蛋族。此外,有系出蒙古者,惟沙氏丁口五六百人,其言語風俗,亦既習與俱化矣。回番各種無。**77**

　　《興寧縣鄉土志》很明顯是要把他們認為屬於中原衣冠舊族的"漢種"的客家,與原在本地的"土著"區分開來,從上文有關當地盧、藍、毛、賴、潘五姓的敘述,可見一斑。作者說"今所稱盧毛等五姓,均係宋元間由中原遷來者,非復當日盧毛土著",即使有過盧毛等五姓為"土著種族"的說法,也不過是根據口耳相傳。這裏強調的是客家人來自中原的文化正統性,由於他們是

**77** 羅獻修輯:《興寧縣鄉土志》,〈人類〉,鈔本。引文中 "按:畬、峯古,今字峯為畬之訛,畬,土畬之訛" 一句意思不明,可能為抄寫時筆誤,疑應為:"畬、峯,古字,今字峯為畬之訛,佘,土畬之訛",大意為:"峯"、"畬" 同屬古字,今人所用 "峯" 和 "佘",是 "峯"、"畬" 二字的誤寫。引文中 "粵人於山林中結竹木障覆居息為畬,故稱猺所止曰畬"、"在興寧者,奏編屬縣下六都,立其中甲首甲以領之,然課類猶稱河泊焉",均出自顧炎武《天下郡國利病書》光緒二十六年廣州廣雅書局刊本卷100頁12及卷104頁54;然《天下郡國利病書》四部叢刊三編本原編第27冊頁44中的原文與此處引文略有出入,其中 "畬" 字寫作 "畬"。

"中原衣冠舊族"，所以"語言風俗，與土著異，故當時土著稱為客家。"《興寧縣鄉土志》的作者還強調的是，當地的猺已經消歸烏有，蛋也所餘無幾，而其〈氏族〉一篇中所記載的，均屬"丁口達萬人以上"的大族，實際上也就是客家人士，而僅剩"二三人"的"蛋族"麥氏，當然就不入〈氏族〉一章了。簡單來說，就是興寧縣絕大部分的居民，都是漢種。

在種族理論被這樣運用來作為區分人群種類的根據時，意味着某方言群體力陳自己是"漢種"的同時，往往含有要把別的方言群體劃為"他種"的傾向。傳統方志中的粵客之爭，在新式的鄉土教科書上繼續體現出來，但由於鄉土教科書作為新式教材的性質，一旦出版流傳，便更容易引發出更大的社會反響。光緒三十三年（1907），上海國學保存會出版了由順德著名學者黃節編撰的《廣東鄉土地理教科書》，其中〈人種〉一章，以圖表形式（參見附圖 2.1），將客家劃出"漢種"之外，與"福狫"和"蜑族"並列為"外來諸種"。此舉旋即引起當時一些具有強烈的"客家"和"福老"認同的士子的抗議。同年 3 月 29 日，在客家人於汕頭主辦的《嶺東日報》上，發表了一篇名為〈廣東鄉土歷史客家福老非漢種辨〉的論說文章，對黃節的說法提出抗議謂：

近見國學保存會，出有廣東鄉土歷史教科書一種，為粵人黃晦聞所作，其第二課【應為第十二課 —— 引者】廣東種族，有曰客家福老（原書且作狫字）二族，非粵種，亦非漢種。其參考書復曰：此兩種殆周官職方所謂七閩之種，不知其何故出此？豈

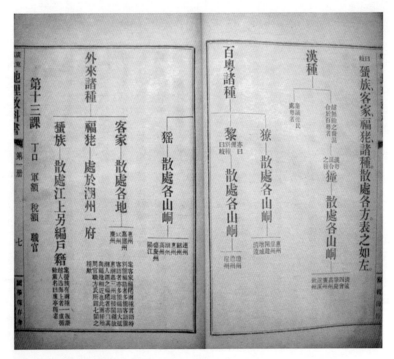

圖 2.1　黃晦聞《廣東鄉土地理教科書》1907 年版，〈人種〉篇

其有意誣衊歟？不然，何失實之甚也！

該文接着又詳細鋪陳各種歷史根據，以說明客家和福老先世來自河南，同屬中原遺裔。該文曰：

　　考潮州一郡，自秦史祿留家揭嶺，其戍卒多流寓於此，及漢平南越，揭陽令史定（當即史祿之後）首以縣降，自是以來，多位流人所居。晉代初立萬川（即今大埔縣），介以安置流人，大抵漢越雜處，此自秦漢至六朝，潮州民族之大概也。即吾粵當時之民族，亦俱類是。客家福老二族之稱，實起於唐宋以後，蓋自唐代，潮州人士，始稍萌芽，若陳元光之武功，趙德之文學，雖為潮人，然其先實中原故族，元光平漳州，其將卒悉河南人，設郡後，來者益多，聚居城邑，土人（猺族，即閩之舊種）畏之，稱為河老，河老者謂其自河南遷來也（見《天下郡國利病書》），此為福老之舊族。及唐末之亂，王潮陷漳州，其將士亦皆河南人，避亂之士，復多歸焉，與舊族雜居，變其語音，是為福老之新族，其族蕃衍，遍播於漳泉興化之間，以及於潮瓊濱海之地。蓋福老之名，原為河老，其後訛河為學（今其族尚自云河老），而客家則呼為學老），而末學之氏，不能深考本原，以其來自福建，遂定為福老之稱，甚且書為狇或獠字，而不知其同為中原遺裔也。

　　至客家一族，亦出於河南光州，其證據尤顯，至今客家人之曾主河南者，云客族方言與光州之光山縣無異，蓋多為住山之民。其轉徙亦在唐末，與福老同時。初居汀之寧化，其後遍殖於汀州一郡，與江西之贛州、廣東之惠、嘉、欽、廉、潮之大埔、豐順，以及諸邑近山之地，多其族所住。其族以少與外人交通，故其語言風俗，獨能保中原之舊，陳蘭甫京卿所謂客家語言，證之周德清《中原音韻》，無不合者也。黃氏以語言特別，斷其為非漢種，不知其所謂別者，以其別於中原正語乎？抑別於粵省土語乎？夫福老之轉徙較先，且與土族雜處，其語言誠不無小變，然細按之則仍為一脈，其不同者，但音韻之訛轉歧出耳。若客族之近於中原正語，則較諸粵省民族，且有過之，黃氏何所見而云此也。

乃又以惠潮嘉地接閩疆，潮人有福老之稱，遂臆為七閩之遺種，不知閩越之民，亦屬越種（西人稱為印度支那族），當漢武時，已徙其民江淮間，其有竄匿山谷者，如猺民之類，與吾粵正同。其餘若白眉全郎之屬，語言風俗，皆與漢族特異，此真七閩之土族，作者乃以客家福老二族當之，謬矣。

在當時的政治語境中，該文作者還認為，黃節挑動的不僅僅是土、客之爭，更是要在"漢族"之中自生畛域。而黃節身為國學保存會的成員，在作者看來，就更有"種族之見大深"和"排滿"之嫌。該文續說：

夫中國宗法之制，相傳最久，故家族鄉土之見，亦因之而最深，彼此互詆，習久訛傳，遂忘其同出一祖，而西人採中國之風土者，亦復因訛襲謬，如所謂汀州之哈加族，實為客家二字之訛，乃屠氏中國地理教科書仍之，且謂其受創後竄伏一隅，幾若其地之尚有異族者，不知汀州一屬，皆客家遍殖之地，固無所為受創而竄伏也，然此猶可謂失之不考，若黃氏之所云，則真百思而不得其解矣。得毋其以種族之見大深，排滿之不足，於漢族之中復自生畛域乎？彼六縣排客之事，冤無天日，今之客族，方議破此問題之界限，而黃氏此書，乃欲以餇粵省兒童，使其先入於心，早懷成見，益啟其鬩牆之釁，以為亡國之媒，非黃氏貽之禍乎？考之事實已相違，施之教育又不合，黃氏苟出於有心蔑視也則已，如其為無心之差誤，則吾望其速為改正也！ [78]

與此同時，以丘逢甲和鄒魯為首的正在廣州積極投身革命的客籍人士，成立了"客族源流調查會"，證明客家人確屬漢種無疑。據鄒魯事後憶述，他當時曾"聯全粵客福所隸數十縣勸學所，與之辯證，並止其出版。"[79] 潮州府大埔縣勸學所的代表，亦曾致函學部投訴，從以下學部的回覆可見，當時官府也擔心這樣的爭論最終會導致"妄分種族之禍"：

學部為札飭事，茲據廣東潮州府大埔縣勸學所總董廩貢生饒熙等稟稱：上海國學保存會所編廣東鄉土歷史地理教科書二種書

---

**78** 〈廣東鄉土歷史客家福老非漢種辨〉，載《嶺東日報》，光緒三十三年二月十六日（1907 年 3 月 29 日）。

**79** 鄒魯、張煊：《漢族客福史》，廣州：國立中山大學出版部，1932 年，第 21 頁，該書原出版於 1910 年，1932 年再版時，正值鄒魯出任中山大學校長期間。

中，以客家福老為非漢種，擬為周官職方七閩之族，荒謬無稽，恐啟妄分種族之禍，請將改書版權撤銷等因。查廣東鄉土歷史地理教科書，前經呈部，已將書中錯誤之處，逐條簽出，批令改正後，再呈部校閱。除一面詻照兩江總督札飭上海道飭令改正，停止原書發行外，相應札飭該司轉飭該總董等遵照可也，切切，此札。[80]

學部同時飭令兩江總督暨上海道處理此事，並提到"該〔廣東〕省法政學堂曾本是書宣講，幾釀事端。" [81] 結果，國學保存會在光緒三十四年（1908）再版的《廣東鄉土地理教科書》，乾脆將圖表上有關客家部分全部刪去，以避開這個敏感的話題。[82]（參見附圖 2.2）

　　客家士人對黃節此舉反應之強烈，在當時的鄉土志也有所反

**80**〈札廣東提學使廣東鄉土教科書已令改正轉飭大埔縣勸學所總董等遵照文〉，《學部官報》，第 31 期，第 44－45 頁，光緒 33 年（1907）七月二十一日。

**81**〈詻江督請札上海道飭國學保存會改正廣東鄉土教科書文〉，《學部官報》，第 31 期，第 45 頁，光緒三十三年（1907）七月二十一日。學部在之前曾表揚過上海國學保存會出版的鄉土教科書，稱其"取材雅飭，秩序井然，在新出鄉土歷史中足推善本"，也針對教科書其他內容作了一些修改的指示，見《鄧祐祺呈國學鄉土教科書請審定令凜批》，《學部官報》，第 31 期，第 45 頁，光緒 33 年（1907）六月初一日。第 39－40 頁。

**82** 黃晦聞：《廣東鄉土地理教科書》，上海：國學保存會，1908 年，第 12 課《人種》。有關"客族源流調查會"的成立，見羅香林《客家研究導論》（興寧：希山書藏 1933 年版），第 5－6，27－28 頁。羅香林又指出，黃節撰寫這一課的根據是上海徐家匯教堂所編的《中國輿地志》。有關此次廣府人與客家人之論爭的背景，可參見上引 S.T. Leong 書，pp. 83-84。

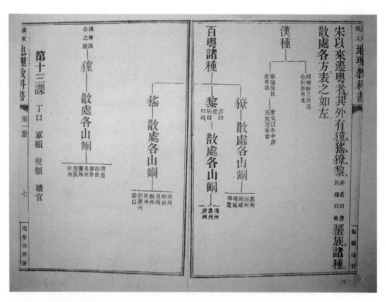

圖 2.2　黃晦聞《廣東鄉土地理教科書》1908 年版，〈人種〉篇

映。在《興寧縣鄉土志》〈耆舊錄〉一章述及當地一位熱衷收集鄉邑文獻的客家士子胡曦時，便有這樣的描述：

歲丁未（即 1907 年 —— 引者）卒，先卒前數日，見廣州某編鄉土史，詆客族非漢種，群起與爭，尚考證客族源流，洋洋萬言，後與友人縱談至夜半，旋瞑目，年六十四。**83**

然而，這宗事件並沒有教其他鄉土教科書的作者在遣詞用字上完全消除廣府人對客家人的歧視。宣統元年（1909）出版的《新寧鄉土地理》，作者顯然站在廣府人的立場出發，每論及客家人士時，多以“匪”字稱之，甚至在〈山嶽〉一章，也加入這樣的按語：

大隆山：…… 客匪常據此山為亂，圖新寧之治安者，不可不預防也。**84**

---

83 羅獻修輯：《興寧縣鄉土志》，〈耆舊錄〉。胡曦（1844－1907），字曉岑，癸酉科（1873）拔貢，翌年入京朝考報罷，後又屢薦不受，自是不復應考。胡修輯鄉邦文獻甚多，其中包括《興寧圖志》十二卷、《興寧圖志考》八卷等。胡與黃遵憲相交甚殷，黃曾有編輯客家山歌之計劃，謂“我曉岑最工此體，當奉為總裁。”見楊冀嶽：《黃遵憲與胡曉岑》，興寧縣政協文史委員會編：《興寧文史》第 17 輯《胡曦曉岑專輯》，1993 年，第 46 頁。羅香林在 1959 年為胡曦撰寫之年譜亦提到教科書一案謂：“上海國學保存會順德黃節晦聞，撰地理教科書，於客族源流，多所誤解。粵中客屬人士，聞之大嘩，多為文與辯。並呈大吏，禁止刊行。經廣東提學使，牌示更正。興寧興民學校諸教習，乞先生為粵民考，以示信將來。先生為文數千言，詳實稱最。未幾即嬰疾不起，蓋絕筆矣。”見羅香林：〈胡曉岑先生年譜〉，《興寧文史》第 17 輯，1993 年，第 163 頁。

84 雷澤普：《新寧鄉土地理》，宣統元年初版，出版地不詳，頁 12。

新寧縣（後改稱台山）向來是客家人和廣府人衝突最烈的地方，同治六年，兩廣總督及廣東巡撫奏請，割新寧縣屬部分地方，析為赤溪廳，將客家人移居至此。[85]《新寧鄉土地理》的作者雷澤普顯然是操粵語的新寧縣人，[86] 他同時也編纂出版了《新寧鄉土歷史》，並在序言中語重心長地說：

> 普不揣固陋，爰輯《新寧鄉土歷史》一書，一則以採前賢不朽之芳烈，冀以動小學生向善之感情；一則以記客匪之猖獗，志土人之流離，使小學生知吾邑當日果有如是之奇禍也。[87]

可見廣府人對客家人仍然一直心存歧見。為了進一步消除廣府人的歧視與偏見，針對黃節《廣東鄉土地理教科書》所引起的爭端，鄒魯和張煊寫就了《漢族客福史》一書，宣統二年（1910）得旅居南洋的客福人士集資印發。在這本書裏，兩位作者力圖申明客家人和福老人身上漢族血統的純粹性，最後總結曰：

> 嘗考客家福老出自河南，河南在華夏之中。是客福為漢之嫡

---

**85** 雷澤普：《新寧鄉土地理》，《赤溪廳之析置》。

**86** 需要指出的是，新寧（即今台山）和新會、恩平、開平等稱為"四邑"的地區所流行的粵語一般被語言學家稱為"四邑片"，與以省城為中心的"廣府片"在語音辭彙方面頗有差別。

**87** 雷澤普：〈新寧鄉土歷史自序〉，載雷澤普：《松下述學集》，粵東編譯公司，1923 年。《新寧鄉土歷史》原書，筆者只見下冊，估計與同一作者編的《新寧鄉土地理》出版時間相若，即 1909 年。

裔，於漢族客福之原始詳之，不待言也。至客家福老遷播之時期有四，第一時期始於秦漢之用兵，盛於孫氏之招賢；第二時期疾五湖之亂華，避黃巢之反叛，趨而南下；第三時期則宋明忠義之士，奉故主南奔而不返；第四時期則擴充勢力於南洋群島、安南緬甸等處，他如避地避世之故，言語同異之輯，均載篇章，各有專論在。統而言之，大江以北，無所謂客，無所謂福，北即客之土，福之源也。大江以南，客無異客，客為土之隅，福為河之稱也。客家之對，則為主人，福老之稱，原為河老。**88**

值得注意的是，客家和福老人士在這宗事件上聯合起來，除了因為針對《廣東鄉土地理教科書》把他們都劃為"外來諸種"之外，還有一些不容忽略的歷史背景。陳春聲指出，自咸豐十年（1860）汕頭開放為通商口岸後，逐漸成為整個韓江流域的經濟和文化中心，潮州府和嘉應州兩地的商人和文人，不管講什麼方言，都集中到此地活動。光緒二十八年（1902），溫仲和與丘逢甲等客家文人在汕頭創辦的新式學堂"嶺東同文學堂"，兼收潮、嘉二地的學生。自光緒二十九年（1903）起，由客家人在汕頭主辦的《嶺東日報》，闢有"潮嘉新聞"專欄，專門刊登潮州和嘉應州各地的來稿，在報紙的時評中，往往也是"潮、嘉"並稱，而在"潮嘉新聞"中，罕有"客家"和"福老"兩個方言群衝突和分界的具體例證，日常生活中更多發生的，還是所謂"姓自為爭，鄉自

---

**88** 鄒魯、張煊：《漢族客福史》，第 19－20 頁。

為鬥"這類土、客二族內部"歧中又歧"的現象。不過,陳春聲也指出,恰恰也是因為在城市中共處,客家人和福老人因接觸而產生的認同或分類的感覺也逐漸變得明顯起來。此尤可見於當時在《嶺東日報》上刊登的一些分析潮嘉地區裏"土"、"客"之別的論說文章,以及有關嶺東同文學堂中發生的"土客"爭端的報導。這種"客福"共處的狀況,可以說是鄒魯和張煊出版《漢族客福史》的背景。[89]

除了汕頭外,廣州當然也是另一個讓"廣府""客家""福老"等幾個方言人群匯聚碰撞的中心。鄒魯在幾十年後憶述這宗教科書事件時,謂自己當時剛好在廣州法政學堂就讀,一面積極投身革命活動,一面在廣州籌辦一所潮嘉師範。上述《學部官報》提到"該省法政學堂曾本是書宣講,幾釀事端",可以估計,鄒魯是在廣州法政學堂就讀期間接觸到黃節此書,並因此較容易集結客福人士的力量,提出抗議的。[90]

《廣東鄉土地理教科書》引發的爭論和隨後《漢族客福史》的

---

**89** 參見陳春聲:〈地域認同與族群分類:1640–1940 年韓江流域民眾"客家"觀念的演變〉。《嶺東日報》的相關報導,可見於《潮嘉地理大勢論》(光緒二十九年十一月初十日)、《哀告嶺東同文學堂任事諸君》(光緒二十九年十一月廿二日)、《同文學堂祝辭》(光緒三十年三月十五日)等數篇文章。

**90** 鄒魯在這本完稿於 1943 年的回憶錄中,多少淡化了當年這宗教科書事件,他說:"經過了這次交涉,不但客家福佬的知識分子和廣府人都對我感情很好,就是黃晦聞先生本人也對我沒有絲毫芥蒂,反和我十分要好",而在"潮嘉師範成立之後,接着更正了客福非漢族的誤解,不但我交遊日廣,而且廣州黨人對我更加親切,公推為同盟會的主盟人。"見鄒魯:《回顧錄》,長沙:岳麓書社,2000 年,第 18–19 頁。

出版還需要置於晚清的政治情景中加以理解。《漢族客福史》的作者鄒魯，在撰寫此書代表客福人士發出抗議之聲的同時，也在參與策動一場種族革命，鼓吹"同文同種"的漢族團結起來，與異族統治者對抗。因此，作者雖代表客福人士抗辯，但卻處處避免挑起"漢族以內"的群體的鬥爭，丘逢甲為此書撰寫的序言中云：

世而大同也，民胞物與，何辨乎種？更何辨乎族？然世未進大同，而又值由國家競爭進而為種族競爭時代，則不能不辨其種，尤不能不辨其族。辨之維何？蓋將聯其同族，結乃團體，振乃精神，以與異族競爭於優勝劣敗之天耳。非然者，自分畛域，猜忌分離，同族已為鷸蚌之相持，異族必為漁人之得利。以漢族處近日競爭集矢之秋，凡屬同族，同德同心，尚難免於劣敗之列，若稍存畛域，則種絕族滅之禍，旋踵即至，每一念及，為之悚然。

不過，大抵是為免觸犯"滿漢之別"這個敏感的政治話題，丘逢甲並沒有點明他視為"異族"的，要與之競爭的，其實是滿族，而他清楚說明是"異族"的"苗猺黎獞"等，不過是"歷史之遺物"，他在序言中繼續說：

溯漢族闢土開疆，奠定中原以還，始而播衍於中國，繼而擴殖於南洋，雖地居不同，語言各別，初不過轉徙有前後，變化有鉅微，其同為漢族則一也。否則如苗猺黎獞之異族，自漢族繁殖之後，即有存者，自為風俗，成歷史之遺物耳，何至於與漢族相混哉？

丘逢甲認為，恰恰因為要促進漢族的同德同心，畛域之見是要不得的，所以，各種關於客家人的不準確的描寫、侮衊以及所引發的誤會，應該儘量予以糾正。丘是這樣解釋福老人士對《廣東鄉土地理教科書》事件的強烈反應的：

　　乃近有著作，竟貿然不察，以客家福老語言之差異乎廣音，遂以客家福老為非漢族，且以老為犵。更有一二著作，以客家作哈加，抑何其傎哉？夫以老作犵，只見一書，謬妄人所共知；以客家為哈加，則始見於屠寄中國地理初二版，其後一二講授家，遂依此以編講義，屠寄之致誤，不過譯西書之音所致，而西書之由此名詞，則以其見中國南方，有稱後來之北人為客家，遂以為漢族之外，另有一種。屠寄之書，未察由來，將客家之音，譯為哈加，遂致此誤，其後已自知之，故三四版時，經自行刪改。今以平心論之，在此等著作之初心，謂其有意自分畛域，蹈兄弟鬩牆，當亦所無，而無稽之語，稍有見識者見之，亦當不值一笑，實不容稍為之辯，然恐以訛傳訛，萬一流於互相歧視，互相離異，至演成種滅族絕之禍，則涓涓之塞，又豈能已哉？ **91**

**91** 丘逢甲：〈漢族客福史序〉，鄒魯、張煊：《漢族客福史》，第 2－3 頁。

有意思的是，身為上海國學保存會創辦人的黃節，其實也為了同一個政治目的，發表過一番種族論說。黃節（1873－1935），字晦聞，廣東順德人，與章太炎、鄧實等人在上海創辦國學保存會，以保存和弘揚國學國粹為己任，隱隱然有反清復漢之志，對種族問題自有一番見解。[92] 光緒三十一年（1905），黃在該學會出版的《國粹學報》中，曾以連載方式發表〈黃史〉一文，深歎在滿洲人的統治下，"中國之不國也"，情況就如元朝蒙古人的統治和北魏鮮卑人的統治一樣。他論證謂，唯一合法管治中國的人，是源出崑崙山的一族人，也就是黃帝的子孫 —— 漢人。[93] 黃節顯然是在借用西方"nation"同時指代"國家"和"民族"的雙重又相關的含義，發揮他的政治主張。他關心中國是否成"國"，就是"中國"是否由合法統治中國的種族 —— 漢族 —— 來統治的意思。黃節的言論也代表了國學保存會的知識分子的言論，他們認為，相對於世界各國其他種族而言，中國人人種屬於"黃種"，而"黃種"的意思就是"黃帝"的後裔，全體漢族既是"黃帝"的後裔，在生物意義上便屬於一個統一的

---

92　儘管如此，由於對黨派政治之不信任，黃節沒有加入同盟會，其反清的表述亦十分含蓄，不致於觸犯清廷，他編撰的鄉土教科書，亦得到省教育當局的核准。有關清末"國學"的觀念的形成和國學保存會的具體情況，見 Laurence Schneider, "National Essence and the New Intelligentsia", Charlotte Furth (ed.), *The Limits of Change: Essays on Conservative Alternatives in Republican China*, Cambridge [Mass.]: Harvard University Press, 1976, pp. 57-89；鄭師渠：《國粹、國學、國魂 —— 晚清國粹學派文化思想研究》，台北：文津出版社，1992 年。

93　黃節：〈黃史〉，載《國粹學報》，第 1 年，第 1 號，史編，光緒三十一年。

整體，在政治意義上也就繼承了統治中國的合法性。當時反滿的知識分子，就是這樣強調漢人在血統上的純粹性和在文化上的優越性，從而肯定漢人管治中國的正統性的。不過，國粹派以種族論為基礎的政治主張，在黃節和其他成員編纂的鄉土教科書中，體現得極為有限。大抵由於鄉土教科書須經學憲審定，因此，這些鄉土志或教科書涉及人種的討論，都很自然不會觸動到最敏感的滿漢問題。

然而，放眼中國的黃節，同時也是原籍順德的廣府人，也難以泯除方言群之偏見，以致在編纂給兒童閱讀的鄉土教科書時，隨意地把所謂“客家”和“福佬”劃為非漢種。如果我們把黃節在教科書中所作的劃分，聯繫到他在《國粹學報》中的政治言論，按照他的論述邏輯，不是漢人的人，就不是黃帝子孫，也就沒有統治中國的權利，那麼，被他劃為“外來諸種”的客人，豈非與滿族這樣的“非漢種”等同無異？豈非就沒有統治中國的權利？黃節可能在撰寫一本兒童教科書時，沒有意識到這樣的政治後果，但他這種不經意的敘述，在當時的政治情景中，卻引起正在積極參與革命活動、政治動員能力極高的客福士子的不滿。與此同時，客家士子在汕頭主辦的《嶺東日報》，也成為他們反復強調其關於客家來源的基地，加上當時潮嘉二屬人士各自建立起來的會館和勸學所等機構，所有這些輿論和組織力量，都對政府形成了一定的壓力，最終迫使上海國學保存會在報紙上刊登啟事，表示“擬於再版時改正，其餘未經集罄之書，概行停售"。**94** 最後，國學保存會更把《廣東鄉土地理教科書》改版重印。客家士子在這次爭端中得勝，絕非偶然，也預示了他們日後在廣東的政治社會舞台上將扮演更重要的角色。

朱希祖曾指出："地方之分土客，本古今之通例也，然時移世易，則主客不分，如魚之相忘江湖焉，廣東之客家則異是。"**95** 客家自成為一獨立於粵、潮之外的族群，就是時移世易，種族觀念被引進中國的結果。20 世紀以前，廣府人和潮州人關心的只是他們是否"與中州同"，而不是強調自己和別的方言群的民族身份的區別；可是，客家人因為被視為非漢族，便極力論證自己的"民系"身份，考辨的結論當然是，客家人才是最純種的漢人。本來漢人的身份認同是沒有種族因素的，但客家人創造他們的漢人身份的時代，正好是革命黨人把種族問題突現得最尖銳的時代，結果客家人的身份認同的形成倒是帶出了"民系"或現在稱為"族群"的意義出來。這種具有種族和血統意義的"民系"或"族群"觀念到了 20 世紀漸趨成熟，並反過來影響廣府人和潮州人的身份認同的論據。因此，20 世紀以來廣東人分為三大民系的格局，是不同的方言群在不同的時代，面對不同的境遇，用不同的語言去建立自己漢人身份的結果。

---

**94** 轉引自陳澤泓〈愛國未有不愛鄉 —— 試釋黃節編著廣東鄉土歷史教科書〉,《廣東史志》,1999 年，第 2 期，第 54 頁。

**95** 見羅香林：《客家研究導論》朱序，第 1 頁，興寧：希山書藏 1933 年版。

像"人類"或"種族"等外來詞彙，雖以漢語重新組合而成，但其所表達的，卻是來自歐洲的新思想和新觀念，由於這些新詞彙乃以漢語組合，漢語原有的意思，又會影響到使用者對這些概念的理解和詮釋。正是在這樣一個複雜的語言交流的情景裏，中國的知識分子"製造"着他們理想的國家──既製造了觀念，也製造了實體。不論是清政府的官員，或是國學保存會的成員，還是縣一級的讀書人，都在竭力尋找一種新的國家概念，充實自己的政治理想和主張。不過，在維護自己認同的文化和語言群體的利益的時候，他們對"國家"和"種族"的定義又會有所調適，以符合自己的需要。由種族觀念而引起的方言群之間的歧視，以及對廣東讀書人如何定義地方文化的影響，到了民國年間因為客家人在政治上影響日隆，再得到進一步的發揮。這將在本書的第五章詳細敘述。下面我們再討論一下清末以"鄉土"概念表達的地方文化觀，如何呈現出強烈的國家觀念。

## 由鄉及國

"種族"概念在清末固屬新鮮，"鄉土"這個用詞雖看起來無甚新意，但把"鄉""土"二字組合起來並由此產生了新的理解，實際上也是晚清的發明。上文引用到的鄉土志和鄉土教科書之所以在晚清以一種新體裁的面貌出現，恰恰就是因為此時不論在朝廷還是某些讀書人的討論中，國家理論和制度的變化，迫使地方讀書人重新定位鄉土和國家的關係。

"鄉土志"和"鄉土教科書"出現的背景,可追溯到光緒二十九至三十年間(1903-1904)清廷頒佈的《奏定學堂章程》及一系列的相關章程(亦即癸卯學制)。[96] 其中《奏定初等小學堂章程》的立學總義,乃以國民教育為綱,特別強調教育和國家的關係,"鄉土教育"(包括歷史、地理和格致等科目)就是在這個前提下,成為實現小學階段國民教育目標的其中一種手段。[97] 其背後更重要的政治議程,是藉着教授鄉土知識,激發學生愛鄉愛土之情,鼓動其忠君愛國之心,為開辦地方議會,預備立憲打下基礎。光緒三十一年(1905),清廷頒佈詳細的鄉土志例目,下令各府廳州縣各撰鄉土志,經通過後,以之為各地出版鄉土教科書和推行鄉土教育的基礎。[98] 就筆者所見,光緒三十二年(1906)至辛亥革命前廣東編纂或出版的鄉土志和鄉土教科書,至少便有十多種。編纂有些是以省城為活動中心的地方文人,有些是從舊式教育轉到新式教育的過渡人物,也有些是具有革命傾向的地方領袖。與此同時,位於上海的國學保存會,也開展了一個全國性的

---

**96** 有關清末政府頒佈各地編纂鄉土教科書和鄉土志的背景及廣東的有關情況,詳見程美寶:〈由愛鄉而愛國:清末廣東鄉土教材的國家話語〉,載《歷史研究》,2003年,第4期。

**97** 有關壬寅學制和癸卯學制的制定概況,可參考錢曼倩、金林祥:《中國近代學制比較研究》,廣州:廣東教育出版社,1996年,第2章。

**98** 〈學務大臣奏據編書局監督編成鄉土志例目擬通飭編輯片〉,《東方雜誌》,第2年,第9期(1905年),第217-218頁。據來新夏:《方志學概論》(福州:福建人民出版社,1983年,第14頁),當時全國各地共修成鄉土志達千餘種,但多數未及刊印。

編纂鄉土教科書的計劃，其中廣東部分，主要由黃節執筆。**99**

　　鄉土教育是晚清政府自上而下的措施，儘管政府沒有提供具體的內容和材料，但地方讀書人卻相當敏感，很快便順應朝廷之令編纂了不少鄉土教材，而這首夾雜在晚清新學制各種舉措中的小插曲，也迫使地方讀書人去思考“鄉土”與“國家”的關係，恰恰由於政府沒有明確的指示，他們在這個範疇內得以有一定的空間，去想像“鄉土”和“國家”以及兩者之間的關係。鄉土教材雖屬曇花一現，但這種想像對於日後中國地方讀書人用國家觀念取代天下觀念時，重新定位國家與地方的關係，是具有深遠的影響的。

　　到底什麼是“鄉土”呢？清廷頒佈的鄉土志例目的答案並無新意，不過是說“鄉土凡分為四，曰府自治之地，曰直隸州自治之地，曰州曰縣”。這樣的劃分和傳統方志按國家行政劃分而分為省府州縣等志，無甚差別。然而，地方文人在編纂鄉土教材時，卻十分意識到將“鄉土”和“國家”這兩個命題聯繫起來。《首版潮州鄉土地理教科書》不但大力強調愛鄉與愛國的關係，在談到潮州人到海外謀生甚眾的情況時，作者更特別強調鄉土教育的重要：

　　夫地理學之關係於愛國心至鉅，愛國必基於愛鄉，故鄉土地理之編尤亟亟不容緩，潮州鄉土地理又有甚焉者。海通以來，列

---

**99**《國粹學報》，光緒三十一年（1905），第 1 年，第 3 冊，廣告。

強競以中國為大舞台，東南之門戶，實左右之。交通既便，我父老子弟之工商於南洋群島者，亦波波相續，不可以數計，外人於是乎出其種種之險計，欲以籠絡之，同化之，大浸稽天而碰砥柱不移，蓋於愛國心是賴不脅，此間樂不思蜀。吾其如交通之便，何哉？夫我父老子弟以何因緣而浚發其愛鄉土心，則廣設學校。賢父兄曰："以我鄉土志教育其子弟，其宜也脅。"則是書之影響，豈惟海濱鄒魯樹中國保障，其亦有海外鄒魯之希望也夫！ **100**

　　"鄉"和"國"的關係建立起來，"近"和"遠"的距離也隨之拉近了，而教授兒童，當然最好由就近的事物談起，回應清政府"惟幼齡兒童，宜由近而遠，當先以鄉土格致"的呼籲，**101**《新寧鄉土地理》的作者說，"惟是鄉土固宜愛戀，而所以使人人生其愛戀鄉土之心者，必自妙年始；所以使妙年生其愛戀鄉土之心者，又必自鄉土地理之教授始。" **102** 兒童較易明白和接受的，往往是身邊熟悉的事物，這樣的兒童教育理念，自然與鄉土教育的宗旨契合。

　　鄉土感情的培養，首先是把受教育者帶入他們所熟悉的本地的現場，《嘉應新體鄉土地理教科書》的編纂便以遊記體的形式，

**100** 蔡惠澤：〈弁言〉，載翁輝東、黃人雄：《首版潮州鄉土地理教科書》第 1 冊，曉鐘報社，宣統元年。蔡似為汕頭中華新報社成員。

**101** 璩鑫圭、唐良炎編：《中國近代教育史資料彙編：學制演變》，上海：上海教育出版社，1991 年，第 295－296 頁。

**102** 雷澤普：《新寧鄉土地理》，〈自敘〉。

介紹當地的人文地理:"小學教育最重興味,方足啟發兒童心性,是編特遵學部審定最新初等小學地理教科書(商務印書館出版)體例,用遊記之筆,以敘述三十六堡大勢,似與依次臚舉板滯無情者有別。"[103] 據此,該書的課文編排和寫作方法,都極力讓學生有親臨現場的感覺:

嘉應居廣東之東,吾人愛慕鄉土,不可不先事遊歷,今與諸生約,遍遊一州,自城內始,後及於三十六堡。(第一課 發端)

早起,遊城內一周。文有知州署,掌全州政治者;有吏目署,掌巡捕者;有學正署,掌州學者。武有遊擊署、城守署,掌防守者。(第二課 城內)[104]

即使是相對具有普遍意義的格致常識,也可以透過介紹地方物產,來傳播愛鄉愛國的觀念。過去限於本國教材不足,教授格致科目的教師,往往需要利用中譯的日本教材,結果令學生對身邊的事物反視而不見,以致有人評論說:"吾見講格致學者,執東洋標本圖說,言歷歷甚可聽,乃指堂內植物以名詢,或瞠也。"[105]宣統元年(1909)出版的《潮州鄉土教科書》,便注明"是冊所輯

103 蕭啟岡、楊家驤編:《學部審定嘉應新體鄉土地理教科書》,〈編輯大意〉,啟新書局,宣統二年。

104 蕭啟岡、楊家驤編:《學部審定嘉應新體鄉土地理教科書》,第1-2課。

105 林宴瓊:《學憲審定潮州鄉土教科書》,崔炳炎敘,汕頭中華新報館,宣統二年;崔是潮陽縣知縣。

動植礦物皆兒童日所習見者，故無須繪圖而自覺了然心目。"[106]
以下就是該編纂具體的實踐：

芥：氣味辛烈，俗呼為大菜，經霜而味益美，民家以鹽蓄之
曰鹹菜，潮人以為常食之品焉。[107]

本來是在日常生活中不知不覺地學習和在平常人家裏代代相
傳的知識，現在煞有介事地出現在學堂教科書裏，究竟這樣的教
學內容對知識的傳遞會造成怎樣的影響，是另一個值得展開討論
的課題。我們只要想到當時不少地方還用着《三字經》、《百家
姓》、《千字文》、《增廣賢文》這些蒙童教材的時候，實在不能不
佩服這類編纂的創意。

人文現象比較容易表現地方的歷史和文化特色，自然物種固
然也有地域的差異，不過，編纂在自然科學的內容裏，加入他所
認識的人文元素，就不僅僅是為了敘明差異，而更是為了表現文
化特徵：

烏與鴉實二種也 …… 南人喜鵲惡鴉，與北人喜鴉惡鵲相反。
（第七課　烏鴉）[108]

---

[106] 林宴瓊：《學憲審定潮州鄉土教科書》，〈編輯大意〉。
[107] 林宴瓊：《學憲審定潮州鄉土教科書》，第 21 課〈芥〉。
[108] 蔡鵬雲：《最新澄海鄉土格致教科書》，第 1 冊，第 7 課，汕頭圖書報社，宣統元年。

把上述內容置於舊方志中，其實不出"建置"、"輿地"和"物產"等類目，不過，在傳統的帝國觀念裏，這些類目所隱含的是貢賦體系下地方對朝廷的奉獻關係。那麼，清末新政主導下的鄉土教材所講述的土產土貨，又如何與尚未明晰的國家觀念聯繫起來呢？在這裏，"利權"的觀念發揮着關鍵的作用。一些鄉土格致教科書，在述及當地出產的情況時，字裏行間透露的是對洋貨威脅土產的憂慮，例如，《最新澄海鄉土格致教科書》講到當地的甘蔗業時，便有這樣的感歎：

第十七課　糖

甘蔗植於園圃，含糖甚多……糖之出口，以紅糖為多，每歲運往天津營口等處行銷，邑人業此起家者甚眾。今則洋糖日增，土糖漸為所奪，不講求新法以抵制之，糖業衰敗將有日甚之勢矣。[109]

開化文明，保護利權，發展商業，被認為是富國強兵，免受列強欺凌的不二法門，《仁化鄉土志》和《始興縣鄉土志》的作者，不約而同地表述了類似的思想。《仁化鄉土志》曰：

舉鄉土之故實，課鄉土之童蒙，則見夫文明教化，昔何其

---

[109] 蔡鵬雲：《最新澄海鄉土格致教科書》，第 4 冊，第 17 課。

盛,今何其衰,奮然起急起直追之思想;則見夫疆域隘塞,高岸為谷,深谷為陵,默然有宜室宜家之思想;則見夫勞動劬勤,日出而作,日入而息,翻然有改良進步之思想;則見乎居易貿遷,通萬國之民,聚萬國之貨,慨然有優勝劣敗之思想。以此數種思想,互相切磋,刺擊於青年之腦經,我國民其有豸乎? **110**

《始興縣鄉土志》亦云:

俾童年熟悉,匪特不忍輕去其鄉,且知中國疆土,不可尺寸與人,預養其尚武精神,期能強立於全權世界,保種也。動植礦物各產,商務雖少特別,然能改良進步,則商戰競勝,可以挽利權,裕國課,塞漏卮,是為急切,關係謀國者,急宜開其源也。帙既成,為授小學計,他日升中學,入大學,忠君報國,此其嚆矢也。**111**

《始興縣鄉土志》的作者,更在"實業"一節中,將傳統四民觀念的"工"和"商"的意思按照他自己的理解加以發揮,大肆呼籲維護利權,發展工業,務求在商戰中取勝:

工之類不一,本境木工、土工、縫工居多 …… 現在風氣未

---

**110**《仁化鄉土志》,〈緒言〉,鈔本。
**111** 張報和總纂:《始興縣鄉土志》,〈序〉。

開，遊閒者多，奏技者寡，非設法急開工藝廠，必至利權日損，民無所依，合計七十二行，工匠不過三千二百二十人之數，然專門名家者，寂無聞焉。

商戰之世，非商無以裕國，非特別之商更不足以致遠。本境未立商業學堂，詢以貨幣、匯劃、銀行、簿記等事，茫然也。……除廣閩豫嘉四館外，土人為行商坐賈及傭工諸人，不過二千四百六十餘人，倘仍因循守舊，不講求商學，恐工不能精，商不能戰，貧匱日甚，必難立於優勝劣敗世界，為官紳者尚其早為改良進步計也夫。[112]

《最新澄海鄉土地理教科書》的作者，顯然為汕頭開埠以來的新景象感到驕傲，該書第十四至十八課的題目分別是《鐵路》、《電線》和《郵政》，談到汕頭的一般情況，則是：

汕南對岸為角石，英領事署在焉，德領事署設於汕之東偏，又東為崎嶇，地尤衝要，築炮台，駐營兵，以防不測。埠內建善堂，立商會，置醫院，設電燈，近復擬創自來水公司，佈置亦頗周焉。[113]（商埠二）

"利權"觀念強調的是己國在經濟和技術的發明和權益，不能

---

**112** 張報和總纂：《始興縣鄉土志》，〈實業〉，頁39。

**113** 蔡鵬雲：《最新澄海鄉土地理教科書》，第2冊，第16課。

為外國剝奪，這個論述邏輯，是秉承道光以來面對外國的"船堅炮利"，須"師夷長技以制夷"方能自強的思路而衍生出來的。因此，外國勢力在中國的存在，雖然是對中國權益的侵害，但源自外國的物質建置，卻是中國"改良進步"的象徵。不論是"土產"還是"洋貨"，鄉土教材的編纂都能夠靈巧地借用來表達他們對現代性的追求，把"鄉土"和"國家"兩極連接起來。

器物建置固然是晚清上下為達致富國強兵的主要途徑，但對於當時許多知識分子來說，確立"國民"觀念，重新界定統治者與被統治者的關係，對建立一個強大的中國更為根本。正如梁啟超所言，"國也者，積民而成"。[114]"何謂國民"，是晚清讀書人反復討論的一個話題。處身在這個語境中，如何把"鄉民"和"國民"聯繫起來，便成為鄉土教材編纂需要解決的另一個重要課題。宣統元年（1909）出版的《新寧鄉土地理》的作者便是這樣層層遞進地敘述"國"和"鄉"的關係的：

夫鄉土地理之義，果何自來哉？曰國民、曰鄉民、曰土人，此等名稱既為人人所公認，但言人民而實之以鄉國，以見為國民者不可忘國，為鄉民者不可忘鄉，為土人者不可忘土。書曰：惟土物愛厥心臧。即此意也。[115]

---

[114] 梁啟超：《新民說》，光緒二十八年，《飲冰室合集·專集》之四，第1頁。

[115] 雷澤普：《新寧鄉土地理》，〈自敘〉。

《仁化鄉土志》的作者，更把"國民"與"祖宗"的觀念聯繫起來，謂"授邑以後，一棘一荊，皆我祖宗所披斬，一草一葉，皆我祖宗所開闢。花卉鳥獸之奇，山川人物之盛，代有記錄，美不勝書，皆我國民後生所當留意者焉"[116]。在此觀念基礎上，《仁化鄉土志》進而把近代的"國"和"族"的觀念合二為一，用來敘述宋代的歷史：

自炎宋咸平三年置仁化縣，於是仁化縣之仁化縣人，生於斯，長於斯，聚國族於斯矣。(第三課 既置本境以後)[117]

在"鄉民"與"國民"兩個概念之間建立關係的同時，鄉土教材的編者實際上也在參與界定什麼是"民"。從朝廷"編戶齊民"的考慮出發，《鄉土志例目》分別在"實業"、"宗教"和"人類"等幾個類目裏，引導着鄉土教材把境內的人口加以區別，除卻上文引及的"人類"條目外，"實業""宗教"所代表的兩種人口分類是：

實業 凡齊民不入他教者，務查明實業，分而為四。士若干，農若干，工若干，商若干。

宗教 本境所有外教，務查明編入：回教人若干(回教與回種

---

**116**《仁化鄉土志》，〈緒言〉。
**117**《仁化鄉土志》卷之一，〈歷史錄〉。

有分別，回種係真阿剌伯人，可編入人類門，回教有阿剌伯人，有旗漢人，入教者均編入此），喇嘛黃教紅教人若干，天主教人若干，耶穌教人若干。[118]

換句話說，根據《鄉土志例目》，所謂"齊民"的身份界說，從宗教方面論，必須不入他教；從職業方面論，必須屬於傳統"四民"中的一種；就種族（人類）而言，除旗、漢戶口外，屬於"他種"者，須作另類處理。《興寧縣鄉土志》和《廣寧縣鄉土志》實業一章的內容，就體現了《鄉土志例目》從朝廷"編戶齊民"的視角出發的人口分類：

縣屬民戶男女口約二十七萬餘人，除奉天主耶穌兩教外，其在齊民執業者，一曰士，……二曰農，……三曰工，……四曰商……。[119]

凡齊民不入他教者查明實業，編入：士約計一千餘人；農約計四萬餘人（有耕山者有耕田者）；工約計八萬餘人；商約計一萬餘人。[120]

有趣的是，地方讀書人這種把鄉民和國民自然而然地聯繫起

---

118〈學務大臣奏據編書局監督編成鄉土志例目擬通飭編輯片〉，載《東方雜誌》，第2年第9期（1905年），第220頁。

119 羅獻修輯：《興寧縣鄉土志》，〈實業〉。

120 伍梅、龔炳章編輯：《廣寧縣鄉土志》，〈實業〉，第19頁，出版年地不詳。

來的邏輯，正是梁啟超在 1900 年後論述國民觀念時大加質疑的。梁在光緒二十五年（1899）發表《論中國人種之將來》時，還認為中國一族一鄉一堡的自治傳統，正是中國得以在世界成為"最有勢力之人種"的實力所在。但是，在光緒二十八年（1902）後，梁啟超陸續發表的文章，便認為"鄉"和"族"等組織，是建立"國"的絆腳石。在《新民說》一文中，梁說"故我民常視其國為天下，耳目所接觸，腦筋所濡染，聖哲所訓示，祖宗所遺傳，皆使之有可以為一個人之資格，有可以為一家人之資格，有可以為一鄉一族人之資格，有可以為天下人之資格，而獨無可以為一國國民之資格"；在《新大陸遊記》中，梁遍遊美洲後，有感而發地談到中國人之缺點，說中國人"有族民資格而無市民資格"、"有村落思想而國家思想"。[121] 由此可見，不同層次的讀書人，由於見識、經歷和政治需要的不同，在理解和詮釋國家和國民等觀念時，其旨趣有何等大的歧異。

不過，梁啟超的言論雖然因為得到不斷的印製傳播而流芳百世，但其影響卻不一定比編纂鄉土教科書的地方讀書人大。從有限的資料所見，鄉土教科書的編纂在民國時期不是在地方上從事具體的中小學教育工作，就是擔當校長或縣議員一類的公職。[122]

---

[121] 見梁啟超：《論中國人種之將來》，《飲冰室合集·文集》之三，第 48-49 頁；《新民說》，《飲冰室合集·專集》之四，第 6 頁；《新大陸遊記節錄》，《飲冰室合集·專集》之二十二，第 121-122 頁。

[122] 有關各編纂的背景，詳見程美寶：〈由愛鄉而愛國：清末廣東鄉土教材的國家話語〉，第 73-75 頁。

這一層知識分子是統治當局和具有全國性地位的思想領袖所傳達的信息的守門人（gate-keeper），許多政治和社會觀念，實際上是經過他們的過濾和詮釋，才傳遞給廣大的學生和普通市民或鄉民的。在編輯鄉土志或鄉土教科書時，他們用的材料或許陳舊，但他們一方面需要回應政府從上而下的新政，另一方面經過官方和民間傳播各種新的教育、政治、社會和經濟觀念的耳濡目染，自然會結合自己對地方情況的認識和觀感，把舊材料加以重新組合和發酵。筆者在本書第五章將會論證的是，清末民初的地方讀書人所編撰的鄉土教科書，為"國家"和"鄉土"填充了他們認為應該填充的材料，而到了使用這些鄉土教科書教育出來的一代以及他們的後輩，"國家"和"鄉土"已經變成不言而喻、不證自明客觀存在的實體了。

## 小結：文化 — 種族 — 國家

自宋代伊始，最典型的地方史著作，莫過於由地方官員或本地士人纂修的方志，不論在體例或內容上，方志所呈現的以王朝為中心的資治意義，都是明顯不過的。[123] 至清季推行新政，廢科舉，建學堂，行憲政，立議會，鼓吹編纂包含新條目新內容的鄉土志和鄉土教科書，此時，慣於編纂傳統方志的文人，又要處理

---

**123** 有關傳統官修方志的政治目的的一般性討論，可參見來新夏：《方志學概論》，第98－103頁。

一個如何將"鄉土"和現代意義的"國家"觀念聯繫起來的問題。

　　然而，不同的地方史的作者所認識和認同的地域文化，實際上是千差萬別的，彼此在表達一種共同的天下或國家意識時，字裏行間也滲透出他們對自己認同的文化和族群的偏袒。他們以廣東一省和各府州縣為單位編纂地方史時，實際上也是在界定何謂"粵人"。在這個問題背後，更核心的問題是"誰是齊民？"或"誰是中國人？"，在現代國家觀念還沒有出現的時代，這個問題的答案很大程度上是一個與文化掛鈎的答案；在現代國家觀念出現之後，則是一個與民族掛鈎的答案。

　　19世紀與20世紀之交，中國知識分子的國家觀念產生了關鍵的變化。傳統的國家觀念是一套文化和信仰的配套，並且和政治體制及統治科層有機地結合在一起；迄清末，漢族知識分子對異族主導的政治體制不滿，迫使他們必須把政府和國家兩個觀念分拆開來，並用種族（nation）觀念充實國家（state），為漢人重新掌政鋪路。19世紀的種族觀念打着科學的旗號，在今天看來，是有許多值得反思的地方的。人類在客觀上存在着體質、外形、膚色以及語言上的分別，在文化上存在着風俗和習尚的不同，固然是無可置疑的事。但這種客觀的分別如何被明晰化，以至成為僵化的分類，卻往往經歷一個漫長的歷史過程，當中牽涉到很多政治和經濟資源的操控，而貌似客觀的學術研究往往又會製造和改變現實，使得民族標籤的命名和內涵經歷不斷的更新，成為人們牢不可破的信念。

# 第 三 章

# 書寫粵語

在 17 至 19 世紀歐洲各民族國家相繼崛起的過程中，政府統一國家的其中一種手段，就是在小學階段開始推廣國語。[1] 中國自 1920 年代積極推行的國語運動，也屬同出一轍。民國以前，雖有官話，但在近代國家觀念興起之前，官話並沒有享有 "國語" 的地位，只是作為各地士人在官場和社交圈子裏的溝通媒介。[2] 更何況，士人真正用以比高低的，是寫作的能力，而當時書寫的語言（文言文）又和用於日常對話的方言並無直接的對應關係。不過，正如上一章所說，由於北方（或中原）長期被認為是正統文化的根基所在，北人的文化優越感，使他們來到南方這片方言千差萬別之地，不免有 "嘈嘈難入耳" 之感；另一方面，南人也竭力為自己的語言尋求文化的正統性。與此同時，廣東的方言，以廣府話為例，漸漸發展出一套頗為成熟的方言文學和戲曲作品。到了清末的時候，白話同時成為清廷普及教育和革命者反建制的工具，廣府話的書寫傳統，到這個時候就大派用場了。本章以 "書寫粵語" 為題，試圖探討地方語言在讀書人心目中的角色，在近

---

1　本章的討論，頗受 Richard Foster Jones 有關英語發展史的研究的啟發，參見 Richard Foster Jones, *The Triumph of the English Language: a survey of opinions concerning the vernacular from the introduction of printing to the Restoration*, Stanford: Stanford University Press, 1953.

2　葉寶奎認為，"官話" 一詞，最早見於明代，明代的官話音以《洪武正韻》為準繩，而《洪武正韻》的源頭則來自於唐宋以來形成的 "讀書音"，也稱 "正音" 或 "正聲"。葉認為，這套官話音與方言口語音（包括北音和南音）同源而異流。有關官話音與方言口音的關係，語言學界似尚未有定論，此在葉著中亦有反映，見葉寶奎：《明清官話音系》，廈門：廈門大學出版社，2001 年。

代中國國家概念形成的過程中所經歷的微妙變化。粵語藉靠漢字
"書寫"出來的傳統，已存在了至少好幾個世紀，但中國讀書人由
於過去的天下觀念和後來的國家觀念，並沒有讓它發展成一套全
面的"文體"，使它始終處於一從屬地位。

## 從南蠻鴃舌到中原古音

在傳統中國文人的觀念中，語言向有雅俗之分。顧炎武有
云："五方之語雖各不同，然使友天下之士而操一鄉之音，亦君子
之所不取也。…… 是則惟君子為能通天下之志，蓋必自其發言始
也。"[3] 可見，正是中國士大夫的"天下"觀念，使方言邊緣化。
不過，廣東讀書人自有其一套論辯方法，把"邊緣"向"中心"
靠近。自明代以來，廣東的方言特色更每每為人所注意，並在地
方文獻上留下不少記錄。以省城為中心的廣府話，又稱為"粵
語"，在以廣府人為主導的士大夫書寫的地方文獻裏，自然被認
為比潮語和客語更像"人話"。嘉靖（1535）《廣東通志初稿》指
潮語"侏𠌯"。[4] 乾隆《潮州府志》說"潮人言語侏俐，多與閩同，
故有其音無其字，與諸郡之語每不相通。"[5] 乾隆《增城縣志》說
當地"語音與番禺無甚異，近山者剛而直，近水者清而婉，士大

---

**3** 顧炎武：《日知錄集釋》，卷之二十九，〈方音〉，長沙：岳麓書社，1994 年，第 1035
頁。

**4** 見嘉靖《廣東通志初稿》，卷 18，頁 7；乾隆《增城縣志》，卷 2，頁 29。

**5** 乾隆《潮洲府志》，卷 12，頁 11。

夫習見外客，多不屑為方言，接談之頃，靡靡可聽。其餘則侏儺漸染，且以土字相雜，陳訴公庭，輒假吏胥達之。"[6] 嘉慶《增城縣志》在乾隆版的基礎上，略為修改，說："士大夫見客，不屑方言，多以正音。"[7] 在這裏，"正音"指的大抵是官話語音，但增城地區的士大夫說官話的水準，則無法考究。筆者在上一章曾經提到，增城是廣府人和客家人雜處之地，在廣府人主導的方志裏，客家人的形象比較負面，對於客語的描述，情況也自然相若。乾隆《增城縣志》說："至若客民隸增者，雖世閱數傳，鄉音無改，入耳嘈嘈，不問而知其為異籍也。"嘉慶《增城縣志》亦不過照抄如儀。[8]

廣府人認為潮語和客語不夠"純正"，其實在北方人的印象中，包括粵語在內的南方語言，就更是不堪入耳。"廣東人說官話"，是北方人從來就怕的，但要致士當官，廣東士大夫就不得不學好官話，政府也特意在閩廣地區，多設學校教授官話，效果卻差強人意。雍正皇帝便曾在六年（1728）下令廣東官員要學好官話：

諭閩廣正鄉音：

……朕每引見大小臣工，凡陳奏履歷之時，惟有福建廣東兩

---

6　乾隆《增城縣志》，卷2，頁29。
7　嘉慶《增城縣志》，卷1，頁28。
8　乾隆《增城縣志》，卷2，頁29；嘉慶《增城縣志》，卷1，頁28。

省之人，仍係鄉音，不可通曉。……官民上下，語言不通，必致胥吏從中代為傳達，於是添飾假借，百弊叢生。……應令福建廣東兩省督撫，轉飭所屬各府州縣有司及教官，遍為傳示，多方教導，務期語言明白，使人通曉，不得仍前習鄉音。[9]

這種現象和朝廷相關的對策，在雍正八年（1730）任惠州知府、兩年後任廣東按察使的河北人張渠的描述中也有所反映。他說：

省會言語，流寓多係官音，土着則雜閩語。新會、東莞平側互用。高、廉、雷、瓊之間，益侏儷難解。官司訴訟，恒憑隸役傳述。至於吏、禮、戶庫，往往呼此而彼應，即胥役亦不甚辨。幸近奉功令，士子應試皆先學習官音，庶臻同文之盛矣。[10]

其後，乾隆皇帝對於廣東潮州府屬各縣“設立官學教習官音有名無實”一事，又大表不滿，下令詳細查辦。[11]

北方人來到廣東，總覺得入耳盡是“南蠻鴃舌”，[12] 這種印象

---

**9** 嘉慶《新安縣志》，卷上，頁 15—16。

**10** 張渠：《粵東聞見錄》，廣州：廣東高等教育出版社，1990 年，第 46 頁。

**11** 《清高宗純皇帝實錄》，乾隆 36 年，卷 897，頁 56。關於清初廣東地區推廣官音的情況，可參見楊文信：《試論雍正、乾隆年間廣東的“正音運動”及其影響》，載單周堯、陸鏡光主編：《第七屆國際粵方言研討會論文集》（《方言》2000 年增刊），北京：商務印書館，2000 年，第 118—136 頁。

**12** “南蠻鴃舌”語出《孟子》，見《孟子正義》，北京：中華書局，1987 年，第 396 頁。

一直到 19 世紀以至今天都沒有多大變化,外地人面對廣東方言之繁雜難辨,往往印象深刻,而多花點筆墨予以記載。光緒十年（1884）,江蘇人張心泰在兩廣侍任多年,在他的遊記裏記載道:

> 潮音僅方隅,其依山居者則說客話,目潮音為白話。說白話者之土歌,即有所謂畬歌秧歌之類;說客話者之土歌,為採茶歌山歌,各以鄉音叶韻,而客音去正音為近。白話南北行不數十里,惟東走海濱則可達福建漳泉,西濱海又間達本省雷瓊,不下千餘里也。[13]

對於兩廣方言整體的印象,張心泰的說法是:

> 西省語音平,東省多蠻,頗難辨。[14]

長期以來被人貼上這樣一個蠻音的標籤,廣東士子自然心有不甘,於是紛紛在不同場合進行反駁。早在乾隆《高州府志》中,其編纂便澄清古人講 "躲舌" 只是指那些歧人、黎人等真正的南方蠻子而言,不是指廣府人。編者又稱,如果隨便採取一個寬泛的定義,則所有吳越地區的人講的語言,都可以算作 "躲舌",乾隆《高州府志》曰:

---

**13** 張心泰:《粵遊小志》,卷 3,頁 14。

**14** 同上,卷 3,頁 19。

古稱鴃舌者，為南蠻歧猺諸種是也，若比充類言之，則吳越無不是也。高涼自馮氏浮海北來，世悍□服馳□上國風氣□□，南渡以後，中州士大□〔疑為"夫"字 —— 引者〕，□□嶺表，佔籍各郡，鄉音參合，言語隨方可辨而悉矣。高郡方言，大概與會城相仿，但音稍重而節略促。吳川較清婉而過於柔，石城則參以廉州，惟電白大異，與福建潮州同，俗謂之海話。諸縣中間有一二鄉落，與嘉應語言類者，謂我為哎，俗謂之哎子，其餘則彼此相通矣。**15**

乾隆《番禺縣志》的編者也強調方言俗字是全國普遍的現象，廣東不是獨一無二的：

　　然方言俗字，大江南北亦同之，不獨粵中為然，大抵音本有古字，因音略異，遂別撰字以實之，雖中土皆然。自宋以來，小學廢，文人學士，俱沿俗說，不獨邊方也。如版本音通，後訛奏版為奏本，手版為手本，路一程為一棧為一站，宋元史俱隨俗書之，迫今竟成故實，如此等類，不可勝數。爹爺爸嬭之稱，其名滿字內，來歷亦久，豈專在粵？亞本為阿，汝聞之古樂府，不自於今。今吳越中，於父母兄嫂之稱，亦加阿字，何以云粵為異？崽字自唐已然，本為子字，古音亦讀宰，見《離騷》中，後人不知即子字，因妄擇崽字及仔字耳。餘多類此，到處俗皆然，不獨

---

**15** 乾隆《高州府志》，卷 4，頁 86-87。

此方也。**16**

道光《肇慶府志》更進一步提出，很多本地語音都屬古音：

> 按新語〔即《廣東新語》── 引者〕，土音往往有所本，如
> 謂父曰爹，南史湘東主人之爹是也……載土音甚夥，茲略採其行
> 於肇者，至十三州縣，語音各別，按之古韻，皆可通。**17**

不過，為廣府話申辯的最具權威性的論說則非學海堂著名學長
陳澧的《廣州音說》莫屬。他力證廣府話如何與隋唐古音契合，說：

> 廣州方音合於隋唐韻書切語，為他方所不及者，約有數端。
> 余廣州人也，請略言之……廣音四聲皆分清濁，故讀古書切
> 語，瞭然無疑也。余考古韻書切語有年，而知廣州方音之善，
> 故特舉而論之，非自私其鄉也。他方之人，宦遊廣州者甚多，
> 能為廣州語者亦不少，試取古韻書切語核之，則知余言之不謬
> 也。朱子云："四方聲音多訛，卻是廣中人說得聲音尚好"（語類
> 一百三十八），此論自朱子發之，又非余今日之創論也。至廣中
> 人聲音之所以善者，蓋千餘年來中原之人徙居廣中，今之廣音實
> 隋唐時中原之音，故以隋唐韻書切語核之，而密合如此也。請以

---

**16** 乾隆《番禺縣志》，卷 17，頁 17－18。
**17** 道光《肇慶府志》，卷 3，頁 32－33。

*質之海內審音者。*[18]

　　陳澧的意思就是，誰敢說廣東人語音不正？就連朱子也說廣東人的語音比其他地方的人更接近中原古音哩！陳澧這番話後來被一再引用。饒有趣味是，陳澧先世本居紹興，六世祖宦於江寧，祖再遷廣東，父親"以未入籍不得應試"，至陳澧"乃佔籍為番禺縣人"。[19] 而從上引《廣州音說》一文所見，陳澧已經以廣州為其"鄉"，並認同"廣州人"這個身份了。

　　無論廣東士子怎樣竭力為粵語辯護，掌握寫作文言的能力，始終是他們參加科舉考試、晉身仕途、打入中國文化圈以及維持士大夫身份的必要條件。當然，所謂"文言"，也不是一成不變，不同時代的士子對於文章的風格和體例有不同的要求和倡議，甚至為此爭論不休。一種新的文章風格能否大行其道，往往視乎其能否得到各地士子的認同。由於文言是跨越方言界線的，儘管某些地區的士子說不好官話，但這並不會對他們的文言寫作能力構成障礙。不管對於北京或是對於廣東的士子來說，他們學習文言寫作，所下的功夫是一樣的。從官員巡視地方學校，注意到學生用方言唸書的現象的記載看來，廣東的學生大多是用方言來唸誦文章的，再者，許多方言包括粵語、潮語和閩南語，都有讀書音

---

18 陳澧：《廣州音說》，載《東塾集》，卷 1，頁 28。

19 汪宗衍：《陳東塾（澧）先生年譜》，第 1 頁。

和語音之分。[20] 可見，在還沒有進入"我手寫我口"的時代，我口怎樣說，並不妨礙我手如何寫。廣東士大夫透過科舉及文言寫作能力的表現，可以和北方的士子並駕齊驅，他們之所以一再強調自己的方言的正統性，其實是要加強他們與國家文化及傳統的認同。然而，也由於"寫"和"說"的分離，儘管他們一方面強調粵語屬"中原古音"，但另一方面，卻始終認為粵語寫作不能登大雅之堂。只要我們回顧一下粵語寫作的發展歷史，就會瞭解到，國家意識如何深深影響到人們對本地語言的觀感，從而影響到該語言的發展和地位。

## 從口述到書寫

方音本無字，要把粵音寫成文字，長期以來的習慣是在漢語方塊字的基礎上修改而成。早在宋代，嶺南地區使用"俗字"的做法便為流寓廣西的過客所注意，成書於宋代的《嶺外代答》收入了廣西地區常見的數種俗字及其解釋，其中"奀音勒，言瘦弱也"一條中的"奀"字，[21] 至今在兩廣地區仍沿用不衰。嘉靖《廣東通志》談到廣東的方言、方音和俗字的情況時，也列舉了一些例子，當中不少已成為我們今天的"常用字"──"奀音勒，不大，謂瘦也"，"無曰冇，音㧯，謂與有相反也。"當然，也有一

---

**20** 李新魁：《廣東的方言》，廣州：廣東人民出版社，1994 年，第 312–314 頁。

**21** 周去非：《嶺外代答》，卷 4，上海：上海遠東出版社，1996 年，第 89 頁。

些俗字似乎是沒有廣泛流傳沿用的，例如，通志中提到的"氽"和"夵"二字，分別指"人在水上"和"人沒入水下"之意，今天就比較少見了。[22]

粵語寫作的成熟也表現在各種主要以娛樂為主的文體的大量出現。然而，一種文體能否得到廣泛接受，還視乎人們尤其是讀書人給予它什麼社會地位。粵語從口述傳統到書寫傳統的過渡和兩者的互動過程，讓我們瞭解中國讀書人在認同國家的大前提下，如何為自己的方言定位。

關於早期粵語寫作的歷史，難以利用文獻作系統的追溯。零星和間接的證據顯示，最初的粵語寫作並非獨立成篇，而是夾雜在半文半白的篇章裏。可以想像，這些文章之所以存在，是因為它們不是用來看，而是用來在某些公開或儀式性的場合上朗讀的。由於這些作品絕大多數是手稿，我們就算有機會看到這些手稿，也很難判斷其寫作年代。

熟悉鄉村社會的人都知道，這類半文半白的文字被公開誦讀的其中一種場合，是鄉村裏的宗教儀式，這些儀式往往由道士主持。在鄉村社會的實際生活裏，道士的社會地位不高，但在宗教的層面上，道士以溝通天上與人間的"官員"自居，他們要向玉皇大帝通報信息，必然要以合乎禮儀和法道的行為和語言去扮演這個角色，需要打起"官腔"去唸誦科儀，由於他們語文能力有限，這些手寫的科儀，大多以半文半白的方式寫作，"文"是他們

---

**22** 嘉靖《廣東通志》，卷 20，頁 13−15。

的角色需要，"白"是他們的能力所限，並且因為他們所操方言有別，而形成各地的特色。

當代學者在香港新界搜集到的道士科儀鈔本、通俗的家禮、紅白二事的手冊等等，能夠讓我們窺見粵語寫作在傳統鄉村社會的使用情況。1978 年至 80 年代中，香港中文大學的科大衛博士暨多位師生在新界地區進行口述史計劃，並搜集了大量民間資料，裝成多冊新界歷史文獻，現存香港中文大學。在這批文獻中，有許多道士科儀的鈔本，大約在 1940 至 1960 年代間抄寫，但字裏行間也透露出這些鈔本可能來自更早的版本。例如，在一本名為《釋殿科》的科儀書上，就有"光緒丙戌"（1886 年）的年份和有關該書抄自較早的版本的記載。[23] 在一本治鬼辟邪的科儀書裏，所列舉的清皇帝年號至咸豐止，並記載了 1809 年海盜張保火燒番禺縣新造鄉一事。[24] 我們可以猜度，這類文白並存的文獻的更早版本一定早於 1940 年代，而個別的證據也顯示，至遲在咸豐年間，這類文獻已經在廣東地區使用。

廣東地區尤其是珠江三角洲較早有關鄉村道士主持宗教儀式的文獻記載，以清初屈大均的《廣東新語》最為人所熟知。在《廣東新語》中，屈大均描述東莞縣、博羅縣、永安縣等地，有師巫逐鬼的習俗，其中提到："予致東莞，每夜聞逐鬼者，合吹牛角，嗚嗚達旦作鬼聲，師巫咒水書符，刻無暇晷。"又云："永安習尚

---

23 見《粉嶺歷史文獻》，第 7 冊，香港中文大學圖書館藏。

24 見《粉嶺歷史文獻》，第 9 冊。

師巫，人有病，輒以八字問巫 …… 。巫作姣好女子，吹牛角鳴鑼而舞，以花竿荷一雞而歌。其舞曰贖魂之舞，曰破胎之舞，歌曰雞歌，曰煖花歌。" [25] 可見，至少自清初始，廣東地區便有鄉村道士的傳統，但在這裏屈大均沒有提到科儀書的使用情況，我們在半文半白的科儀書在什麼時候開始流行的問題上，仍然很難有確切的答案。

《廣東新語》成書於 17 世紀，上面提到的在新界地區所見的科儀書則最早只能夠追溯到 19 世紀中，到底這兩者之間的內在聯繫如何？也許我們可以從文體方面稍作猜度。在新界地區所見的科儀書的篇章，多為七言韻文，語言通俗，內容結構首尾呼應，讓人易於記憶。比如說，大抵是用來為兒童驅治麻疹的《麻歌》，敘述了鄉村婦女從一月到十二月的活動；《十殿科》描述了地府陰曹十個宮殿的景象；而《雞歌》則把雞從頭到尾描繪一番，同時夾雜着鄉村日常生活的敘述。這種文體的結構及通俗的用字在在顯示出這類文本與口述傳統密不可分的關係。粵語屬有音韻語言，道士在朗讀這些科儀時，往往以民間熟悉的南音或清歌形式表達，更說明了這類文本，只有倚靠口述傳統，才可以展示其生命力。[26]

---

**25** 屈大均：《廣東新語》，第 216、302 頁。

**26** 有關口述傳統中使用口訣及其他有助記憶的技巧，見 Walter Ong, *Orality and Literacy: the technologizing of the word* (London, New York: Methuen & Co, 1982), pp. 33-68；關於口述傳統的創造和不斷更新的過程，參見 Jack Goody, *The Domestication of the Savage Mind* (Cambridge: Cambridge University Press), 1977, pp. 9-35。

方言寫作的口述傳統往往由民間歌謠的基礎上發展出來，中國文人向來有記錄民間歌謠的傳統。嘉靖《廣東通志》記載了南海、順德、新會、增城一帶的歌謠傳統，附帶討論了其中運用方言、方音和俗字的情況。[27] 明代鄺露（1604－1650）和王士禎（1634－1711）的詩作裏，提到廣東唱誦"木魚歌"的習俗。屈大均《廣東新語》〈粵歌〉一章也記載曰："粵俗好歌，凡有吉慶，必唱歌以為歡樂…… 其歌也，辭不必全雅，平仄不必全叶，以俚言土音襯貼之"，又説這些歌謠"名曰摸魚歌，或婦女歲時聚會，則使瞽師唱之。" [28] 乾隆年間，四川進士李調元曾任廣東學政，四處搜集地方歌謠，分為粵歌、蛋歌、猺歌、狼歌、獞歌等類目，輯成《粵風》四卷。不過，文人學士對民間歌謠習俗感興趣，將之收集記錄，再經過刻印成書，往往會有所潤飾，例如《廣東新語》記載的木魚歌，便可能經過屈大均或後世文人的潤飾，以致方言俗字不多。[29]

　　大量方言俗字，保存流行於民間、印製粗糙的歌書裏。在廣府話地區，這類歌冊便至少有木魚書、龍舟、南音、粵謳等種類。除粵謳外，其他三種都是以七言結構為基礎的韻文歌冊。相

---

**27** 嘉靖《廣東通志》，卷 20，頁 13－15。

**28** 屈大均：《廣東新語》，第 358－359 頁。

**29** 在民間文學從口述轉成文本的過程中，衍詞用字往往經過文人的過濾而出現變化。在《廣東新語》這個例子裏，我們更可以見到印刷傳統如何進一步改變文本。在康熙庚辰水天閣版的《廣東新語》中（卷 12，頁 16），用上了"咁好"（這麼好）這個粵語詞彙，但在 1974 年中華書局排印的現代版《廣東新語》裏，便去掉了口字旁，成為"甘好"，流傳下去，很有可能會改變原來的意思。

類的文本，亦可見於潮汕、閩南和浙江等地區。在各種運用粵語寫作的文類中，木魚書是至今能夠追溯的最早的品種。從木魚書本身考察，也能夠證實詠唱木魚的傳統源遠流長。迄今所見，現存出版年份最早的一本木魚書是康熙五十二年（1713）版的《花箋記》。[30] 在康熙版《花箋記》裏，粵語中諸如“咁”（這樣）、“唔”（不）、“點”（如何）、“睇”（看）、“在行”（熟練）、“的息”（小巧）和“埋堆”（聚在一起）等沿用至今的字詞，俯拾皆是。

　　大部分木魚書的故事都非常冗長，題材繁多，有帝王將相的歷史傳說，有才子佳人的愛情故事，也有充滿生活氣息的地方風物描寫。許多故事的主題和結構，在元代的雜劇傳奇中，都有跡可尋。木魚書的使用者和對象相當廣泛，流傳甚廣。據梁培熾考，就他所見的木魚書而言，從康熙到民國初年，印刷木魚書的書坊有五十多家，分佈在廣州、佛山、順德、東莞、台山、香港，甚至三藩市等地。[31] 梁培熾還提到，其祖叔生於光緒二十六年

---

30　現存版本最早的《花箋記》，是康熙五十二年靜淨齋藏板刻本，與道光二十年的翰經堂本和刻印年份不詳的福文堂本，皆藏於法國巴黎國家圖書館。據楊寶霖教授考，現存世界各地的《花箋記》版本共有二十七種之多，並在 19 世紀時被翻譯成英文、俄文、德文、法文、荷蘭文和丹麥文。楊又根據《花箋記》評者鍾映雪的生平考證，認為《花箋記》當成於明末清初。見楊寶霖：〈《花箋記》研究〉，載楊寶霖：《東莞詩詞俗曲研究》，下冊，樂水園印行，2002 年，第 721－766 頁。又參見鄭振鐸：〈巴黎國家圖書館中之中國小說與戲曲〉（原於 1927 年出版），載鄭振鐸：《中國文學研究》，香港：古文書局 1961 年重印本，第 1275－1313 頁；譚正璧、譚尋：《木魚歌，潮州歌敍錄》，北京：書目文獻出版社，1982 年，第 5－6 頁。

31　梁培熾：《香港大學所藏木魚書敍錄與研究》，香港亞洲研究中心，1978 年，第 247－256 頁；Zheng Su De San,“From Toison to New York: Muk’Yu Songs in Folk Tradition”,*Chinoperl Papers*, 1992, No. 16, pp. 165-205。

（1900），曾回憶過去處處皆聞誦唱木魚歌的景象。[32] 1921 年生於廣州的地理學家曾昭璇教授，謂其幼年與母親同睡，睡前必聽母唱一段木魚書，才能入睡，故《背解紅羅》、《單思成病》等木魚書的情節還印象深刻。[33] 對東莞地方文獻甚有研究的楊寶霖先生亦說，"今天六七十歲的東莞人，尤其是婦女，一提起《花箋記》，是無人不知的。"光緒年間，其祖父與親友雅聚，即延請瞽師唱木魚，其父及姑母，均善唱"摸魚歌"，無日無之。[34]

學者往往根據文本、表演形式和演唱者的類型，來區分木魚、南音和龍舟，認為唱龍舟者多為手持小鼓的乞丐、唱南音的則往往是盲人。[35] 不過，從這類文本本身看來，民間不一定有這種嚴格的分類，儘管龍舟歌冊往往只得三四頁長，而南音和木魚書則大多長達數十頁，但也有例子是在同一本歌冊的封面上，往往同時印上南音、木魚和龍舟等字樣。楊寶霖先生便說，東莞百姓很少用"木魚書"這個名稱，不管長篇短篇，多稱為"歌書"，短篇的也有叫"擇錦"。他自己小時候，也從未聽過"木魚書"或"木魚歌"之名。[36] 有時候，這三個用詞指的是歌唱的形式，而

---

32 梁培熾：《香港大學所藏木魚書敘錄與研究》，香港亞洲研究中心，1978 年，第 224－227 頁。

33 曾昭璇教授致筆者函，2001 年 3 月。

34 楊寶霖：〈《花箋記》研究〉，載楊寶霖：《東莞詩詞俗曲研究》，下冊，第 721－722 頁。

35 Yung Sai-shing, "Mu-yu shu and the Cantonese popular singing arts", *The Gest Library Journal*, 1987, Vol. 2, No.1, p. 17.

36 楊寶霖：〈東莞木魚初探〉，載楊寶霖：《東莞詩詞俗曲研究》，下冊，第 603－604 頁，此文多處提到清末民初誦唱木魚的盛況。

並非指文本，也就是説，同一段詞，可以"唱成"南音、龍舟，也可以"唱成"木魚。[37]

除了木魚、南音和龍舟外，另一類在船民（以前稱為疍民）中流行誦唱的稱為"鹹水歌"和"淡水歌"的歌謠，也偶有印成歌冊。[38] 這些歌冊注明哪些句子屬"男唱"，哪些屬"女唱"，並在男唱的一段末端加上"姑妹"，女唱的一段末端加上"兄哥"等字樣，似乎要復原真實場景中男女對唱的情況（參見圖3.1）。這也與光緒三年（1877）出版的《羊城竹枝詞》所描繪的情景相當契合。《羊城竹枝詞》中有云：

> 漁家燈上唱漁歌，一帶沙磯繞內河，
> 阿妹近興鹹水調，聲聲押尾有兄哥。[39]

這種種文本的存在，顯示了粵語地區源遠流長的歌謠風俗，長期以來，陸續以不同的形式，被記錄成文字，形成了方言寫作和出版的傳統。這些文本的作者大多名不見經傳，其消費者或演唱者，往往教育水準不高，或為婦女、或是鄉村道士、乞丐、盲

---

**37** 許復琴亦認為，粵謳、木魚歌和南音"在本質上卻很難分野，只以唱法不同，形式不同，賴作它們的區別。" 見許復琴：《廣東民間文學的研究》，香港：海潮出版社，1958年，第32頁。

**38** 廣東省中山圖書館藏有《淡水歌》和《鹹水歌》各兩卷，出版年地不詳。現藏於香港中文大學圖書館的 *Walter Schofield's Collection of Cantonese Songs* 也收入了一些"鹹水歌"和"淡水歌"歌本。

**39**《羊城竹枝詞》，吟香閣藏板，光緒三年，卷2，頁41。

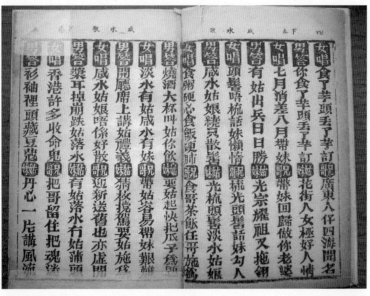

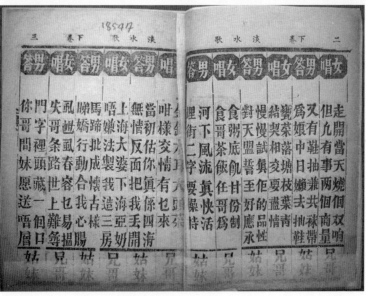

圖 3.1 《鹹水歌》（上）、《淡水歌》（下）

人、蜑民等在傳統社會裏被認為地位低微的人物，因此，這些歌冊也往往被歸類為不能登大雅之堂的下里巴人之品。不過，"雅""俗"雖然看來是對立的兩極，但在中國社會中，"士"長期以來是許多人以之為楷模的理想典型，我們在"俗文學"中，常常會看到"雅"的表述。與此同時，由於這些歌謠都是用活生生的方言寫成的，這套方言也是士大夫日常使用的、最覺親切的語言，因此，我們在"俗文學"裏，也常常找到"文人雅士"的足跡。

## 文人謳歌

"俗中有雅，雅中有俗"的現象，以上文提到的木魚書《花箋記》為典型。傳世《花箋記》有多個版本，某些版本載有清初東莞人鍾映雪的評說，其中靜淨齋藏板的《花箋記》，據考就是鍾的家刻本。正是鍾映雪用"評"這種方式，把《花箋記》提升到"雅"的層次。宣統《東莞縣志》中有鍾的傳記，據記載，鍾七歲曾應童試，與弟仕侯同補弟子員，乾隆元年"舉博學鴻詞，又舉孝廉方正，均力辭不就"。《東莞縣志》並沒有特別說明鍾與《花箋記》的關係，只提到他"詩詞歌賦，各擅其妙，於綱常倫紀，死生離合，莫不淋漓歌哭，輒百十篇，情文兼致。"[40] 從其功名事業來看，鍾只能算是一個地方文人，但他既以文人自居，則在評《花箋記》時，亦自是一副文人口吻。他把《花箋記》定為《第

---

[40] 宣統《東莞縣志》，卷 68，頁 7。

八才子書》，與《水滸》《西廂》並列，且寫了一篇洋洋數十頁的評述，其中有云：

予幼時，聞人說："讀書人案頭無西廂花箋二書，便非會讀書人。"此語真是知言，想見此公亦自不俗。[41]

他對《花箋記》推崇備至，稱之為"絕世妙文"，並認為：

《花箋記》當與美人讀之……
《花箋記》當與名士讀之……
《花箋記》當向明窗淨几讀之……
《花箋記》當以精筆妙墨點之……
《花箋記》當以錦囊貯之……
《花箋記》當以素縑寫之……[42]

廣東民間工藝博物館藏有一件名為"仿舒窰花箋書盒"的瓷器擺件，丁方如巴掌大，呈線裝書盒模樣，上書"花箋記"三字，大抵就是鍾映雪謂"《花箋記》當以錦囊貯之"的一種體現吧。[43]

---

**41** 靜淨齋評《繡像第八才子箋注》，福文堂藏板，卷 1，《自序》，頁 15，法國巴黎國家圖書館藏。

**42**《繡像第八才子箋注》，卷 1，《自序》，頁 17－18。

**43** 廣東民間工藝博物館藏，"仿舒窰花箋書盒"，標籤寫有"清 黃古珍，道光／光緒"字樣。

然而，鍾評《花箋記》，並非沒有心理障礙，否則，也不會在《自序》中一開始便說：

予批《花箋記》甫畢，客有過而譏之者，曰："子之評此書也，善則善矣，然獨不思此書雖佳，不過歌本，乃邨童俗婦人人得讀之書。吾輩文人，又何暇寄筆削於歌謠之末乎？"予聞此語，憮然者久之，不禁喟然而歎曰："嗚呼！爾之為此言也，毋乃深沒古人之肺腑乎。古人之為此書也，亦大不得已耳，彼其心豈但欲與邨童俗婦此一輩作緣哉？彼當日者固負不世之才情，苦於無處吐露，故不得已而作此一書，看其何等工良，何等心苦。固將欲與一時一室之知己，共賞鑒之，且將欲使普天下萬萬世之錦繡才子，共取而讀之，讀之而歎之，歎之而識其何等工良，何等心苦，而且慕其不世之才情，使一人之風流而天下之遠，萬萬世之久，猶將如見之也。"**44**

鍾映雪為自己辯解的理由，就是把《花箋記》說成是古人用心良苦之作。事實上，許多比鍾映雪更有名的廣東文人也十分熱衷欣賞、評點甚至創作粵歌。南海招子庸（1786－1847）於道光八年（1828）出版《粵謳》一冊四集，凡九十九題，為珠江花艇的妓女詠歎佳人不幸、才子薄情，處處暗喻文人"同是天涯淪落人"的失意落寞之情，廣為傳誦。僅廣東省立中山圖書館，便藏

---

**44**《繡像第八才子箋注》，卷1，《自序》，頁1。

有自道光至民國年間至少九種不同版本的《粵謳》。[45] 就筆者在其他圖書館所見，民國年間機器印製的《粵謳》歌冊，更是不勝其數，可見其流傳之廣。招子庸撰編《粵謳》，是下過一番心血的，他運用了大量方言俗字，結合許多比興襯托的技巧，使文詞顯得通俗親切卻又十分豐富流麗。他考察並小心運用粵東方言俚語，使讀起來不會詰屈聱牙，又作"方言凡例"，讓不懂粵語的讀者明白好些粵語助語詞的意思。同治《南海縣志》的編撰者說粵謳是"巴人下里"之音，但談到本鄉招子庸的創作，則認為"饒有情韻"。[46] 我們只要隨便選一首招子庸的"粵謳"來讀讀，也許會更容易明白他的作品為什麼能夠這樣廣為傳誦：

### 結絲蘿

清水燈心煲白果，果然青白，怕乜你心多。白紙共薄荷，包俾過我。薄情如紙，你話奈乜誰何。圓眼沙梨包幾個，眼底共你離開，暫且放疏。絲線共花針，你話點穿得眼過。真正係錯。總要同針合線，正結得絲蘿。[47]

---

**45** 廣東省中山圖書館藏《粵謳》版本包括道光八年版、廣州荳雲閣版、廣州十六甫萃古堂版、清末民初的石經堂、五桂堂、麟書閣、通藝局石印版等，還有一本以比較完整的版本為藍本的鈔本。

**46** 同治《南海縣志》，卷 20，頁 3－4。

**47** 招子庸撰，陳寂評注：《粵謳》，廣州：廣東人民出版社 1986 年版，第 157－158 頁。部分釋文如下："怕乜你心多"："怎麼會怕你多心？"；"俾"："給"；"奈乜誰何？"："能埋怨誰呢？"；"點"："如何"。

像招子庸這樣有相當社會地位的文人。着意考究俗字的運用，撰編出版粵謳，畢竟在當時並不多見。光緒十六年（1890）出版了一本《再粵謳》，作者"香迷子"，不過是拾人牙慧。[48] 後來從光緒年間一直到 20 世紀 60 年代流行於粵方言區域、半世紀以來內容大同小異，一版再版的《嶺南即事》，雖收集粵謳多首，也不過是堆砌而成的嬉笑色情之作。

據冼玉清考，招子庸是南海進士，道光年間曾任數縣縣丞。他常流連珠江花舫，端午鬥龍舟時，簪石榴花祖胸跣足立船頭，左手執旗，右手搖鼓，狂態頗為世俗所駭。招子庸曾受業學海堂學長張維屏，與不少粵中名儒亦過從甚密，為招子庸《粵謳》作序題字者，不少為當時的名儒，但均以化名示人，其中作序的"石道人"是黃培芳（字香石），另一個題字者"玨牲"則是譚瑩（字玉生），黃譚二人都是學海堂學長。[49] 容肇祖也提到，他的舅父鄧爾雅曾藏有學海堂學長張維屏手書粵謳數首的扇面。從賴學海《雪廬詩話》，容肇祖亦推斷文人開始寫作粵謳的時候，大約始於嘉慶末年。[50] 當時經常與招子庸流訪花艇聽粵謳的，還有曾任粵秀、越華、羊城三院山長的謝蘭生（1769－1831）。在他的日

**48** 香迷子：《再粵謳》，廣州：五桂堂，1890 年；梁培熾：《南音與粵謳之研究》，San Francisco: Asian American Studies, School of Ethnic Studies, San Francisco State University, 1988，第 184 頁。

**49** 冼玉清：〈招子庸研究〉，載《嶺南學報》，1947 年，第 8 卷，第 1 期，第 70－71，97 頁。

**50** 容肇祖：〈粵謳及其作者〉，載《歌謠》，第 2 卷，第 14 期，1936 年 9 月 5 日。

記中，屢有約同招子庸聽粵謳南音的記載，當時招子庸才三十出頭，剛中舉人數年。[51] 在謝蘭生嘉慶廿五年（1820）十一月初四日的日記中，便提到"傍晚與銘山（即招子庸 —— 引者）上酒樓，赴曾君之約，銘山席中為人製金橘越謳即成，亦雅事也。"[52] 翌年八月廿四日赴晚宴，筵開三席，子庸為席上客，"陪席凡七八人，皆善越謳者 …… 二鼓後終席乃散。時論工越謳者，皆推玟子為最云。"這位"程玟子"，大抵在當時廣州酒樓花舫上演出者中頗有名氣，在謝的日記中多次提及。[53] 同年九月初三日的記載，更顯示與謝蘭生往還的好些文人，都十分喜愛粵謳，"午後到新樓，諸子已集，來者八人，多善謳者"，某人甚至"興發，唱曲不輟，勝席上所唱遠甚。"[54]

　　另一個文人參與創作方言文學的例子是嘉慶二十一年至道光四年（1816－1824）間出版了多個版本的《文章遊戲》，編者是在廣東寓居了幾近十年的杭州士子繆蓮仙。該書收入不少半文半白的竹枝詞，作者包括有名的番禺舉人劉華東，以及學海堂學

---

51 見謝蘭生：《常惺惺齋日記》，嘉慶廿五年（1820）十一月二十日，中國國家圖書館藏。有關此日記之介紹，可參見麥哲維（Steven Miles）〈謝蘭生《常惺惺齋日記》與嘉道間廣州城市生活一覽〉一文，載《華南研究資料中心通訊》，第 33 期，2003 年 10 月 15 日。

52 同上，嘉慶廿五年（1820）十一月初四日條，其他有關記載如嘉慶廿五年六月十六日、七月初十、八月初十、十一月二十日、十二月十七日；道光元年六月十二日、七月廿四日、八月十五日；道光五年八月初三日等。

53 同上，道光元年八月廿四日、十月初四日、十一月初六日、十二月二十日；又，道光三年八月初六日載"中席往覓銘山，過船聽玟子度曲，二鼓同還萬松山館"。

54 同上，道光元年九月初三日。

長儀克中和吳蘭修。不過，正如書名所言，這只不過是他們偶一為之的遊戲文章。有趣的是，他們寫遊戲文章，遊戲文章也寫他們 —— 劉華東、倫文敘一直以來都是廣東通俗文學和戲劇常見的人物，繆蓮仙也成為流傳已久的南音《客途秋恨》的主人翁。這個傳統甚至延續到今天以電視和電影為主要娛樂媒介的電子時代。流行坊間的《嶺南風月史》也記載，學海堂學長陳澧撰寫的一首詞曾為某位名叫"柳小憐"的名妓唱誦，而另一學海堂學長張維屏，更被譽為"風流教主""輒偕二三知己，載酒珠江。"[55]在大眾文學的世界裏，"雅"和"俗"，"士大夫"和"庶民"之間，往往存在着許多接合點；從以上例子可見，運用方言寫遊戲文章者，不乏有名之士，另一方面，這些名人的逸事趣聞，也是無名寫手常用的素材。

理論上說，某種方言文學的對象自然只限於某個方言群，不利於這種文體的傳播；不過，由於廣東人自 19 世紀以來遍佈海外，粵語文學和戲曲的市場規模，實在不可小覷。自 19 世紀中葉以來，廣東人有不少遷移到上海、香港、東南亞以及北美，不論是紳商還是勞工，粵方言文學的市場亦隨他們的足跡擴大至世界各地。廣州、佛山、東莞、香港等地，成為印製這些讀物的重鎮，印量多了，製作成本下降，再加上印刷技術漸漸從木刻演變為鉛印，更進一步推動了方言文學的流傳。

---

[55] 酒中馮婦：《嶺南風月史》，出版年地不詳，敘事至清末，疑為民國年間作品。

## 粵劇的粵味

另一種應用粵語寫作的文本是由地方戲曲演變出來的。可惜，粵劇早期的歷史空白甚多，就什麼時候開始有"粵劇"或"廣東大戲"這樣的説法的，論者意見亦莫衷一是。梁威認為，"粵劇"一詞可能在光緒年間開始流行的，當時不少廣東戲班到海外演出，一名在新加坡遊歷的清廷官員，在其於1887年撰寫的遊記中用了"粵劇"這個説法。"粵劇"一説也有可能是轉譯自英語，當廣東戲班在海外演出時，外國人稱之為"Cantonese Opera"，回來時便順理成章稱為"粵劇"。[56] 不管"粵劇"這個詞是否在光緒年間才開始出現，各種證據顯示，原來在廣東演出的戲曲，並沒有什麼粵味，也就是説，粵語的成分不多，粵語大量摻進戲曲以至成為其主體，是光緒末的事，也恰恰在這個時候，粵劇成了革命先鋒在海內外宣揚革命和愛國意識的媒介。

在以粵語演唱為主體的粵劇崛起之前，自明中葉起流行於廣東的唱腔是來自他省的"弋陽腔"、"崑腔"和"秦腔"。清初的時候，又有"廣腔"一説，論者認為是專指來自廣州的戲班所唱的腔調。[57] 其後，又有"本地班"和"外江班"的區分，一般認為，外江班是指姑蘇班、徽班、江西班、湘班、漢班以及陝西

---

**56** 梁威：〈粵劇源流及其變革初述〉，廣州市政協文史資料研究委員會，粵劇研究中心編：《廣州文史資料》，第42輯，《粵劇春秋》，1990年，第8頁。

**57** 賴伯疆，黃鏡明：《粵劇史》，北京：中國戲劇出版社，1988年，第8–10頁。

148

班、豫班等，演唱崑曲、秦腔、弋陽腔、祁陽腔等聲腔，而"本地班"則指全體由本地人組成的戲班。論者通常引清代楊掌生的《夢華瑣簿》"廣東樂部分為二，曰外江班，曰本地班"，"大抵外江班近徽班，本地班近西班，其情形局面，判然迥殊"這番論述為證。[58] 關於這個問題，冼玉清的見解比較有說服力，她據有關的碑刻考證，認為"本地班"和"外江班"的區分並不在於前者屬廣東人（本地），或後者指來自廣東省以外（外江）的戲班，實際上，所謂"本地班"也唱他省的唱腔。"本地班"和"外江班"最關鍵的區別，在於只有外江班才能演"官戲"，其組成的公所，勢力龐大，而"本地班"是不能染指"官戲"的。[59]

到底清末以前兩廣地區的戲曲是用什麼語言演唱的，我們只能靠零碎的材料猜度。在康熙年間一個蘇州過客眼中，"桂林有獨秀班，為元藩台所品題，以獨秀峰得名，能崑腔蘇白，與吳優相若。此外俱屬廣腔"、"一唱眾和，蠻音雜陳"；[60] 湘人楊恩壽熱衷聽曲，遊歷兩廣，在其《坦園日記》中記下了不少地方唱戲的情況，其中提到他在 1865 年於梧州觀看某戲班演《六國大封相》，

**58** 參見陳勇新：〈對粵劇歷史的一點看法〉及吳炯堅：〈瓊花會館拾零錄〉，俱載於《佛山文史資料》第 8 輯，1988 年，第 1－2、8 頁。

**59** 冼玉清據"外江梨園會館"碑考，見冼玉清：〈清代六省戲班在廣東〉，《中山大學學報》，1963 年，第 3 期，第 105－120 頁。

**60** 綠天：《粵遊紀程》，雍正元年（1723），是蔣星煜在上海發現的手稿，筆者迄今未見，引自蔣星煜：〈李文茂以前的廣州劇壇〉，收入氏著《以戲代藥》，廣州：廣東人民出版社，1980 年，第 108－109 頁。

他覺得"土音是操，啁雜莫辨"。**61** 我們很難判斷這些"蠻音"或"土音"是否就是粵語，但當時的廣東戲曲摻雜了本地方言，則似乎是很明顯的；另一個可能當然是演員的官話不佳，讓來自外省的觀眾聽起來感到不倫不類。**62**

現存的粵劇劇本多少讓我們瞭解清代粵劇中包含的粵語成分。就筆者有在台北中央研究院歷史語言研究所所見之清代粵劇劇本中，其中像《八仙賀壽》、《賣胭脂》、《寒宮取笑》、《皇娘問卜》和《打洞結拜》等，都是用較淺白的文言文撰寫的，不見有粵方言字。**63** 部分劇本如廣州以文堂出版的《楊妃醉酒》則主要由北方白話構成，粵方言隻字未見，更有甚者，在首頁有關音樂的說明更注明須用"正音外江琴調"，但何謂"正音外江琴調"，則一時未能查考。

---

**61** 楊恩壽：《坦園日記》，上海：上海古籍出版社，1983年，第114頁。

**62** 唱曲用的官話，與以《洪武正韻》為準繩的官音又不完全一致，且有南北之分。見上引葉寶奎書，第62–84頁。今天的粵曲，也偶有插入官話，有些傳統曲目如《樊梨花罪子》更是全首用官話演唱，但演唱者往往是用"唱一首、學一首"的方式學習官話。儘管他們一般都認為自己唱的是桂林官話，但實際上二者又有相當差距。

**63** 這些劇本俱出版年份不明，據李福清（Riftin）說，俄羅斯藏有《皇娘問卜》和《打洞結拜》，分別載明是道光二十年（1840）和道光二十三年（1843）版，見李福清：〈俄羅斯所藏廣東俗文學刊本書錄〉，《漢學研究》，第12卷，第1冊，第365–403頁；王兆椿引用《還魂記》部分段落證明粵語最早在粵劇劇本的運用，惟未有說明該劇本的出版年份，見王兆椿：〈從戲曲的地方性縱觀粵劇的形成與發展〉，載劉靖之、冼玉儀編：《粵劇研討會論文集》，第18–42頁。《寒宮取笑》和《打洞結拜》屬清光緒十五年（1889）本地班藝人行會八和會館建立時編撰的《大排場十八本》的其中兩套，見關健兒：〈祖廟萬福台是佛山戲劇發展的見證〉，《佛山文史資料》，第8輯，1988年，第30頁。

同治十年（1871）出版的正班本《芙蓉屏》是筆者所見的較早運用了粵語的粵劇劇本。[64] 曲詞的主體部分（包括唱詞和唸白）大多是文言文和北方白話的混合體，偶然會插入一些粵語方言和俗字，而在一個"花面"（花臉）角色出現時，其對白和唱詞中的粵語成分就更明顯了。以下《芙蓉屏》一句道白，是圖謀害死崔俊生（生角）以迫娶其妻王氏（旦角）的船夫顧阿秀（花面）道出的，粵語成分十分明顯：

花面白：想我顧阿秀，欲學呂蒙正到來撈湌齋啫，冇乜好敬咯，今早拾得一張波羅符，特來送與師父齋埋，齋埋。[65]

---

**64** 《芙蓉屏》現藏台北中央研究院歷史語言研究所，此資料承蒙邱澎生博士代為複印，謹致謝忱。該書封面印有"太平新街，分局設在第七甫，以文"等字樣，即在廣州以印製各種戲曲唱本雜書著名的印刷商以文堂，在曲本中冊的第20頁上，有"同治十年春新出正班本芙蓉屏"等字樣。《芙蓉屏》本事見於明末凌濛初《初刻拍案驚奇》卷27，更早的故事見於明中葉李昌祺《剪燈餘話》中的《芙蓉屏記》（見瞿佑等著：《剪燈新話（外二種）》，上海：上海古籍出版社，1981年，第248頁）。明嘉靖時徐渭《南詞敘錄》注錄有《芙蓉屏記》劇本一種，明末祁彪佳《明劇品》錄有葉憲祖的雜劇《芙蓉屏》，兩種劇本俱佚（見徐渭著，李夏波、熊澄宇注釋：《南詞敘錄注釋》，北京：中國戲劇出版社，1989年，第211頁；祁彪佳著，黃裳校錄：《遠山堂明曲品劇品校錄》，上海：古典文學出版社，1957年，第176頁）。又，據上引關健兒，清道光年間的"鳳凰儀班"劇碼中亦有一套叫"芙蓉屏"，其所用劇碼是否即同治十年以文堂本，一時無法查考，關氏"道光年間"一說，亦堪疑問，因為其中列舉的劇碼，有名為《革命除專制》者，似為清末作品。

**65** 《芙蓉屏》，卷2，頁16。這句話的意思是："想我顧阿秀，不過想學呂蒙正，來這裏討一頓齋菜而已。我沒有什麼可以用來送給師父你的，今天早上拾得一張波羅符，特意送與師父你，請你收好，收好。"

不過，以筆者所見的早期粵劇劇本來看，像上述《芙蓉屏》這個例子，實屬例外。19世紀大部分的粵劇劇本，主要還是以北方白話為主，粵語的使用只是在插科打諢時才偶一為之。典型的例子是《遊花園》，北方白話的"是"和包括粵語在內的南方語系中常用的"係"，兩者意思相同，在此劇本中經常交替使用。[66]後來在清末出現、民初重印的一些劇本，則運用了大量粵語，例如收入在《真好唱》的《二鐵先生》和收入在《初學白話碎錦》的《伯父相睇》便差不多每一句都應用了粵語的辭彙，諸如"點解"（為什麼）、"唔俾"（不讓）、"多得"（幸虧，謝謝）、"翻頭婆"（再嫁的婦人）和"死咗"（已經死了）等等。

然而，單純的文本考據，並不能告訴我們到底戲台上演出的語言是粵語還是官話，我們不妨想像，儘管劇本是用文言或北方白話寫的，但正如唸文言文的書可以用粵語唸一樣，這些劇本也有可能用粵語演出，而演員的母語、師承和戲班傳統、觀眾和演出場合，都可能是當時選擇用什麼語言唱曲的因素。不過，有例子顯示，用粵語"唱"粵劇，應該是清末才發展起來的。《伯父相睇》一劇是用非常地道的粵語撰寫的，用粵語唱唸，似乎是自然不過的事，但劇本的首頁，卻有如下的注明：

> 白話唱，照字讀，不用正音，便合滾花鑼鼓。[67]

---

**66**《遊花園》，作者、出版年地不詳，頁1，台北中央研究院歷史語言研究所藏。

**67**《伯父相睇》，收入《初學白話碎錦》，廣州：以文堂，作者及出版年不詳，頁1。

如果當日的“滾花”和今天的“滾花”並沒有太大差別的話，則更能證實所謂“白話唱，照字讀，不用正音”的意思，就是用粵語唱。[68] 今天的粵劇劇本，是不會説明用粵語唱的，倒是會注明哪裏要用官話唱或唸。上引這番説明，讓我們瞭解到，曾幾何時，用粵語演唱粵劇，是需要提醒的。

到了清末民初的時候，粵劇吸納了粵方言區南音、龍舟、粵謳和鹹水調的傳統，粵語漸漸成為粵劇劇本的主體。1915 年出版的《三鳳鸞》，幾乎全部以粵語寫成，單字單詞如“佢”（他）、“唔似”（不像）固然十分常見，甚至有符合粵語語法的完整的句子，例如，“你食煙唔食？”（你抽煙不？）等句子。可以説，自民初起，粵劇不用粵語演唱，就不能稱為粵劇了。

## 俗話傳道

從上述的討論可見，長期以來，粵語寫作大多運用在歌冊或戲曲等説唱文體上，地位自不可與文言甚或北方白話同日而語。不過，由於 18 世紀以後西方人士陸續進入廣東地區，尤其是 19 世紀基督教在廣東地區傳播日廣，自 19 世紀中期伊始，大量運用廣東及其他方言編書寫文章的動力不是來自廣東人自己，而是

---

**68** 據陳卓瑩編著的《粵曲寫唱常識》（廣州：廣東人民出版社，1953 年，第 240 頁），“滾花”相當於京劇的“搖板”，梆子滾花就是把中板的有形的拍節符號去掉，唱得更自由自在，是最能夠傳情達意的一種腔調。

西方的傳教士。傳教士們一般相信，到不同的地方傳教，應該盡量使用當地的方言，才能最有效地把上帝的福音傳達給世人，此信念尤以基督教（新教）的傳教士為甚。和明代只周旋於朝廷官員和士大夫的天主教人士不同，19 世紀才大量到達中國的基督教傳道人都傾向於深入社會，從事傳教和其他教育醫療等活動。[69]因此，在廣東地區，用粵語、客語和潮語譯寫的《聖經》和其他傳教小冊子，以及學習各種方言的工具書籍，在 19 世紀便應運而生。

據《日本現存粵語研究書目》所載，最早的粵語傳道書籍之一是 1847 年在香港出版的《聖訓俗解》，此後，一直到 20 世紀初期，以粵語編譯的傳教出版物陸續見於香港、廣州、江門、上海各地，[70] 筆者在倫敦大英圖書館就見過一批這樣的書籍。從咸豐九年（1859）著名傳教士理雅各（James Legge）編寫的《浪子悔改》一書中，可略見傳教士運用粵語編寫傳教故事之一斑：

有一個人，有兩個仔，嗰個細仔，對佢嘅父親話，我應得嘅家業，你分過我咯。[71]

---

**69** 有關 19 世紀基督教在華南地區傳播的情況，可參見吳義雄：《在宗教與世俗之間 —— 基督教新教傳教士在華南沿海的早期活動研究》，廣州：廣東教育出版社，2000 年。

**70** 見《日本現存粵語研究書目》，天理：日本天理大學，1952 年，第 38 頁。

**71** 大英圖書館藏有兩個版本的《浪子悔改》，一個注明 "咸豐九年增沙藏板"，作者不詳；另一個加上英語書名 "The Parable of the Prodigal Son in Canton Dialect, by James Legge"，可知此書為理雅各編譯。

而《馬可福音》也在 1882 年出版了粵語版本，並注明是"按希利尼原文翻譯羊城土話"，其中有明顯的粵語句子如：

上帝子耶穌基督福音嘅起首，照先知以賽亞書所載話，我打發我嘅使者⋯⋯ **72**

其中"嘅"、"話"和"起首"等詞，便是典型的粵語俗字和粵語表述。

從這些用粵語編譯的《聖經》和傳教小冊子的內容所見，難以直接看出中國人是否有參與具體的編寫工作。不過，考慮到 18 世紀以來廣州口岸靠中外貿易謀生的本地人與外國人頻繁的接觸，我們可以估計，沒有本地人的參與，這些粵語傳教出版物難以編譯成功。當理雅各從 1843 年開始在香港進行傳教活動時，他的助手便有何福堂、黃盛和羅祥等幾個廣東人，可以估計，這幾位早期的華人基督徒，極有可能參與了理雅各的編譯工作。**73**

傳教士既相信使用方言能有效地傳遞上帝的意旨，因此，也不會滿足於單一地使用省城話，他們甚至使用更"地方"的方言。例如流行於恩平、開平、新會、新寧（今台山）的"四邑話"，便見於同治十二年（1873）出版的《由英話淺學啟蒙書譯》，該書明確標榜是以"粵東四邑土話"編寫，所謂"四邑"，即新會、

---

**72**《馬可福音傳》，出版地不詳，1882 年，第 1 頁，大英圖書館藏。

**73** 羅香林：《香港與中西文化之交流》，香港：中國學社，1961 年，第 17、40 頁。

新寧、恩平和開平。這些地區的粵語，和省城及鄰近地區的粵語可謂大異其趣，從以下《由英話淺學啟蒙書譯》的節錄，即可見一斑，"地方"文化之中包含的多重"地方性"，在這個例子也表露無遺：

第一章 論書館

嫩仔共女仔唔好成日去嬲，要梳光頭，洗淨手去書館，至可惜係了呢個時候，時候一了，就唔得番咯，你個是噲讀書，就知道所未知個閒野。到書館必唔好講時聞、或去嬲、要盡力去讀書、你學熟讀書、養大個時就心喜咯。[74]

用方言傳教當然不是西洋傳教士的專利，中國很早就有許多淺白通俗的出版物，傳播道德和勸人向善。唐代傳播佛教故事的"變文"，文字淺白，顯然以普羅大眾為對象。[75] 元代出現了許多以

---

**74**《由英話淺學啟蒙書譯》，同治十二年（1873），作者及出版地不詳，頁 1，劍橋圖書館藏。筆者求教於會講台山話的朋友，她指這段文字的大意是："男孩和女孩不要整天去玩，要梳理好頭髮，洗好手才上學。最可惜的是讓時間溜走，時間一旦溜走，就回不來了。你讀書就學會那些原來不知道的東西。在學校的時候不要聊天，不要去玩，要盡力讀書。讀好書，長大成人時就好了。"

**75** 鄭振鐸：《中國俗文學史》，原於 1938 年出版，北京：文學古籍刊行社，1959 年，第194 頁。

白話撰寫的經書的通俗版，也是以無甚教育的平民為對象。<sup>76</sup> 至遲在明代已出現的寶卷，文字亦相當通俗。<sup>77</sup> 清初以來，康熙皇帝頒佈的《聖諭廣訓》，在地方上也被改編成更通俗的版本，尤以方言繁雜的地區為甚。在廣東，全然以粵語或其他方言編寫的《聖諭廣訓》一時未見，但有證據顯示，地方政府或善社、善堂等組織，會聘用本地人，以粵語朗讀官方或通俗版本的《聖諭廣訓》，這樣一來，《聖諭廣訓》是否用方言編撰，並不妨礙它在地方上以方言傳播。<sup>78</sup>

就筆者翻閱有關文獻所見，至遲在同治年間，便出現廣東讀書人以粵語撰寫的善書。不過，比起外國傳教士的傳教小冊而言，廣東人自己用方言編寫的善書並不純然用粵語寫的，而是文言文、北方白話和粵語的混合體。最典型的例子是《俗話傾談》和《俗話爽心》。《俗話傾談》成書於同治初年，同治九年（1870）初刻，據《日本現存粵語研究書目》載，現藏日本於清末民初在廣州出版的《俗話傾談》便有八個版本。《俗話爽心》則有光緒三

**76** Victor Mair,「Language and Ideology in the Written Popularizations of the Sacred Edict」, in David Johnson, Andrew Nathan, Evelyn Rawski (eds.), *Popular Culture in Late Imperial China*, pp. 326-327.

**77** Daniel Overmyer,「Values in Chinese Sectarian Literature: Ming and Qing Pao-chuan」, in David Johnson, Andrew Nathan, Evelyn Rawski (eds.), *Popular Culture in Late Imperial China*, pp. 220-221.

**78** 上引 Victor Mair 文 , pp. 341-342；關於方言在善書的運用，參見 Cynthia Brokaw, *The Ledgers of Merit and Demerit: Social Change and Moral Order in Late Imperial China*, Princeton: Princeton University Press, 1991。

年（1877）版和 1919 的重印本。<sup>79</sup> 筆者見過的《俗話傾談》的版本有同治九年（1870）、同治十年（1871）和光緒二十九年（1903）版，還有在大英圖書館和劍橋大學圖書館藏，出版年份不詳的《俗話爽心》，其封面印有穿西裝結領帶的男子圖像，估計是民國重印。由此可見，這兩本同治年間初版的善書，流傳了至少二三十年之久。考其作者邵彬儒，四會人，在同治年間為廣州、佛山、三水等地的善社聘用，講授《聖諭廣訓》及其他善書。<sup>80</sup> 光緒元年（1875），邵彬儒和幾個讀書人在廣州自行設立善社，勸人戒抽鴉片。<sup>81</sup> 邵彬儒在這方面的名氣歷久不衰，一直到光緒二十一年（1895）兩粵廣仁善堂在《華字日報》上刊登的招聘善書講解員的廣告上，還提到邵彬儒的名字。<sup>82</sup>

《俗話傾談》典型地反映了粵語、北方白話和文言的混合使用，這種被稱為"三及第"的寫作方法，後來在廣府地區出版的報章雜文屢見不鮮。描寫敘述的部分混合了三種語言，但在對話的部分，則只用粵語和北方白話（參見圖 3.2）。此外，文中又偶爾插入一把以粵語撰寫的"第三者"的聲音，對故事的人物加以評論，例如：

---

**79** 據日本天理大學出版的《日本現存粵語研究書目》，現存日本的《俗話傾談》分別出版於 1871、1876、1879、1889、1903、1904、1908、1915 等年。

**80** 光緒《四會縣志》，列傳，卷 7 下，頁 107。

**81** 《勸戒社匯選》，光緒二年（1876），作者及出版地不詳，估計為廣州，大英圖書館藏。

**82** 《華字日報》，1895 年 10 月 16 日。

誰不知俊德見個樣情形，聽此等說話，心內帶幾分唔中意。又惱錢趙二人常來攪擾，俱是無益之談，漸漸生出怒氣。有時錢趙二人來探，值克德不在家，俊德不甚招接，錢趙二人知其憎厭。一日與克德飲酒時，姓錢帶笑開言曰："老明，你地出來處世，真第一等人，與朋友交，疏財大義，可稱慷慨英雄。"克德曰："好話咯，不敢當。"姓趙曰："在你無可彈，但係你令弟，與你性情爭得遠，佢待我亦唔醜見，佢待你太冷淡無情。論起番來，長哥當父，對亞哥唔恭敬，未免都不合理。"克德曰："唔知點樣解，我又無罵佢，又無打佢。就見了我好似唔中意。個龜蛋想起來真可惡咯。"（漸漸起火咯。）姓錢曰："睇佢心事，好似思疑你做亞哥，瞞騙於佢。"克德曰："有點瞞騙佢呢。不過有好朋友來（姓錢共姓趙），飲多啲，食多啲，咁樣之嗎。"姓錢曰："佢唔係思疑你個啲，必定思疑你吞騙錢財，慌你舂落荷包，個樣是真。"（姓錢咁伶俐。）克德曰："我個心如青天白日（誰知墨咁黑）朋友所知呀。"**83**

以白話及粵語撰寫的善書，除《俗話傾談》外，筆者曾經閱讀過的有光緒十五年（1889）在廣州出版的《新刻八百鐘》、民

---

83 邵彬儒：〈骨肉試真情〉，載於其《俗話傾談》二集，瀋陽：春風文藝出版社，1997年版，第 94 頁。部分釋文如下："在你無可彈"："就你來說，沒什麼好批評"；"爭得遠"："相差太遠"；"論起番來"："說起來"；"唔知點樣解"："不知為什麼"；"唔中意"：不喜歡；"思疑"："懷疑"；"有點瞞騙佢呢？"："我哪有欺騙他呢？"；"慌你舂落荷包，個樣是真"："恐怕你把錢財放進自己的口袋裏（即侵吞），才是他真正的想法。"

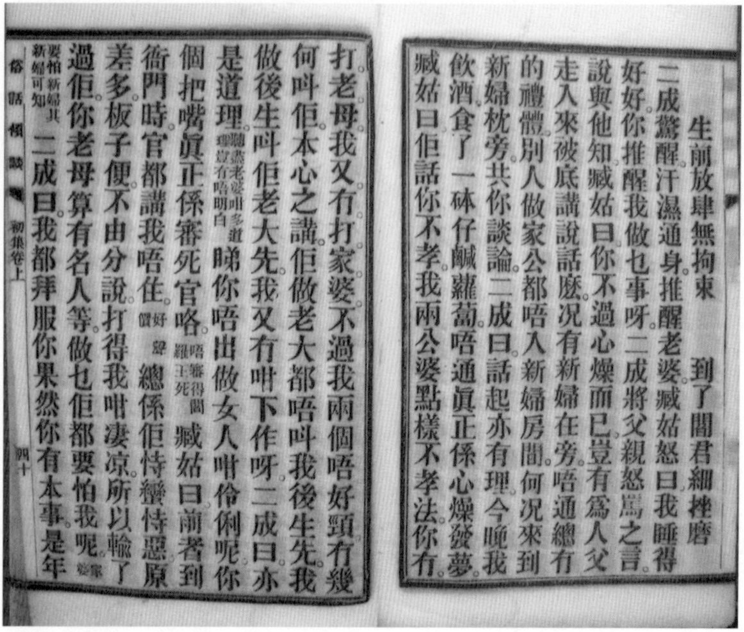

圖 3.2　邵彬儒：《俗話傾談》——　混雜着文言、北方白話和粵語的"三及第"文學

國年間在香港出版的《傳家寶訓》，主旨都是宣揚孝道、勸人戒煙之類。兩本善書都以七言韻文的形式撰寫，粵語的運用相當有限。可見，這些善書雖然以平民百姓為對象，但由於往往出自本地讀書人之手，並且經過讀書人的口，向普羅大眾傳播，沒有必要全然寫成粵語，比起廣東地區的西方傳教士撰寫的以本地人為對象的通俗傳教書籍，粵語的成分更少。

## 漸成規範

要把個別的粵語"寫"出來，人們要麼就是借用一個意思相同或音義類近的漢字；要麼就是把某個漢字的寫法略為修改，創製一個新字。這樣的選用或創製，往往是十分隨意，難以統一的，一直到粵音字典出現，粵字的寫法方有標準化之可能。早期有關粵音和粵語詞彙的記載，只能說明廣東和省外的讀書人，很早就注意到粵字饒有特色。屈大均在《廣東新語》便列舉了一系列廣東土語，[84] 其後更成為廣東不少方志論及"土言"的主要參考。

清代出版了不少列舉粵語詞彙的語言工具書，但主要目的是幫助粵人學習官話。乾隆五十五年（1790）出版的《南北官話纂編大全》，[85] 編者東莞人 [86] 張玉成便是如此載明其編纂此書的目

---

84 屈大均：《廣東新語》，第 336－337 頁。

85 見張玉成：《南北官話纂編大全》乾隆五十五年序，一貫堂，嘉慶二十五年重刻。

86 張玉成注明自己是"寶安人"。"寶安"自晉至唐乃廣東一縣名，唐代易名為東莞。清人以"寶安"為地望，實際上是指東莞。

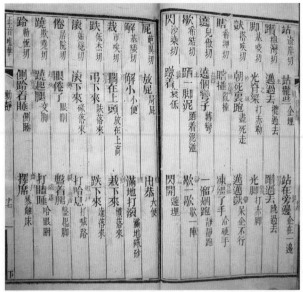

圖 3.3　莎彝尊：《正音咀華》──清代廣東人學正音的工具書

的。《南北官話纂編大全》列舉的詞彙按題目如"天文""人體""食物""職官""鬼神"等分類,南北音並列,同時附以粵語解釋。到底何謂南音北音?我們也許可以從滿洲人莎彝尊在咸豐三年(1853)編纂刊行的《正音咀華》的相關論述略之一二。《正音咀華》是專門為廣東人學正音而設的工具書,其正音粵語對照的詞彙表,按天文、時令、地輿、房屋、水火、人物、身體、稱呼、工商等數十門分類排列,並用紅字標記正音讀法(參見圖3.3)。該書附了一篇名為《十問》的文章,其中有云:"何為正音?答曰:遵依欽定《字典》、《音韻闡微》之字音,即正音也。何為南音?答曰:古在江南建都,即以江南省話為南音。何為北音?答曰:今在北燕建都,即以北京城話為北音。"**87** 究竟乾隆初年的南北官話之分,是否如道光年間莎彝尊所言,尚待考據。除了《正音咀華》外,莎彝尊早在道光十七年(1837)便編纂了《正音辨微》,亦是專為廣東人學官話而設的。**88** 莎在廣東任教二十多年,能同時掌握廣東話和官話,其出版《正音辨微》、《正音咀華》二書,也得到當時廣東學者的肯定。

　　另外一本在同治年間出版的《正音撮要》,其編纂高靜亭是

---

**87** 莎彝尊:〈十問〉,載莎彝尊:《正音咀華》,廣州聚文堂刻本,咸豐三年。1895年的《華字日報》曾討論過南北音的問題,認為"南音"是指明初定都南京時,在南京說的官話,而北音則指後來明室遷都北京,流通於彼地的官話,見《華字日報》,1895年12月31日。

**88** 莎彝尊:《正音辨微》,廣州,道光十七年版。據梁作揖在《正音咀華》序,在此之前,莎已經編過五本學習正音的書籍。

南海人，他說自己"生於南邑西樵隅僻之地，少不習正音，年十三隨家君赴任北直，因在都中受業於大興石雲朱夫子數年，講解經書，指示音韻，故得略通北語。及壯返里，入撫轅充當弁職，不時奉公入都，車馬風塵，廿年奔逐南北，方言歷歷窮究，告致之後，小隱泉林，鄉族後進及附近戚友問正音者，接踵而至，僕不揣冒昧，妄為指引。"**89** 高靜亭雖然不是什麼文人學者，但他在北京和其他地方工作遊歷的經驗，使他對學習官話的必要有深刻的體會。他說：

　　余嘗經過江南、浙江、河南、兩湖地方，一處處方言土語不同，就是他們鄰府鄰縣的人，也不通曉。惟有經過水陸大馬頭，那些行戶買賣人，都會說官話，但他與他的街坊的人說上話，我們又一句都董〔應作"懂"，下同 —— 引者〕不得了。後來進京住着，更奇怪了，街上逛的人多着呢，三五成群，唧唧呱呱打鄉談，不知他說什麼。及至看他到店裏買東西，他又滿嘴官話，北話也有，南話也有，都說得清清楚楚的。問起他們來，據說各省鄉村的人，要想出門求名求利，沒有一個不學官話的，不學就不能通行了。但是各省人口音多是端正，他說官話，不覺為難，人都易董，獨問〔應作"閩" —— 引者〕廣兩省人，口音多不正當，

**89** 高靜亭：〈正音集序〉，載於其《正音撮要》，同治六年重鐫，出版地不詳，疑為廣州。《正音撮要》後來在光緒和民國年間都有重印。莎、高二人生平，可參見葉寶奎：《明清官話音系》，第 230－231 頁。

物件稱呼又差得遠，少年又不昔〔應作"識"——引者〕學，臨到長大，就說不出來，多等做了官，還為這官話躊躇的呢。**90**


　　像《正音咀華》、《正音撮要》這些學官話的工具書，雖然都有列舉粵語辭彙和句式，但當時嚴格意義上的粵語手冊和字典，即儘量彙集各種常用字，並注明定義和讀音者，不少卻是出自西方傳教士而非中國學者之手的。傳教士不但靠無聲的出版物進行他們的傳教活動，更要親自到群眾中去宣講，因此便有學講方言的需要。在省港澳等地區，19世紀的時候便湧現了大量教授粵語的書籍和粵音字典。1828年，東印度公司在澳門出版了傳教士馬禮遜（Robert Morrison）**91** 編纂的《廣東省土話字彙》（*Vocabulary of the Canton Dialect*），分為"英文和中文"，"中文和英文"，及"中文辭彙和用語"三部分，前兩部分是中英文對照的字詞列舉，第三部分是分門別類的中文諺語舉隅，不少更是廣東獨有的說法。例如在"世務類"收入了一句"明知蠔殼牆，佢偏要撼埋去"，編者除附以譯成拉丁字母的粵音讀法外，還用英文解釋了

**90** 高靜亭：〈論官話能通行〉，載於其《正音撮要》，卷1，頁5–6。

**91** 據 D. MacGillivray, (ed.), *A Century of Protestant Missions in China (1807-1907)*, first edition 1907, reprinted San Francisco, Chinese Materials Center, Inc., 1979, pp.1-2，馬禮遜（Robert Morrison）屬倫敦傳道會（London Missionary Society），於1807年抵達廣州，是第一個進入中國的基督教教士。

這句話的字面意思和實際含義。**92** 蠔殼是廣東民居常用的砌牆材料，較之磚牆，有更好的隔熱和防盜效果。這類地道的常識和相關的諺語，除了間或在本地文人的筆下偶有記載外，在 19 世紀外國人編纂的工具書中，往往更容易找到。

1841 年在澳門出版的 *Chinese Chrestomathy in the Canton Dialect*（廣府話文選），就是一本供學習粵語用的文選集。據編者 E.C. Bridgman 解釋，編寫該文集的目的不但是作為外國人學習中文之用，更有助於中國的年青人學習英文，同時，也可以展示以羅馬字母拼寫中文字的可能性。**93** 編者又注意到，許多粵方言字的寫法往往是在發音近似的通用漢字的左側加上一個"口"字旁，以表示在讀音和用法上與通用漢字有異。他解釋説：

在這帝國的每一個地方，字體一般是通用和統一的。唯一不同的是，有些字會被稍稍更動以表示地方的用法。在這些情況下，所改變的往往只是讀音；但有些時候，人們會在通用字體的左側加上一個"口"字，以表示該字體已經改變了（改變的是指意思或用法而言 —— 引者按）例如，喊嚇哈這三個字是用來代

---

**92** 編者對這句話的意譯是："Clearly knowing that it is a oyster-shell wall, he determines to rush against it. —— Though he knows that a thing is bad and injurious still he will do it." 見 Robert Morrison, *Vocabulary of the Canton Dialect*, Part III, "Shei-Mow-Luy"（世務類），Macau: The Honorable East India Company Press, 1828。

**93** E.C. Bridgman, *Chinese Chrestomathy in the Canton Dialect*, The Society for the Diffusion of Useful Knowledge in China, 1841, Introduction, p. i，大英圖書館藏，此書最早在 1839 年出版。

166

表 "hampalang"（所有、全部的意思）這個發聲的，它們本身是沒有意思的。只有將它們並置起來讀出，它們作為一個片語的意思才能被識別。[94]

另一個較早期的例子是 1850 年在廣州出版的 *Questions and Answers to Things Chinese*（中國事物答問），從序言所見，此書的中文部分出自 1841 年一個中國教師所編的 *Dialogues in the Canton Vernacular* 一書（此書名應為編者所譯，意謂 "粵音對話"，原中文書名不詳 —— 筆者按），編者再加上英譯對照。不過，似乎編者更關心的是他們如何試驗用石印印製中文書籍的問題，以及進一步在中國推廣石印這種成本更低廉的印刷方式的可行性。[95]

同 *Chinese Chrestromathy in the Canton Dialect* 一樣，*Questions and Answers to Things Chinese* 一書既為洋人學粵語而設，也為華人學英文而編。因此，該書的編排按題目分類，而題目的選取也反映了當時外國人尤其是傳教士所關心的課題。知己知彼，他們首先想瞭解的當然是中國人的信仰和宗教，所以，其中好幾個題目便是 "儒教的宗教系統和特色"、"佛教的教義和派別"、"道教的教義和派別"、"神與鬼"、"輪迴觀" 等等。每頁的編排分成左右兩邊，右邊為粵語會話，左邊則印有該段粵語會話的英文意譯。

---

**94** E.C. Bridgman, *Chinese Chrestomathy in the Canton Dialect*, Introduction, p. ii，原文除 "喊嘛唥" 三字外，其餘俱為英文，以上引文由筆者翻譯。

**95** *Questions and Answers to Things Chinese*, Canton, 1850, "Introducing Remarks"，作者不詳，大英圖書館藏。

以下一段摘自"儒教的宗教系統和特色"的中文部分：

請問中國儒釋道三教，點分別呢？

儒係學者之稱，故此叫做儒教，因為尊奉孔夫子為師，故又稱聖教，如今讀書人就係儒教哩。[96]

其他題目尚包括"教育與科舉"、"中國政府"、"省政府"、"醫藥"、"中國的婚姻習俗"以及"刑罰"等等。

除了適應傳教士的需要外，商業會話在當時也大有市場，一本名為《粵音指南》的書籍，便充分反映了當時省港澳地區的社會和商業狀況。倫敦大英圖書館所藏的《粵音指南》有兩個版本，較早的版本年份不詳，但內容提到壬戌年會試，估計指同治元年（1862），則該書的編纂出版當在同治之後。較新的版本名為《訂正粵音指南》（*Guide to Cantonese*），1930 年在香港出版，編者為 H. R. Wells，但注明是在一個名為"Fung Lu Ting"的中國人的協助下，把"*Kuan Hua Chih Nan*"改編為粵語出版的。"*Kuan Hua Chih Nan*"當為《官話指南》，筆者所見最早的版本序於光緒七年（1881），因以"明治十四年"作年份標記，估計在日本出版。[97] 據某教會於光緒三十四年（1908）在上海印行的《土話指南》序說：

---

[96] *Questions and Answers to Things Chinese*, p. 1.

[97] 《官話指南》，1881 年，出版地不詳，牛津大學中國研究所圖書館藏，劍橋大學圖書館亦藏有同一版本。

"《官話指南》，本為東洋吳君所撰。分有"應對須知"、"官商吐屬"、"使令通語"等門，洵足為有志官話者初學之助。司鐸師中董君見而愛之，譯以法語，並音以西音，於難辨處加以註釋，是以西士來華，莫不先行誦習，奉為指南。然於松屬傳教士，不克其用，未免有恨。概欲譯以松屬土音為快。余姑就眾情，勉按原本，譯以方言，惟其中有幾處省郡等名，不便譯出，故將原本地名，少為權易。"**98** 可以估計，廣東的《粵音指南》和上海這本《土話指南》，都是以之前在日本刊行的《官話指南》為藍本的，而改編者不是傳教士也是外國人。

19 世紀末一位較多產的粵語教材編者要算是 James Dyer Ball，他的作品似乎在當時大受歡迎。他所編寫的 *Cantonese Made Easy* （易學廣府話）一書，1883 年在香港出版，1888 年再版；1892 年他又出版了 *Cantonese Made Easy Vocabulary*（易學廣東話辭彙編）一書，分別在香港、上海、新加坡和橫濱等地印行，並於 1908 年再版。Ball 又進一步考察廣東各地粵語之別，瞭解到西關話是當時公認的標準粵語。1901 年，他出版了 *Shun-Tak Dialect*（順德方言）一書，比較順德話和廣州話在發音以及在量詞和助詞的使用上的分別。他注意到：

南海是最接近順德的縣份之一，但一般認為南海話較 "硬"，順德話則較 "軟"……

**98**《土話指南》〈序〉，上海土山灣慈母堂第二次印，1908 年。

順德話和廣州話的分別，較諸不同的廣府話和流行於省城的標準廣府話之間的分別為小。不過，順德話和西關話的分別，還是足以辨認出來的。[99]

編寫粵語傳教書籍和學習粵語的工具書，自然會碰到如何把字體和字音標準化的問題，多本由外國人編撰的粵語字典便應運而生。早在 1855 年，倫敦傳道會（London Missionary Society）便在香港印行了《初學粵音切要》，該書聲稱包羅了 "最常用的字體，並標以粵音"。1856 年，又有傳教士衛三畏（Samuel Wells Williams）編纂的 *Tonic Dictionary of the Chinese Language in the Canton Dialect*（粵語語音字典）出版。當時西方人編纂粵語字典的態度頗為謹慎，並盡量參照中國既有的準則，比如說，1873 年在香港出版的 *English and Cantonese Pocket Dictionary*（袋裝英粵字典），編者 John Chalmers 便說：

某些常用的字像 "唔"（'m），"嘅"（ke），"冇"（mo），都是不被認可和只具地方性的，在大部分的情況下，我都用古文的 "不"，"之" 和 "無" 取代，惟字音則按方言讀法標記。[100]

---

**99** James Dyer Ball, *The Shun-Tak Dialect*, 1901, Hong Kong: China Mail Office, pp. 7-8，大英圖書館藏。

**100** John Chalmers, *English and Cantonese Pocket Dictionary*, Hong Kong: Chinese Printing & Publishing Company, 1873, 第 4 版說明，引文原文為英文。

同樣，1877 年在香港和倫敦出版的 *Chinese Dictionary in the Cantonese Dialect*（粵語字典）的編者 Ernest John Eitel 也參考了當時在廣州通行的一些字典和韻書，加以斟酌使用，他在序言中寫道：

　　廣州早在 1856 年便出版了一本 *Tonic Dictionary of the Chinese Language in the Canton Dialect*，該書在 1877 年已經絕版了，是以當地的字典 *Fan Wan*〔這應該是 "分韻" [101] 的音譯 —— 引者〕為基礎編寫的……

　　*Fan Wan* 的作者並非為語文的目的而編就該書的，因此，也不能提供流行於省城的粵語的正確聲調和正確讀音，它所提供的其實是南海一帶的聲調和讀音。該書沒有細心處理聲調和讀音的問題，它只是純粹為商人編寫的書。[102]

在處理異體字的問題上，Eitel 應用了中國既有的標準：

---

**101** 這裏提到的 "*Fan Wan*"，可能在乾隆年間出版的《江湖尺牘分韻撮要合集》中的《分韻撮要》（廣州翰寶樓，序於 1782 年），是為寫詩而設的韻書。此合集後來一版再版，就筆者所見，至少便有咸豐和民國年間的版本。又據《日本現存粵語研究書目》載，1850 年代左右，廣州曾出版過一本名為《分韻撮要》的書籍，編者為周冠山，未知是否與 Eitel 提及者同。

**102** Ernest John Eitel, *A Chinese Dictionary in the Cantonese Dialect*, London: Trubner & Co., Hong Kong: Lane, Crawford & Co., 1877, pp. vii-viii. 引文原文為英文，筆者翻譯並稍作引申。

在遇到異體字的情況時，則以 Kanghi（指的應該是《康熙字典》── 引者）為標準，標出某字最被認可的寫法。至於該字舊式的、只通行於某地的、或是簡化了的寫法，則附在標準字體的右側，並加上括弧為標記。**103**

西方人基於實際需要而編寫的粵語字典，可算是中國歷史上第一次真正以粵語為主體的字典。以前中國人也不是沒有用上粵語編寫類似詞典的書籍的，但充其量只是趣味性的辭彙集、或是為寫詩而設的韻書、或是為學習官話用的詞典，很少會為粵語的字體和讀音的標準化下功夫。其中一個例外，可能是民國元年的時候，有人鑒於"近因中國革命，凡省城教員教授，議士辯論，官府談判，俱是用廣東人，講廣東話，故無論何縣何鄉，皆以學習省話為最要"，乃專門針對新會人的需要，編了一本《省話八聲七絕》，以免他們"一到省城，無論學界政界，工界商界，講話既多誤會，且有笑我為鄉下佬者"。不過，這位作者在撰寫這本工具書的時候，採用的仍然是文言文，並且是用七絕詩的形式教授的。**104**

有別於中國的士大夫，以粵語編纂傳教刊物或語言書籍的西方人，由於不囿於"文言才是正統"這個框框，反而能夠寫出更通俗更地道的粵語來。比較之下，許多廣東人自己寫作的粵語

---

**103** Ernest John Eitel, *A Chinese Dictionary in the Cantonese Dialect*, p. ix.

**104** 佩韋居士編：《省話八聲七絕》，會城藝新印務局，1912 年，引文見該書《學話須知》第 1 頁及《學話須知問答》第 1 頁，此資料承蒙陸鴻基教授提供。

文學，往往不免文白並陳；也許更重要的原因是，善書和粵劇劇本即使用文言寫作，誦讀或演唱者用粵語演繹是毫無困難的。此外，由於西方人掌握羅馬拼音，他們所編的粵語字典和其他中文字典自然也用了羅馬字母拼音。我們可以說，19世紀在以省港澳為根據地的西方傳教士，不但為粵方言文學寫下了外一章，更堪稱是中文拼音運動之先鋒。只可惜他們的出版物當時在華人社會中流通的本來就不多，事後也沒有多少人會刻意保存，今天散見於國內外圖書館的，相信只是其中的一鱗半爪而已。

## 我手寫我口

在文言主導的時代，廣東士子為表達自己國家精英的身份，從來不認為用粵方言寫作的文章和書籍是他們觀念中的"文化"範疇的一部分 —— 木魚書、南音、鹹水歌、粵謳、粵劇等粵語文體雖種類繁多，但卻不出聲色娛樂之範疇。這種情形一直到19世紀最後十年才稍有改變。在清末新政的帶動下，各地為普及國民教育，提倡以白話辦報和寫作教科書。光緒二十四年（1898），無錫開風氣之先，出版白話報，隨後，上海、長沙、安徽、江西、北京、杭州、蘇州、潮州甚至蒙古都相繼以白話辦報。[105] 上海彪蒙

---

**105** 有關清末提倡使用白話的風氣，見譚彼岸：《晚清的白話文運動》，武漢：湖北人民出版社1956年版。李孝悌：〈胡適與白話文運動的再評估 —— 從清末的白話文談起〉，載《胡適與近代中國》，台北：時報文化出版社1991年版，第11–42頁。

書局自光緒二十九年（1903）出版的白話教科書，因用白話譯寫聖人之言，有褻瀆之嫌，遭清政府查禁。[106] 不過，在清政府下級官僚尤其是軍人當中，也曾推廣使用北京白話撰寫政府文件。[107]

清末廣東士子中，推動白話寫作最著名者莫過於黃遵憲與梁啟超。黃遵憲是客家人，也是戊戌維新運動的主要成員。黃遵憲著名的詩句"我手寫我口"，在他以客語和文言寫作的詩歌和兒歌的實驗中得到落實，更成為入民國以後推動白話文運動者沿用的口號。至於梁啟超，則特別推崇白話小說，認為是影響群眾的利器。梁別出心裁試驗着"新民體"——一種結合淺白的文言、日語及其他外來語的文體，以便向廣大讀者灌輸新思想新知識。不過，在光緒皇帝跟前道起官話來滿口廣東腔的梁啟超，並沒有在他的"新民體"裏注入任何粵語的元素，似乎也沒有嘗試用粵語從事文學創作。

如果説黃遵憲和梁啟超是白話運動的提倡者，影響只限閱讀能力和思想層次較高的讀書人，真正應用粵語撰寫教科書並影響及於婦孺的實踐家是康有為另一位學生陳子褒（1862－1922）。生於新會縣的陳子褒雖曾就讀萬木草堂，但不能算是戊戌維新的中堅分子。政變之後，為免受牽連，陳子褒逃亡到日本，因而得以瞭解當地新式的啟蒙教育，向當時日本有名的新式蒙學教育家福

---

106 倪海曙：《清末中文拼音運動編年史》，上海：上海人民出版社，1959 年，第 69、168－169 頁。

107 譚彼岸：《晚清的白話文運動》，第 22 頁；有關晚清白話刊物的例子，可參見上引李孝悌文。

澤諭吉討教。回國後，陳於光緒二十九年（1903）在澳門開辦私塾，後於 1918 年遷往香港。[108]

陳子褒撰寫了一系列的教育論文，提倡新式蒙學和白話寫作。他認為：

講話無所謂雅俗也。人人共曉之話謂之俗，人人不曉之話謂之雅，十人得一二曉者亦謂之雅。今日所謂極雅之話，在古人當時俱俗話也。今日所謂極俗之話，在千百年後又謂之雅也。[109]

用粵語編寫教科書，陳子褒可能並非第一人。在陳子褒之前，南海人麥士治用白話譯寫了《書經》和《詩經》，分別在光緒十九年（1893）和二十年（1894）出版。麥士治時任海關官員，着意用白話寫作，可能和他任職海關，思想較開放有關。[110] 陳子褒創新之處，不但在於用白話寫作教科書，更在於他的教科書的內容完全擺脫了傳統啟蒙教育的框框。他的《婦孺三四五字書》，流行於珠江三角洲一帶，至 1911 年還在僑居不少粵人的上海出版。至 20 世紀 80 年代有研究者在香港重訪當年唸過他的書的老

---

**108** Bernard Luk Hung-Kay, ˮLu Tzu-chun and Ch'en Jung-kun: two exemplary figure in the ssu-shu education of pre-war urban Hong Kongˮ, in David Faure, James Hayes, Alan Birch (eds.), *From village to city: studies in the traditional root of Hong Kong society,* Hong Kong: Centre of Asian Studies, University of Hong Kong, 1984, p.127.

**109** 陳子褒：《俗話說》（光緒二十三年），載陳子褒：《教育遺議》，香港，1952 年。

**110** 筆者所見 20 世紀初出版的用粵語譯寫的儒家經典，還有 1916 年梁應麟在香港出版的《粵東白話兩孟淺解》。

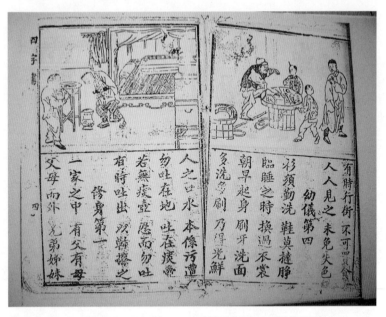

圖 3.4　陳子褒:《婦孺三四五字書》——晚清採用粵語編寫婦孺教科書的先鋒

人家，講及其中章句，仍琅琅上口。在全國千萬學童都唸着"黎明即起，灑掃庭除"的時候，陳子褒的教科書特別為廣東婦孺而設，教他們唸"早起身，下床去。先灑水，後掃地""衫須勤洗，鞋莫撻蹄"，怎能不叫人耳目一新！ **111** （參見圖3.4）

透過這些教科書，陳子褒不但希望教授婦孺一些日常生活的知識，更希望向他們鼓吹愛國主義。因此，陳子褒雖以粵語撰寫婦孺教科書，但他認為，學生進入中學階段時，便應學習國語。為了推動國語，陳子褒又在光緒二十六年（1900）和三十三年（1907）出版《小學釋詞國語粵語解》。可見，陳子褒雖活用粵方言，推動啟蒙教育，但在清末愛國主義的前提下，陳子褒更長遠的理想是實現國語統一。

清政府儘管也曾經提倡用白話向教育水準較低的軍人宣講政令，但始終認為白話褻瀆聖人之言；在晚清的革命人士手裏，白話卻是攻擊建制的利器，是向群眾宣傳革命的最佳工具。革命分子雖不少是知書識禮之人，既然對這個政權已不再認同，自然也就無須考慮他們的仕途或受限於文言的框框，乃放膽用最通俗最地道的語言，撰寫他們的革命宣傳品。在廣東，革命分子用上了南音、龍舟、粵謳、粵劇等各種各樣的粵語文本，創作他們的宣傳品，期望達到推翻滿清的目的。

---

**111** 見陳子褒：《婦孺三四五字書》，廣州，光緒二十六年版。有關陳子褒以粵語編寫教科書的歷史，見王齊樂：《香港中文教育發展史》，香港：波文書局1983年版及上引 Bernard Luk Hung-Kay 文。

此時期的粵劇劇本，在語言運用方面的大膽創新，堪稱前無古人。[112] 自光緒三十年（1904），廣東革命人士如陳少白（1869－1934）和黃魯逸（1869－1926），組織“志士班”，專門演出抨擊清政府的粵劇。[113] 據賴伯疆研究，黃魯逸領導的志士班完全以粵音取代中州音，可說是開創了真正用粵語演粵劇的先河。[114] 鼓吹“新民體”的梁啟超，為某學校音樂會創作餘興節目，用粵劇舊調舊式撰寫“通俗精神教育新劇本”《班定遠平西域》，當中有一個匈奴使者的角色，其唱詞居然是粵語、英語和日語三結合的：

　　（小鑼鼓。一雜鬍鬚高頭，禮服偏懸寶星，扮匈奴欽差，驕容上。一雜鼠鬚眼鏡，尋常西服，扮隨員上。欽差唱雜句）我個種名叫做 Turkey，我個國名叫做 Hungary，天上玉皇係我 Family，地下國王都係我嘅 Baby。今日來到呢個 Country，（作豎一指狀）堂堂欽差實在 Proudly。可笑老班 Crazy，想在老虎頭上 To play。（作怒狀）叫我聽來好生 Angry，吥！難道我怕你 Chinese？難道我怕你 Chinese？（隨員唱雜句）オレ係匈奴嘅副欽差，（作以手指欽差狀）除了アノ就到我エライ。（作頓足昂頭狀）哈哈好笑シナ也鬧是講出へ（イ）タイ，叫老班箇嘅ヤ（ツ）ツ來ウルサイ。佢都

---

**112** 阿英：《晚清文學叢鈔：說唱文學卷》，北京：中華書局，1960 年，第 400－508 頁；
　　阿英：《反美華工禁約文學集》，上海：中華書局，1962 年，第 675－686 頁。

**113** 馮自由：《革命逸史》，台北：台灣商務印書館，1969 年，第 2 冊，第 237－242 頁。

**114** 賴伯疆、黃鏡明：《粵劇史》，第 27 頁。

唔聞得オレ嘅聲名咁夕（ツ）カイ，真係オ丨バカ咯オマヘ。[115]

　　陳少白和黃魯逸也是革命報刊《中國日報》的創辦人兼主編。
始於光緒二十六年（1900）的《中國日報》，現存 1904 至 1907 年
的副刊部分刊載了大量革命粵謳，批評清政府。以粵謳論朝政在
清末多如雨後春筍。即就今天尚存者而言，有 1904 年在廣州和
上海流通的《真好唱》，其中收羅了廣東、香港及上海各種報紙
如《廣東報》、《有所謂報》、《坦蕩報》、《羊城報》、《市民報》、
《上海報》和《唯一趣報》所載的反清粵謳。[116] 其他載有諷刺時
弊的粵謳的報刊還有光緒三十一年（1905）創刊的《美禁華工拒
約報》，1905－1912 年間流通省港的《時事畫報》，以及注明在
黃帝 4608 年出版，以示不再歸順清朝、在香港刊行的《白話醒腦
筋》。[117] 這些在省港地區出版的革命或同情革命的報刊，除了因
為用粵語寫作而讓本地讀者覺得分外親切之外，內容更特別針對

---

**115** 梁啟超：《（通俗精神教育新劇本）班定遠平西域》（原載《新小說》第 19－21 號，
　　　1905 年 8 月－10 月），收入梁啟超著、夏曉虹輯：《《飲冰室合集》集外文》，下冊，
　　　北京：北京大學出版社，2005 年，第 1289－1306 頁，引文見第 1294－1295 頁。用日
　　　語片假名和粵語混合而成的幾句句子大意是："俺是匈奴的副欽差，除了他之外，我
　　　算是最威武的了。哈哈，真好笑，支那人也夠胡鬧笨拙，叫老班那傢伙來煩擾，他
　　　還沒有聽到俺的聲名那麼顯達，真是笨蛋！"

**116** 據丁守和：《辛亥革命時期期刊介紹》（北京：人民出版社，1987 年，第 4 冊，第
　　　685－686 頁），《市民報》於 1903 年在廣州創刊。1900 年代，廣州有《羊城日報》，
　　　香港亦有《廣東日報》，未知是否與《真好唱》提及的《羊城報》及《廣東報》同。
　　　另參見馮愛群：《中國新聞史》；台北：學生書局，1967 年。其他報刊情況未詳。

**117** 用黃帝紀年應如何計算，向來有爭議。宋教仁把黃帝四六〇三年與西曆 1905 年等同。

廣東的情況，為廣東訴冤。**118**

　　隨着民國時代的來臨，政客和知識分子都把建立新國家政體、新社會制度放在首位。白話文運動由原來各地有各地的白話，變成是只提倡一種白話，即以北京音為標準的白話，清末發自全國各地的白話文運動先鋒的那種百花齊放之風漸漸趨淡。1922 年，北洋政府教育部下令各小學統一使用以標準白話編寫的教科書，陳子褒和其他各地自製的白話教科書自然不能和國家政策過不去，也和全國性的大書商諸如商務印書館的出品競爭不來。廣東的情況更彷彿恢復舊觀，一方面在教育和文學上遲遲沒有跟上白話的潮流，另一方面，粵語文學還是停留在聲色娛樂的層面，沒有得到進一步的發展。方言寫作這個課題，一直到抗戰期間在左派文人提倡大眾語時，才一度再被認真討論。

## 小結：方言與國語

　　中國方言繁雜，人口眾多，各種方言文學，不論是口授相傳還是印製成書，自有相當數量的受眾。廣東人旅居國內大城市或海外各國者不少，粵語出版物的市場實不可小覷。然而，光是市場潛力是說明不了粵語的社會地位的。從上述討論可見，粵語寫作始終離不開娛樂、傳道、教育婦孺的範圍。儘管在很多場合裏，粵語文本在家庭或鄉村生活中扮演了一定的角色，但在中國

---

**118**《真好唱》，光緒三十年（1904）序，作者出版地不詳，卷 3，頁 2－4，12－13。

人包括廣東人的心目中，粵語寫作的地位是屬於邊緣的，此尤以讀書人為甚。中國方言繁雜，政府要達致有效的統治，必須發展出一套超越任何方言的行政語言，並為各地官僚和讀書人所運用和接受。讀書人也藉靠着對這套語言的嫻熟，表現出其對於政府以至國家的認同。在清朝及以前，這套語言是文言和官音，進入民國，這套語言是白話和國語。在清末至民國的過渡期間，包括粵語以內的方言成為了維新革命的標誌，革命分子也藉靠它們去表達自己正在建造的新的國家觀念。不過，一旦新的政體、新的國家觀念確立起來後，語文和語言都不免要進入一個國家化的過程，粵語和其他方言就不得不退居二線，屈居於國語之下。一個有趣的悖論是，方言的顛覆性幫助讀書人建立新的國家觀念，其淺白親切的性質也幫助普羅大眾學習這新的國家觀念。可是，一旦國家真正建立起來了，方言的顛覆性有可能針對的，就是這個新的國家，其發展因而也就很快被壓抑，而始終維持着一個"方言"的地位。

# 第四章

# 追溯嶺學

同中國其他省份的讀書人一樣，廣東的讀書人，要表示自己的學術成就足以在全國佔一席位，需要通過在以一省一地為單位編纂的文集、人物傳記和地方史志等地方文獻，來展現本地文人的成就，往往像族譜建構親屬關係一樣，追尋其學術上的師承關係。在編纂地方文集、頌揚前賢的同時，編者實際上也在表現自己的學術傳統。然而，誰才有資格被編進這些文集或傳記，誰才稱得上是廣東文化成就的代表，很大程度取決於編纂者因應時勢而作出的選擇。同樣，誰來撰寫一本怎樣的廣東文化史，理所當然就是當代掌握出版資源的讀書人。編者和被編者的關係，文化傳統製造者和文化傳承的關係，往往不過是一體的兩面。在這一章裏，筆者嘗試論述的是，在清代後期，什麼人被認為是廣東文化的代言人？他們當時面對怎樣的社會和政治情勢？為什麼這些人會被認可為廣東文化的代表？最後，筆者會探討晚清在國家和地方層次上發生的社會政治變遷，以及在這時候興起的新的國家觀念如何挑戰原來的廣東文化代言人的權威。

## 嶺學源流

雖然古往今來不少廣東文化的研究者總喜歡強調嶺南地區"人文薈萃""文風鼎盛"，但在其他省份的人們的心目中，廣東素來被認為是學術文化落後之地。即便是廣東本地的學人如屈大均者，一方面很自信地認為"今天下言文者必稱廣東"，另一方面也很清醒地知道，"天下之文明至斯而極，極故其發之也遲"，

"至有明乃照於四方"。[1] 明代的廣東，湧現了像丘濬、陳白沙、湛若水、黃佐等著名學者，陽明之學在廣東也有很大的影響。但入清以後，尤其是乾嘉時期，樸學大興，心性之學旁落，直至道光以前，廣東士人在經學方面並沒有足以令人矚目的成績，與東南各省相比，廣東在學術領域有全國性地位和影響的學者可謂如鳳毛麟角，科舉功名亦少有彰顯之跡。乾隆四年（1739），皇帝獲悉殿試狀元莊有恭為廣東人，大表詫異，"喜曰：廣東僻遠之省，竟出狀元耶？"[2] 雖然自清初起，廣東各地也設立了不少書院，其中最著名者如康熙二十二年（1683）成立的羊城書院，康熙四十九年（1710）設立的粵秀書院，乾隆二十五年（1760）開辦的越華書院。[3] 士子以監生或童生的資格，入讀這些書院，並按照一定的課程，準備參加科舉考試。[4] 然而，廣東的士子並不能如他們的明代前輩那樣，在全國的學術競技場上贏取什麼地位。除了個別的例子外，廣東士子面對江南的同行，只能是望其項背。[5] 嘉道之

---

**1** 屈大均：《廣東新語》，第 316 頁。

**2** 《清高宗純皇帝實錄》，乾隆四年，卷 90，頁 7。

**3** 有關各書院的歷史，可參見中國人民政治協商會議、廣東省廣州市委員會：《廣州文史資料專輯，廣州近百年教育史料》，廣州：廣東人民出版社，1983 年，第 15－19 頁；光緒《廣州府志》，卷 72，頁 12－14。

**4** 劉伯驥：《廣東書院制度》，台北：台灣書店，1958 年；Frederick Wakeman, *Strangers at the Gate: Social disorder in south China, 1839-1861*, Berkeley and Los Angeles: University of California Press, 1966, p. 182.

**5** 有關清代江南學人的顯赫地位，見 Benjamin Elman, "Qing Dynasty 'Schools' of Scholarship", *Ch'ing-shih wen-t'i*, Vol. 4, No. 6, 1981, pp. 1-44 的討論。

際，阮元初任兩廣總督，亦認為"粵中學術故不及閩"[6]，直到他立意在省城辦學海堂，廣東學人才漸漸在全國的學術上漸露頭角，擺脫過去文化低落的形象。梁啟超在總結清代廣東的學術史時，是這樣評述的："時則阮芸台先生督兩廣，設學海堂課士，道咸以降，粵學乃驟盛。"[7]似乎，在梁啟超的心目中，"粵學"的鼎盛，乃源自於學海堂的設立。

梁啟超如此推崇學海堂，與清末學海堂已經成就的地位和梁啟超本人與學海堂的關係是密不可分的。清末因變法而名滿天下的梁啟超，入民國後，更是不論在政治或文化的領域中，均享負盛名。1924年，他寫就了《近代學風之地理的分佈》一文，當談到廣東的情況時，特別推崇咸同年間兩位聲譽最隆的學人 —— 陳澧（1810－1882）和朱次琦（1807－1881）。陳澧是學海堂的學長，朱次琦雖被選聘為學海堂學長，卻辭而不就，寧可在家鄉南海縣九江鄉自立禮山草堂授徒。[8]康有為曾受業朱次琦門下，梁啟超作為學海堂的專課生和康有為的弟子，可以宣稱自己是陳澧和朱次琦的再傳弟子，對於學海堂的學術地位，自然讚譽有加。[9]

陳澧和朱次琦的學生以及他們的再傳弟子，在他們身後為他

---

**6** 王章濤：《阮元年譜》，第686頁。

**7** 梁啟超：《近代學風之地理的分佈》，《飲冰室合集・文集》之四十一，第78－79頁。

**8** 有關朱氏在九江鄉的地位，見西川喜久子：《珠江三角洲の地域社會と宗族・鄉紳 —— 南海縣九江鄉のばあい》，《中國關系論說資料》，卷33，3-1，1991年，第229頁。

**9** 梁啟超：《近代學風之地理的分佈》，第78－79頁。

們出書立傳，又進一步維持和擴大陳、朱二人的名聲。陳作為學海堂學長，在世時便出版了不少著作。[10] 自陳澧去世後，其部分未刊稿得到結集刊行，且一版再版，陳澧著名的《東塾集》，便是他的弟子廖廷相在同治七至九年（1868－1870）間在陳澧塾中讀書時承命編輯，在陳澧去世後，由廖及其他弟子以及陳澧的後人校勘出版的。[11] 其逾千冊的讀書札記，原四散於公私庋藏及書賈手中，後歷經轉賣、傳抄和校訂，部分在 1920 年代為嶺南大學購入，因而得以在廣東學術機構留存。[12] 陳澧的年譜，是由學海堂專課肄業生汪兆鏞的兒子汪宗衍編撰的。汪宗衍因為其叔祖與陳澧交好，其父汪兆鏞從陳澧問學，故"家藏先生著述文物獨多"。他所撰的陳澧年譜，先在 1929 年於《中山大學語言歷史研究所週刊》出版，後於 1935 年在《嶺南學報》出版的廣東專號發表，此後又作修訂增補，最後由台灣的文海出版社在 1970 年正式出

---

10 如《切韻考》（1842 年刻）、《水經注西南諸水考》（1847 年刻）、《朱子語類鈔》（1861 年刻）、《東塾叢書》（1856 年刻）、《漢儒通義》（1858 年刻）、《聲律通考》（1858 年刻）、《申範》（1867 年刻）等。

11 見《東塾集》（廣州菊坡精舍光緒十八年版），廖廷相序。此外，陳澧的《東塾讀書記》，原來只有稿本，後來在陳澧去世後，於光緒年間分別在上海、廣州、直隸等地出版，至 1923 年還有上海掃葉山房石印本。

12 有關陳澧遺稿流傳情況，參見吳天任編著：《清何翽高先生國炎年譜》，台北：台灣商務印書館，1981 年，第 155－158 頁；有關嶺南大學購入陳澧部分遺稿事，見楊壽昌：《陳蘭甫先生澧遺稿》，《嶺南學報》，第 2 卷，第 3 期，1932 年，第 174－214 頁。楊壽昌 1926 年起任嶺南大學教授，之前曾就讀豐湖、端溪、廣雅諸書院，師從廣雅書院院長梁鼎芬，梁鼎芬為陳澧學生。梁鼎芬生平見吳天任：《梁節庵先生年譜》，台北：藝文印書館，1979 年。

版。[13] 至於朱次琦大部分的書稿，據說在他七十五歲也就是去世當年，因病發而未竟全功，"知難卒事，遂自燔其槁，竟日迺盡"。[14] 其僅存的作品，是他的學生簡朝亮（1851－1933）在他去世後整理出版成《朱九江先生集》的；他的年譜也是簡朝亮編撰的。簡朝亮的弟子黃節，十分推崇朱次琦的道德文章，在其主編的《國粹學報》中陸續刊載朱次琦的文章、肖像和遺墨真跡，又為該文集和年譜刊登廣告，這都有助於延續和擴大朱次琦的名聲。[15]

在中國學林更廣泛的層面上，陳澧和朱次琦的學術地位也得到認可。他們皆被收入《清史·儒林傳》，在廣東學人中，能被收入《儒林傳》庶無幾人。在民國徐世昌編纂的《清儒學案》裏，廣東學人被收錄者也只有三人，其一是學海堂首任學長之一林伯桐（1775－1845），其餘兩位就是陳澧和朱次琦了。[16] 其他與學海堂有各種淵源的學者的名聲，也藉着其他地方文集的編纂得到延續。清末廣東進士吳道鎔（1875－1936），入民國後以遺老身份避居香港，編輯《廣東文徵》並撰寫《廣東文徵作者考》。在《廣東文徵》中，收入歷代著名廣東學人的作品，其中嘉慶至宣統年

---

13 見汪宗衍：《陳東塾（澧）先生年譜》，台北：文海出版社，1970 年，第 143－144 頁。

14 簡朝亮：《朱九江先生年譜》，載於簡朝亮：《朱九江先生集》（序於光緒十九年），卷首之二，頁 41，台北：台灣商務印書館，1977 年。

15 如《國粹學報》第 3 年第 3 號（光緒三十三年）的 "撰錄" 便刊載了 5 篇朱次琦的文章和簡朝亮撰寫的《朱九江先生集序》；第 4 年第 5 號（光緒三十四年）刊載了《朱九江先生集》和《朱九江年譜》的廣告；第 4 年第 8 號（光緒三十四年）則刊登了朱的肖像和遺墨真跡。

16 徐世昌：《清儒學案》，台北：世界書局，1979 年重印本，卷 132，171，174－175。

間人士共一百八十三人，在這一百八十三人裏，超過三分之一是學海堂的學長或學生。從另一個角度看，學海堂自道光年間成立起至 1903 年關閉止，共委任學長五十五名，其中四十四名的作品被選入《廣東文徵》。吳道鎔本身是學海堂的學生和末任學長，對學海堂情有獨鍾，自然不難理解。[17]

至 20 世紀，陳澧和朱次琦在廣東學術文化界的影響仍頗為顯著。受過舊式教育者，沒有不知道陳朱二人的。1920 年代時，台山人陳其壽致信與其女婿時，便提到：

承贈朱九江先生集，予年二十四得閱此書，後在羊城購求數次不獲，引為憾事。今得之，珍逾拱璧。先生與番禺陳蘭甫先生，同為吾粵近代名儒，蘭甫講考據詞章，博而知要；先生談經濟名理，言而可行。[18]

陳其壽雖名不見經傳，但正是這些不經意的閒話家常，讓我們瞭解到陳澧和朱次琦二人在廣東的影響如何深入民心。遲至 1940 年，當一群舉足輕重的廣東學人和政客在籌辦“廣東文物”

---

**17** 吳道鎔 1936 年去世後，《廣東文徵》暨《廣東文徵作者考》由張學華補訂。《廣東文徵作者考》在 1941 年印成鉛印本，《廣東文徵》則在 1948 年由廣東省文獻委員會以鋼版謄寫，釐為 81 卷，分訂 27 冊，僅印 9 部，世罕流傳。其後，香港珠海書院出版委員會再傳鈔校勘，分 6 冊於 1977 年影印出版，《廣東文徵》才得以較廣泛流傳。詳見江茂森：《影印廣東文徵序》，《廣東文徵》，香港：香港珠海書院出版委員會，1977 年。

**18** 陳其壽：《靜觀齋文存》，台城西華印書館 1927 年版，卷 2，頁 31。

展覽時，其中一個討論的話題，就是到底學海堂的學術傳統還是朱次琦的學術傳統才算是嶺學的正統。[19] 由此可見，道光年間至清末在廣東具有領導地位的學術機構是學海堂，學術宗師則要數陳澧和朱次琦，要瞭解清末民初的廣東讀書人如何論述他們認同的廣東學術文化傳統，必須從學海堂說起。

## 學海堂之內

學海堂於嘉慶二十五年（1820）開始課業，道光四年（1824）落成，創辦人是當時的兩廣總督阮元。[20] 阮元在嘉慶二十二年（1817）任兩廣總督，在數名隨他南來的江南學者的協助下，於嘉慶二十三年（1818）會同李鴻賓奏請纂修廣東通志，由阮元任總裁；同時按照其在浙江辦詁經精舍的模式，在廣東延攬士子，着手創辦學海堂。學海堂成立之年代，正值廣州與西方世界貿易最

---

**19** 《廣東文物》，第 896 頁；參見拙文：〈 "嶺學" 正統性之分歧 —— 從孫璞論阮元說起〉，廣東炎黃文化研究會，廣州炎黃文化研究會編：《嶺嶠春秋 —— 廣府文化與阮元論文集》，廣州：中山大學出版社，2003 年，第 231–244 頁。

**20** 有關學海堂創建歷史及初期學術取向，參見容肇祖：〈學海堂考〉，《嶺南學報》，1934 年，第 3 卷，第 4 期；Benjamin Elman, "The Hsueh-Hai T'ang and the Rise of New Text Scholarship in Canton", *Ch'ing-shih wen-t'i*, 1979, Vol. 4, No. 2, pp. 51-82；李緒柏：《清代廣東樸學研究》，廣州：廣東省地圖出版社，2001 年。國外最近有關學海堂的研究，當以 Steven B. Miles（麥哲維）的專著最為詳盡深刻，見 Steven Bradley Miles, *The Sea of Learning: Mobility and Identity in Nineteenth-Century Guangzhou*, Cambridge [Mass.] and London: published by the Harvard University Asia Center, distributed by Harvard University Press, 2006。

為興盛之年代，從事對外貿易的行商家財豐厚，在衣食住行方面的奢侈和講究，教目睹的外國人咋舌。[21] 這樣的經濟基礎，對於推動文化事業，自然大有幫助。事實上，學海堂部分經費，就是來自從事鴉片貿易的行商伍崇曜（1810－1863）的。[22] 此外，學海堂的學人也和行商有着各種交往和關係。行商的花園，是當時許多本地文人遊樂之所；學海堂學長陳澧的元配，是著名行商潘有度（Puankhequa II）之女；[23] 筆者在下文亦將提到，伍崇曜出資印行的文集，大多是學海堂譚瑩編纂完成的。

作為清代樸學大師，阮元的到任，一洗入清以後廣東學術沉寂之風，摒棄明代以來主導廣東的心學傳統。以阮元的學術地位及其在官場上的影響，他當然有足夠的能力在短時間內把廣東帶入中國學術的主流。入讀學海堂者必須已取得貢生資格，入學海堂後或為專課生，或為附課生，皆主研經學，不以補習科舉考試為目的。據容肇祖考，道光五年（1825），阮元組織編修《皇清經解》，秉承《十三經注疏》的傳統，輯集乾嘉以來的漢學著作，

**21** 梁家彬：《廣東十三行考》，上海：商務印書館，1937 年；黃啟臣，鄧開頌：〈略論粵海關的若干特殊制度及其影響〉，載於明清廣東省社會經濟研究會編：《明清廣東社會經濟研究》，廣州：廣東人民出版社，1987 年，第 237－258 頁。

**22** Benjamin Elman, "The Hsueh-Hai T'ang and the Rise of New Text Scholarship in Canton"；Benjamin Elman, *From Philosophy to Philology: Intellectual and Social Aspects of Change in Late Imperial China*, Cambridge [Mass.]: Council on East Asian Studies, Harvard University, 1984, p. 244.

**23** 見汪宗衍：《陳東塾（澧）先生年譜》，第 16－17 頁，潘有度女於道光十三年（1833）來歸，陳澧時年廿四，翌年才肄業於學海堂。

切中當時各地士子需要。[24] 藉着《皇清經解》的編纂和出版，廣東的文化形象，也得到進一步的改善，至少在出版經籍方面便算走在全國的前頭。在阮元的帶動下，廣東陸續出現了其他以經學和考據為目的的書院。[25] 同治六年（1867）廣東鹽運使捐資開辦、陳澧主持的菊坡精舍便屬此類。[26]

　　儘管阮元以積極提倡漢學的面貌出現，但實際上學海堂的研究傾向並不是唯漢學是尊。艾爾曼（Benjamin Elman）指出，阮元本人也頗受幾個公羊學派的學者的影響，對宋學和今文學並非不屑一顧。他延攬總纂《廣東通志》的江蘇學人江藩（1761－1830），就是在其幕中於廣州先後纂畢並刊行《國朝漢學師承記》和《國朝宋學淵源記》的。[27] 道光四年（1824），方東樹館阮元署中，著成《漢學商兌》三卷，力陳崇漢貶宋之失，並上書阮元尋求支持。[28] 雖然阮元似乎並沒有就宋學的問題馬上回應江藩和方東樹 —— 他為《國朝漢學師承記》作序，而沒有為《國朝宋學淵源記》作序，對於方東樹的見解，也是晚年才致書稱其經術文章 —— 但至少在他的幕府中，同情宋學的學者還是可以發表他

24　王章濤：《阮元年譜》，第 773 頁。

25　Benjamin Elman, *From Philosophy to Philology: Intellectual and Social Aspects of Change in Late Imperial China*, p.128.

26　中國人民政治協商會議、廣東省廣州市委員會：《廣州文史資料專輯，廣州近百年教育史料》，第 8－9 頁。

27　見江藩著，鍾哲整理：《國朝漢學師承記，附國朝經師經義目錄，國朝宋學淵源記》，北京：中華書局，1983 年；王章濤：《阮元年譜》，第 724 頁。

28　王章濤：《阮元年譜》，第 766 頁。

們的見解，與之商榷的。此外，學海堂的幾位學長，像陳澧和林伯桐，也是以調和漢宋見稱的。[29]

學海堂學長在編撰地方文史，搜羅地方文獻方面，貢獻良多。吳蘭修（1789－1873）和梁廷枏（1796－1861）致力研究南漢和南越國的歷史、地理和金石，分別出版了《南漢記》、《南漢地理志》、《南漢金石志》和《南越叢錄》、《南越五主傳》、《南漢書》等著作。對於當時學海堂學者致力研究南漢歷史的現象，麥哲維（Steven Miles）指出，此舉除了表達了廣東學人對本地文化歷史的推崇之外，也顯示他們藉着這類課題的研究表現自己考據的功力。[30] 曾釗（1793－1854）重新刊刻漢、晉、宋代省內外學者有關南方的記載。[31] 譚瑩（1800－1871）在行商伍崇曜的資助下，編纂了《粵十三家集》、《楚庭耆舊遺詩》，以及經過三十多年才完成的《嶺南遺書》；[32] 又為另一行商潘仕成將其私藏的善本編輯

**29** Benjamin Elman, "The Hsueh-Hai T'ang and the Rise of New Text Scholarship in Canton"；Benjamin Elman, *From Philosophy to Philology: Intellectual and Social Aspects of Change in Late Imperial China*；《廣東文物》，第 808 頁；徐世昌：《清儒學案》，卷 132，頁 174－175；錢穆：《中國近三百年學術史》，上海：商務印書館，1937 年，第 506－632 頁。

**30** 見容肇祖：《學海堂考》，第 26－27、39 頁；Steven B. Miles, "Rewriting the Southern Han (917-971): The Production of Local Culture in Nineteenth-Century Guangzhou", *Harvard Journal of Asiatic Studies*, Vol. 62, No. 1, June 2002, pp. 39-75.

**31** 容肇祖：《學海堂考》，第 27－28 頁。

**32** 同上，第 34－35 頁；Arthur Hummel, *Eminent Chinese of the Ch'ing Period (1644-1912)*, Washington: United States Government Printing Office, 1944, Vol. 2, pp. 867-868.

成《海山仙館叢書》。[33] 這些出版物收集了自宋以來廣東文人的著作，豐富了廣東文化的積累。這類印刷數量有限，商業價值不高的地方文化出版事業，如果沒有商人的資助和高官的蔭庇，自然難成其事。[34]

事實上，學海堂學長的薪金微薄，也不得不靠承包這些“文化工程”幫補。據劉伯驥考，粵秀書院的山長在嘉慶十四年（1809）的年薪是五百兩，羊城書院的山長在嘉慶二十五年（1820）的時候的年薪加上其他補貼是四百兩，而越華書院的山長，在道光八年（1828）的年薪則是三百二十兩。然而，同期學海堂學長的年薪卻只有三十六兩。[35] 可以估計，這只能是一種象徵式的報酬，學海堂學長的主要收入來自幫助官府私人編修史志文集、監督水利工程、籌辦團練、組織管理義倉及其他社區福利事業，更少不了的便是作為官員的政治顧問。學海堂最著名的學長陳澧，除管過廣州的惠濟倉外，又一度被請協助政府辦理團練籌防，對於這樣的政治任務，他曾經有過這樣的感歎：

僕近日為大憲請出辦團練籌防，不得閉門著書，候開辦後乃

---

**33** Arthur Hummel, *Eminent Chinese of the Ch'ing Period (1644-1912)*, Vol. 2, pp. 605-606.

**34** Benjamin Elman, *From Philosophy to Philology: Intellectual and Social Aspects of Change in Late Imperial China*, pp. 111-112.

**35** 劉伯驥：《廣東書院制度》，第 296－301 頁；張仲禮推算 19 世紀以教學為業者每年平均收入約為三百五十兩，見 Chang Chung-li, *The Income of the Chinese Gentry*, Washington: University of Washington Press, 1962, pp. 7-42, 94, 111, 113-114。

或有暇耳。此事僕不能固辭，若固辭，則他人之辭者，外間將謂僕為之倡矣。制府謂老者不以筋力為禮，斷不以辛苦事相煩，此為幸甚。但事體關係重大，而籌款最難，蓋李學士可以辦此，且其辦石角、大路兩堤，實心實力，今年大水而堤安穩，今辦籌防，僕拱手相讓，當督撫司道畢集之際，皆以為然，此則所謂不以筋力為禮，然不能不費心也。總之虛名為累，身處省會，不能匿跡銷聲，未知將來能免於怨謗否也。**36**

誠如陳澧所言，"身處省會" 注定學海堂學長的角色不得不與政治沾邊。那麼，到底什麼人才有資格成為學海堂學長？道光六年（1826）阮元自己選任的第一批一共八個學長，至少在科舉方面便表現平平。在八名學長中，只有兩名舉人，其他都不過是初級的貢生。在繼任的學長中，大部分都是舉人，獲進士者寥寥無幾。相比之下，乾隆五十四年至光緒二十三年間（1789－1897），羊城、粵秀和越華三所書院的山長，不是進士就是翰林學士。**37** 科舉表現不佳不一定有礙於一個人的學術成就，但肯定是他仕途的

---

**36** 陳澧：《與廖澤群書五首》，載陳澧著，陳之邁編：《東塾續集》，台北：文海出版社 1972 年，第 210 頁。這應該是指同治二至五年間郭嵩燾出任廣東巡撫時命陳澧主辦省團局一事，陳澧後來似乎還是推辭了。據陳澧自己說，自是以後，每次見到郭嵩燾時，郭與他 "論經史不及時事"，見陳澧：〈送巡撫郭公入都序〉，載陳澧：《東塾集》，卷 3，頁 3。

**37** 劉伯驥：《廣東書院制度》，第 224－284 頁。

絆腳石，更何況清代官額一直僧多粥少。[38] 在學海堂首批學長中，駐防漢軍正黃旗人徐榮（1792－1855）在任學長之前擁有官職已屬最高。[39] 許多例子顯示，阮元及其繼任的兩廣總督在委任學海堂學長時，政治考慮往往比學術考慮更重要，從以下各種證據可見，學海堂學長在地方事務上的嫻熟，似乎是他們被挑選為學長的重要標準之一。

在道光年間的廣州，把官員、商人、學者都一併扯入政治角力的無疑是鴉片問題。道光元年（1821），阮元奏請道光皇帝，嚴禁鴉片貿易和吸食鴉片的活動，不過，這樣的政治表態的實際意義不大，同時期的鴉片貿易有增無減。有研究者根據英國 George Elliot 的報告對阮元和許乃濟大讚有加的說法，推測阮元在離開廣東後，曾參與支持弛禁的活動。[40] 到底阮元在鴉片問題上立場如何，我們一時無法求證，但長期從事鴉片貿易的廣東行商對兩廣總督沒有施加壓力，卻難以教人置信。阮元離任後，廣州士人和官員在鴉片問題上分歧也越覺明顯。朝廷中既有所謂“嚴禁”

---

**38** 見 Benjamin Elman, *From Philosophy to Philology: Intellectual and Social Aspects of Change in Late Imperial China*, pp. 130-131。

**39** Susan Mann and Philip Kuhn, "Dynastic decline and the roots of rebellion", in Denis Twitchett and John Fairbank (eds.), *The Cambridge History of China*, Vol. 10, Late Ch'ing, 1800-1911, Part I, Cambridge: Cambridge University Press, 1978, p. 159.

**40** Hsin-pao Chang, *Commissioner Lin and the Opium War*, Cambridge [Mass.]: Harvard University Press, 1964, p. 88; Leung Man-kam, "Juan Yuan (1764-1849) The Life, Works and Career of a Chinese Scholar-Bureaucrat" (unpublished PhD dissertation, University of Hawaii), 1977, pp. 234-236.

和 "弛禁" 兩派之分野,廣東的學海堂內也隱隱然存在着兩種意見。兩廣總督盧坤早在道光十四年(1834)就主張弛禁鴉片之說,學海堂惟兩廣總督馬首是瞻,部分學長傾向盧坤的主張不足為奇。事實上,太常侍少卿許乃濟(1777-1839)在道光十六年(1836)提倡鴉片合法化的奏摺,是以學海堂學長吳蘭修(1789-1873)撰寫的《弭害說》為藍本的,吳蘭修建議除官員、士子及兵士外,其餘民眾皆許其自由抽食鴉片。究竟吳的主張和學海堂得到伍崇曜的支持有多大關係,我們很難輕易下判斷。**41** 不過,當欽差大臣林則徐在道光十九年正月廿五日(1839 年 3 月 10)日抵達廣州時,首先下榻的是越華書院,而並沒有以學海堂為他的辦事基地,顯示了林則徐對部分學海堂學長與行商及官員的關係有所疑慮。在學海堂諸位學長中,林則徐率先接見的就只有張維屏(1780-1859)。林在張維屏及數名士紳的支持下,以大佛寺為基地,和曾任越華粵秀兩書院監院的梁廷枏(1796-1861)一同辦理查禁鴉片事宜。**42**

林則徐雖初來乍到,卻大抵明白學海堂內已存在着一種支持弛禁論的力量,他還延攬張維屏,是因為他早與張交往甚殷。

---

**41** 有關許乃濟與吳蘭修的關係,見梁廷枏:《夷氛紀聞》,上海:商務印書館,1937 年,第 5-7 頁。吳蘭修文章見光緒《廣州府志》,卷 163,頁 19-22,許乃濟奏摺見姚薇元:《鴉片戰爭事實考 —— 魏源道光洋艦征撫記》,北京:北京人民出版社,1984 年,第 20-21 頁。

**42** 有關林則徐與張維屏之關係及林甫抵廣州之活動,見楊國楨:《林則徐考》,福州:福建人民出版社,1989 年,第 143 頁;中山大學歷史系,中國近現代史教研組研究室:《林則徐集·日記》,北京:中華書局,1962 年,第 363 頁。

道光十年（1830）張林共晉詩酒，在道光十八年（1838）上奏主張嚴禁鴉片的鴻臚寺卿黃爵滋，當年也是席上客。林則徐以欽差大臣身份整治廣東，當然深諳爭取地方支持之道，到道光二十年（1840）初，當他連兩廣總督的位置也一併接任後，立刻委任梁廷枏和黃培芳（1778－1859）這兩個支持他嚴禁鴉片的學者為學海堂學長，張維屏也在此期間得到續任。黃培芳代表的"白雲山派"素與主張樸學者關係緊張，[43] 他對一些漢學家走向極端以致支離破碎的治學風格，感到很不以為然，曾發過這樣的議論：

夫宋學精於義理，漢學長於考據，輕重攸分，而不可偏廢。獨怪今之言漢學者，必極揚漢學而暗抑宋儒。偶得一為漢學者，雖支離破碎，滅裂不完，猶將袒之；於宋學則有意苛求，鄙夷掊擊，非特失輕重之倫，而又甚焉。推其意，懼漢學之不興，不得不陰為偏側之說，以潛驅天下之人由宋而返漢。……興漢學是也，薄宋儒則非矣。然而天下靡然從之，何也？義理之學，歸本身心，非沉潛體認，不能有得，少年才士，與之相背而馳，故恒苦其難。若考據之學，喜其便己，徒事摭扯，可不體於身心，而依附聲氣，又易以成名。……余非謂漢學可不興，而懼宋學寖微也，蓋先儒之學，以明道覺世為心，今人之學，以炫博喜新為

**43** James Polachek, *The Inner Opium War*, Cambridge [Mass.] and London: The Council on East Asian Studies, Harvard University, 1992, pp. 144-149.

務，學術之偏，非徒學術之病，即人心之病，而世道之憂也。**44**

又云：

注疏家訓詁詳明，最有根據，其中博引群籍，即零金碎玉，亦覺可愛，但看去不足啟人心性，窮經之本，固不在此，以資考證則可耳。**45**

對於漢學家輕視讀書明理通經致用的態度，黃培芳也不能苟同，他說：

考據家論事，每不顧人心天理之安，輒以有書為據，古經散亡，莫甚於禮，既遭秦火，多出漢儒傅會之言，若牽合疑經，罕所折衷，妄加武斷，未云善也。孟子時，書未亡，而孟子曰：吾於武成取二三策而已，斯真善於論古矣。蓋考據家長於訓詁，而不必長於理解。**46**

以上引用的三段話，第一段出自《漢學宋學論》，撰寫年份不詳；第二三段的刊行年份分別是嘉慶十八年（1813）及嘉慶

---

**44** 黃培芳：〈漢學宋學論〉，吳道鎔編，張學華補訂：《廣東文徵》，香港：珠海書院出版委員會，1977年，第3冊，卷30。

**45** 黃培芳：《雲泉隨札》，出版地不詳，序於嘉慶十八年（1813），卷1，頁10。

**46** 黃培芳：《虎坊雜識》，卷丁，頁1-2，出版年地不詳，約1818年後。

二十三年（1818）之後，即在阮元建學海堂之前，此時，漢學仍未是廣東的學術主流。另一方面，黃培芳本人亦少有在廣州活動，倒曾兩度上京謀職，1830 年選授韶州府乳源縣教諭，後再調瓊州府陵水縣教諭，至道光十五年（1835）才較多時間留在廣州，此時他已年近六十，仍未見得到學海堂的青睞。[47] 至道光十八年（1838）七月，支持桐城派的鄧廷楨任兩廣總督期間，黃培芳才獲任為學海堂學長。可以說，其在廣東的學術地位至此才得到粵省最高官員的認可。黃培芳前期對漢學宋學的看法，阮元和學海堂中人有什麼評價，我們不得而知。但值得我們注意的是，黃培芳先是被鄧廷楨選任為學長，再在林則徐任兩廣總督期間獲得續任，這正是鴉片戰爭前夕，學海堂學長“大換班”的時候，學海堂作為兩廣總督的智囊團，其學長的選定不能不混雜一定政治考慮。黃培芳批判漢學的立場，理論上與阮元主力提倡的學海堂的學術風格相左，但到了林則徐來粵的時候，不但不再是他成為學海堂學長的阻力，反而是可用之資。[48] 林則徐通過選任學海堂學長顯示的這種“學術取向”，與阮元立學海堂的原意大相徑庭，不過，如果我們考慮到上文提到的阮元並非唯漢學是尊，則此時所謂漢宋之爭，置於具體的情景之中，或可視為政治立場和派系之間的衝突的一種表達。

---

**47**《學海堂志》，香港：亞東學社，1964 年重印，頁 22；又參考黃培芳撰，管林標點：《黃培芳詩話三種》，廣州：廣東高等教育出版社，1995 年，〈前言〉，第 5－6 頁。

**48** 有關當時廣州學人與漢學抗衡的源流和情況，以及與林則徐之關係，頗為複雜，在 James Polachek, *The Inner Opium War*, pp. 144-149 中，有詳細的分析。

事實上，學海堂學長和地方政治的關係從未間斷過。19 世紀中期，廣東為應付紅巾軍及第一次鴉片戰爭以後英人進城問題，各縣城及省城紛紛組織團練，同期間委任的學海堂學長的陳璞（1820－1887）和李光廷（1812－1880）就是出資辦團練的地方領袖；[49] 張之洞在任兩廣總督期間（1884－1889），學海堂的學長又積極幫助籌辦廣雅書院，學長廖廷相（1844－1898），後來更成為廣雅書院的院長。廖廷相是陳澧的學生，曾任惠濟義倉總理、南海保安局總理，又任水陸師學堂總辦。[50] 遲至學海堂於光緒二十九年（1903）停辦之前，其末代學長包括丁仁長、吳道鎔等，仍積極參與地方議會選舉事務。[51]

由此可見，學海堂實際上是晚清廣東的政治中心。誰被委任為學海堂學長，其學術取向和成就固然是重要條件，但其政治立場和在地方上有可能得到的支持，也不容忽視。全國所認同的學術標準固然是決定誰足以為廣東文化的發言人的基礎，但廣東的內部政治，對於如何定義當代和以後的廣東文化，也起着關鍵的作用。

---

[49] 宣統《番禺縣志》，卷 20，頁 16－20；容肇祖：《學海堂考》，第 47－48 頁。

[50] 宣統《南海縣志》，卷 19，頁 13－15。

[51] 容肇祖：《學海堂考》，第 52－60 頁。有關廣東士紳參與晚清改革的情況，參見 Edward Rhoads, *China's Republican Revolution: The Case of Kwangtung, 1895-1913*。

## 學海堂之外

一般論述清末廣東文化，談罷學海堂經學之盛，必然會筆鋒一轉，改論廣東如何開風氣之先，把西學帶入中國。不過，這樣的論述只是從現代人的眼光去看，不免漠視了時人的看法。不錯，廣州自古以來，為南海交通一大樞紐，海外貿易更越趨繁盛，18、19 世紀，廣州更成為國際的貿易中心之一，從我們的角度看，在長期的對外交流歷史中，這個地區的確吸收了不少外來文化；但從清代的讀書人的角度看，究竟這千姿百態而又支離破碎的西洋知識，能不能算是"文化"，則大有商榷餘地。[52]

對西方世界，學海堂好幾位學長大抵都有着相當的興趣。梁廷枏在第一次鴉片戰爭後編撰《海國四說》，介紹美國、英國和另外幾個歐洲國家的地理、歷史和宗教。[53] 陳澧多次對魏源的《海國圖志》提出意見，很大程度上是從國防的角度出發的。[54] 與陳澧

---

**52** 有關 18−19 世紀廣州為外國商人提供服務的通事和僕人等名不見經傳的人物對西方知識的認識，可參見拙文〈"Whang Tong"的故事 —— 在域外撿拾普通人的歷史〉，《史林》，2003 年，第 2 期，第 106−116 頁；〈18、19 世紀廣州洋人家庭的中國傭人〉（與劉志偉合著），《史林》，2004 年，第 4 期，第 1−11 頁。

**53** 梁廷枏《海國四說》一書，合《耶穌教難入中國說》、《合省國說》、《蘭侖偶說》、《粵道貢國說》四種，殺青於道光二十六年（1846），此書與《夷氛聞紀》皆後世流傳甚稀，目前國內僅在廣州存有三部，見駱驛：《前言》，載梁廷枏：《海國四說》，北京中華書局 1993 年版。廣東省立中山圖書館藏梁廷枏《海國四說》乃序於道光二十六年，出版地不詳。又參見熊月之：《西學東漸與晚清社會》，上海：上海人民出版社1994 年版，第 226−239 頁。

**54** 汪宗衍：《陳東塾（澧）先生年譜》，第 43−44 頁。

齊名的朱次琦，對當時的政治及社會危機的確是憂心忡忡，但同時又質疑清廷派郭嵩燾出使英國，"何辱國至此"。[55] 與此同時，西方的技術對於他們來說，也不一定就是奇技淫巧，要不然，陳澧也不會在同治五年（1866）來一張用"泰西攝影術"拍的照片；另一學長鄒伯奇（1819－1869），更自製了一個針孔照相機。不過，鄒伯奇這位被後來的廣東學者譽為"中國最早發明攝影機的科學家"[56]，在當時的際遇似乎並不順利。在郭嵩燾任廣東巡撫期間，鄒伯奇被延請開局繪廣東地圖，本來十分積極購買"番字沿海之圖"、"番字行海洋曆"和其他所需繪圖器具，但他這些努力，既沒有受到重視，繪製地圖也最後因為"工料無資"而無法成事。鄒伯奇在廣東無用武之地，曾致信與在上海鐵廠（即江南製造局）任職的南海人馮焌光（1830－1878），希望能在他那裏謀一安身之席，以暢抒所蘊。[57] 鄒伯奇主要的數學和光學著作，是在他去世後才結集出版的。不過，遲至同治年間的廣東學人對西方數學和科學的認知，還擺脫不了"西學源於中學"論的模式。鄒伯奇在其《論西法皆古所有》一文中，認為西方數學、天文學、重學和視學（即力學和光學），以及製器（技術）等學問，在中

55 朱次琦：〈論派員往英事〉，載簡朝亮編：《朱九江先生集》，卷6，頁6。

56 見鄒伯奇：〈攝影之器記〉，載《鄒徵君存稿》，出版地不詳，序於同治十二年（1873），頁18－19。鄒在文中提到"余嘗製為攝影之器，以木為方箱。"又參見冼玉清：〈中國最早發明攝影機的科學家〉，收入其《廣東文獻叢談》，香港：中華書局1965年版，第43－45頁。

57 鄒伯奇：〈與馮竹儒帖〉，載《鄒徵君存稿》，頁26。有關馮焌光在江南製造局的情況，可參閱《格致彙編》，第五年春（光緒十六年，1890），頁1－2。

國古籍早就有所論及，他甚至提出"故謂西學源出墨子可也"的見解。[58] 陳澧為鄒伯奇的著作撰寫序言，也認為"西洋製器之法實古算家所有"。[59]

對於"夷患"，學海堂的學者不但耳聞目睹，更有切膚之痛。就三元里村民抗擊英軍一事來說，張維屏明白群情洶湧是因為他們的生命財產受到威脅："家室田廬須保衛，不待鼓聲群作氣"。[60] 第一次鴉片戰爭時，梁廷枏親自部署應付英兵的策略，並記載詳情，寫就了《夷氛聞紀》。第二次鴉片戰爭的時候，學海堂地處觀音山，遭英兵炮擊，廣州城更被英法聯軍統治幾近三年，學海堂被迫停課，學長也不得不往郊外逃難。陳澧便遷到城郊友人處暫居，並賦詩抒發其抑憤。[61] 不過，即使學海堂中人有這樣的經驗，但他們對於西學的興趣和體會，仍不外乎停留在"用"的層次上。

我們也可以從更實際的角度，看看接受西學訓練的人在咸同年間的自我形象和得到的待遇。容閎（1828－1912）作為首個留美的中國學生，在咸豐四年（1854）取得耶魯大學的學位回家，被母親問及耶魯大學的學士學位有何用的時候，他的回答是跟在

---

**58**〈鄒伯奇論西法皆古所有〉，載吳道鎔編：《廣東文徵》，卷 34。

**59** 陳澧：〈格術補序〉，收入《鄒徵君遺書》，粵東省城西湖街富文齋刊印，同治十二年。

**60** 張維屏：〈三元里〉，廣東省文史研究館編：《三元里人民抗英鬥爭史料》，北京：中華書局，1979 年，第 291 頁。

**61** 汪宗衍：《陳東塾（澧）先生年譜》，第 66 頁。

中國中了秀才差不多。[62] 事實上，這個洋學位給容閎帶來的，開始不過是在香港和上海充當傳譯。過了九年，他才被曾國藩延攬入幕府，其極力主張由政府選派幼童赴美留學，也要到同治十一年（1872）才得到實現。[63] 此外，清廷分別在同治三年（1864）及光緒二年（1876）於廣州開設的同文館和西學館，也是有名無實。據當時有關官員給朝廷的報告，兩館學生入學只為求賺點膏火，借個地方習寫八股文章，準備應試科舉。[64]

在廢除科舉之前，對於絕大部分學子來說，西學只不過是退而求其次的選擇。如果借用張之洞的"體"、"用"二分論，我們或許可以說，在晚清的官僚和學者眼中，西學只不過是"用"，而中學始終是"體"。列文森（Joseph Levenson）指出，在張之洞的二分法裏，"體"實際上包含了"用"——學子參加科舉考試，進入官僚體制，是"用"；而充實這個考試機制的，是經學，是"體"。[65] 桑兵也認為，1840 至 1860 年代期間，士子罕有對西學感興趣，直到 1880 年代，北京和其他地方才越來越多讀書人對西學表示興趣。[66] 同樣地，在廣東，直到 1880 年代左右，學海堂和其

**62** Yung Wing, *My Life in China and America*, New York: Henry Holt and Company, 1909, pp. 49-50, 63.

**63** 吳湘湘編：《民國百人傳》，台北：傳記文學出版社，1971 年，第 1 冊，第 317－333 頁。

**64** 朱有瓛：《中國近代學制史料》，上海：華東師範大學出版社，1983 年，第 1 冊，第 268－269、475 頁。

**65** Joseph Levenson, *Confucian China and its Modern Fate, Vol. One: The Problem of Intellectual Continuity*, pp. 59-78; *Vol. Two: The Problem of Monarchical Decay*, pp. 8, 114-115.

**66** 桑兵：《晚清學堂學生與社會變遷》，台北：稻禾出版社，1991 年，第 25－40 頁。

他書院仍然代表這中學的"體"和"用"，象徵着一省的文化成就，是個人躋身到社會上層的階梯，在越趨急速的政治社會變動中，穩守着正統意識形態的代言人的地位。對於學者來說，他們所效忠的，仍然是政府和國家合二為一的朝廷；他們認為能夠解決國家問題的出路，是以聖人之道恢復過去的社會和政治秩序。

然而，至 1880 年代以後，官員和士子對西學的態度漸趨正面。光緒十三年（1887），總理衙門宣佈把多門西學學科包括算術、格致、工程、世界歷史和時務，納入科舉考試範圍。[67] 在光緒二十四年（1898）出版的一期《格致新報》中，有讀者寫信詢問"本屆特旨設立經濟特科，士子有志觀光者甚多，但僻省腹地，苦無師資，第讀近譯諸書，又未知能否足用，請貴館明以教我。"[68] 可見，士子們為了適應科舉考試新增的科目，對西學知識都十分渴求。至 19 世紀末，接受西方教育的伍廷芳（1842－1922）、詹天佑（1861－1919）及唐紹儀（1862－1938），都比二三十年前剛畢業的容閎仕途暢順。伍廷芳在英國的法律學院畢業後，光緒二年（1876）到香港任職律師，光緒八年（1882）被李鴻章延為幕僚，光緒二十三年（1897）起，被清政府先後委派到美國、西班牙和秘魯擔任公使，到後來更負責制定清末的商法和刑法。詹天佑是清政府派往美國就讀的首批學童之一，光緒七年（1881）回

67 參見高時良編：《中國近代教育史資料彙編：洋務運動時期教育》，上海：上海教育出版社，1992 年，第 645－647 頁。

68 《格致新報》，光緒廿四年二月廿一日（1898 年 3 月 13 日），第一冊，《答問》，頁 16。

國後在陸軍學堂任職，參與數項興建鐵路的工程，光緒三十一年（1905），他被委任為京張鐵路的總工程師，宣統元年（1909），獲清政府特授工科進士。[69] 唐紹儀也是首批留美學童，同治十二年（1873）赴美，光緒七年（1881）回國，旋即被委派為朝鮮幫辦稅務，光緒三十三年（1907）更被升調為郵傳部左侍郎。[70] 自光緒二十六年（1900）始，清廷立意改革，這類留學歸來的學生都被委以重任。[71] 此外，1880 年代以後的西學館也只錄取有志向學者，力圖一洗頹風。與此同時，廣東士紳對興辦西式教育也甚表支持，當美國長老教會在 1880 年代中考慮在華南設立高等學府時，超過四百名廣東士紳聯名促請長老教會務必將學院建在廣州，不過，他們亦強調，這所學院不應成為傳統書院的競爭對手，也不應該是將來改革中國教育所興辦的學校的仿效對象。[72] 這所學院就是後來嶺南大學的前身 —— 格致書院。[73]

　　儘管西學越來越為中國的官員和讀書人所接受，但這並不代表他們就此便放棄中學。對於許多自小便接受傳統教育，但又

69 參見凌鴻勳、高宗魯：《詹天佑與中國鐵路》，台北：中央研究院近代史研究所，1977 年。

70 唐紹儀生平參見珠海市政協、暨南大學歷史系：《唐紹儀研究論文集》，1989 年。

71 Linda Pomerantz-Zhang, *Wu Tingfang (1842-1922): Reform and Modernization in Modern Chinese History*, Hong Kong: Hong Kong University Press, 1992; 丁賢俊、喻作風：《伍廷芳集》，北京：中華書局，1993 年。

72 Jessie Gregory Lutz, *China and the Christian College 1850-1950*, Ithaca and London: Cornell University Press, 1971, pp. 34-35；高冠天：〈嶺南大學接回國人自辦之經過〉，李瑞明編：《嶺南大學》，嶺南（大學）籌募發展委員會，1997 年，第 168－171 頁。

73 見《嶺南學校大觀》，1917 年，卷 14，頁 2。

願意積極吸收西學的中國讀書人來說，把中學和西學加以整合調和，似乎是最好的出路。康有為就是在這樣的情景中，加入晚清經學的討論，成為舊學者的敵人，年輕學生的偶像，並以此躋身晚清廣東學人之前列。[74] 以今文學家自居的康有為，認為只有重新認識聖人之言，才能夠對症下藥，救民救國。其《新學偽經考》於光緒十七年（1891）在廣州出版後，引起過一番討論，在前一年（1890）上任為廣雅書院院長的浙江學者朱一新（1846－1894），便曾致函康有為，質疑他的觀點。[75] 光緒二十八年（1902），康有為又出版《中庸注》，借用了儒家公羊學的"三世"理論，即"治亂世"、"昇平世"和"大同世"，主張中國的政體應該從專制君主制演化為君主立憲，最後達致共和。[76]

康有為在清末廣東"正統"的學術界中，顯然是一個不受歡迎的人物，尤其是戊戌政變失敗之後，更是清廷緝拿的罪犯，未幾又因其保皇而成為革命分子諷刺的對象。不過，康有為並不能

---

**74** 吳道鎔：《廣東文徵作者考》，第 274－275 頁；梁啟超：《清代學術概論》，1920 年，《飲冰室合集・專集》之三十四，第 56－62 頁；錢穆：《中國近三百年學術史》，第 633－709 頁。

**75** Luke Kwong, *A Mosaic of the Hundred Days: personalities, politics and ideas of 1898*, Cambridge [Mass.]: Council on East Asian Studies, Harvard University Press, 1984, pp. 88-89；康有為：《新學偽經考》，姜義華，吳根梁編：《康有為全集》，上海：上海古籍出版社，1987 年，第 570－1017，1018－1059 頁。

**76** 見康有為：《中庸注》，台北：台灣商務印書館，1966 年，第 39－40 頁；Chang Hao, *Liang Ch'i-ch'ao and Intellectual Transition in China 1890-1907*, Cambridge, [Mass.], Harvard University Press, 1971；丁寶蘭編：《嶺南歷代思想家評傳》，廣州：廣東人民出版社，1985 年，第 336－349 頁。

説是一個反建制者，儘管他和廣東主流的讀書人過不去，但在追溯自己的師承傳統時，他總不會漏掉自己曾經是朱次琦的學生的身份，在自編年譜中說自己光緒二至四年間（1876－1878），"在九江禮山草堂從九江先生學"，"捧手受教"。[77] 甚至對於學海堂所代表的正統，康有為也不是不想沾邊，在其自編年譜中，便提到張之洞曾邀請他主學海堂。事實是否如此，我們無從考證，但字裏行間我們卻可感覺到康有為"與有榮焉"的自得之情。[78]

　　1880 年代之後，學海堂雖然仍然享有相當的政治地位，但其學術文化地位卻漸見褪色。光緒七年（1881）陳澧去世之後，在廣東文化史的論述上，學海堂的學長和弟子便沒有一個享有陳澧的聲譽。這固然可能是後來者的學術成就不如陳澧，但可能更重要的，是官方色彩甚濃的學海堂，隨着清政府的倒台，一夜之間成為抱頑固守的象徵。相反，同治年間與陳澧齊名的朱次琦，卻因其不肯就學海堂學長的事蹟，被日後那些對學海堂提倡漢學不以為然的廣東學人特別是反滿人士認為是清末廣東學術的一股清流。與學海堂沾不上邊的康有為，追認朱次琦為他自己的學術宗師，而在梁啟超以及後來許多中國近代史家的筆下，康有為的形象儼然是中國政治和文化改革的先鋒。這是由於自晚清到民國，以西方知識為基礎的教育傳統和制度，取代了中國原有的一套機

---

[77] 康有為：《康南海自編年譜》（約光緒廿四年，1898），台北：文海出版社，1972 年，第 7－10 頁。

[78] 康有為：《康南海自編年譜》，第 16、22－38 頁。

制，也主導了新一代的中國精英的思想和自我形象，在他們筆下，康有為尚算是清末廣東的改革先鋒。不過，我們不可不注意的是，在大部分中國讀書人尚未接受或認同西學的時代，康有為始終是在經學的基礎上提出他的改革主張的。儘管這些主張被當時的主流學者和官僚認為是異端，他的自我形象與其說是"改革維新"的先鋒，不如說更大程度上是"託古改制"的儒者。

　　康有為及其所象徵的意識形態雖然在中國近代史的論述上佔有不可動搖的地位，但真正挑戰廣東的學術主流代表學海堂的，並不是康有為，而是王朝官僚體制和經學關係的徹底瓦解。造成這種變化的壓力既來自於西學的衝擊，也來自於伴隨着西學而來的另一股力量 —— 中國的民族主義。[79] 一種新的國家意識和政體的崛起，徹底地改變了中國學術、教育和文化的面貌，自然也牽動了地方的文化定位和認同。光緒二十四年（1898）京師大學堂的開辦，意味着傳統學科已不再壟斷科舉考試的課程，再不是士子謀取一官半職的必修內容。在這種情勢下，學海堂在 1903 年被逼停辦，其後廣東遺老雖多次力圖恢復，但經學既已"體""用"全失，學海堂不過只剩下一塊招牌，已無任何實質意義。步入 20 世紀，廣東士子所關心的，報章輿論熱切討論的，是廣東必須儘快建立一所大學堂，否則勢必再度淪為文化落後之地。

　　與此同時，在反滿人士的筆下，傳統經學脈絡中的漢宋之

---

79 Joseph Levenson, *Confucian China and its Modern Fate, Vol. One: The Problem of Intellectual Continuity* 一書細緻地討論了 20 世紀中國民族主義的文化意涵。

爭再度被兩極化。國學保存會成員黃節草就了《粵東學術源流史》一文，綜述漢代以來嶺南的經學發展，該文在光緒三十四年（1908）以《嶺學源流》為題，刊登在《國粹學報》中。該文手稿（即《粵東學術源流史》）與《國粹學報》所刊者（即《嶺學源流》）在內容上略有出入，但作者對阮元的學術影響所作的嚴厲批評則沒有因為在《國粹學報》公開出版而有所迴避，以下引自黃節手稿，並在方括號內標注出《國粹學報》刊出時的差異：

　　嘉道之際，儀徵阮元芸台督粵，創學海堂，導學〔《國粹學報》插一“者”字〕以漢學，一時侯康、林伯桐、陳澧，皆以著書考據顯，嶺外遂無有言三家之學者。南海朱九江先生，於舉國爭言著書之日，乃獨棄官講學，舉修身讀書之要，以告學者。其言修身之要，曰敦行孝弟、崇尚名節、變化氣質、檢攝威儀；其言讀書之要，曰經學、史學、掌故之學、性理之學、詞章之學。其為學不分漢宋，而於白沙陽明之教，皆〔《國粹學報》插一“有”字〕所不取，斯則國朝嶺學之崛起者也。

　　故由今論之，陳、王、湛三家之學，盡於阮元。惟其著書考據之風盛，則講學之事亦微；講學之事微，而名節道德遂不可復問。九江而後，嶺南講學之風浸衰。近十年來，西方學說輸入我國，吾粵被之獨早，學者怵於萬有新奇之論，既結舌而不敢言，其言者不出於錮蔽，即出於附會。錮蔽固非，附會尤失。嗜新之士，復大倡功利之說，以為用即在是，循是而叫囂不已。吾恐不惟名節道德掃地而盡，即寸札短文，求之弱冠後生，將亦有不能辦者。嗚呼！國學之亡，可立而待，寧獨嶺學〔"學"字在《國粹學報》作"南"字〕一隅，而為是哀也。*往侍簡岸末席，私淑九江之遺風，竊念嶺學已蕪，以為非遠追甘泉講學之風，近法九江隱居之教，則一國之俗，必無由而挽，即一邦之文獻，亦必無由能存。*〔最後數行作斜體者，《國粹學報》版缺。〕**80**

在以上的論述中，黃節淡化了嘉道之際漢宋調和的事實，突出了漢宋相爭的觀點。黃節以簡朝亮弟子亦即朱次琦的再傳弟子自居，正如筆者在本章一開始已經提到的，在黃主理的《國粹學報》中，曾刊登過朱次琦一些文章、肖像和書法，以及簡朝亮編的《朱九江先生集》和《朱九江年譜》的廣告。這一方面擴大了文章傳世不多的朱次琦的影響，另一方面，也顯示了國學保存會的人士，借用朱次琦崇尚名節的形象，反襯阮元提倡考據之風對嶺學甚至國學造成的破壞。**81** 另一位國學保存會成員鄧實，在其刊登於《國粹學報》的《國學今論》一文中，甚至認為陳澧之調和漢宋，是"摭合細微，比類附會，其學無足觀"。**82** 黃鄧二人的論述，實際上體現的是國粹派翹楚劉師培提出的"學術之界可以

---

80 黃節：《粵東學術源流史》，手稿，廣東省立中山圖書館藏。此文在《國粹學報》第 4 年第 3 號"社說"中發表（1908 年），題為〈嶺學源流〉。

81 儘管黃節對阮元批評甚烈，但《國粹學報》也經常不加評論地刊載阮元的文章，例如《國粹學報》第 1 年（1905 年）第 3 號和第 6 號便曾分別刊登〈阮芸台傳經圖記〉和〈阮芸台京師慈仁寺西新立顧亭林先生祠堂記〉二文。

82 鄧實：〈國學今論〉，載《國粹學報》，第 1 年，第 5 號，"社說"，頁 2，1905 年。

泯，種族之界不可忘"的反滿立場。[83] 自清末以來，在反滿和革命的語境中，阮元及其創辦的學海堂在廣東文化史上的地位，就屢屢被公開質疑了。何謂"嶺學源流"，誰是廣東學術正統的代表，也變得大有商榷餘地。

## 學海堂之後

學海堂停辦不到十年，辛亥革命便爆發了。原來掌握廣東政治社會權力的學海堂學長，在革命的洪流下，權勢頓失，一時變得相當失落，甚至隨時有性命之虞。他們不少逃難到香港，以"晚清遺老"自居，繼續在文化意義上營造和想像他們熟悉的一套國家秩序。對於這群人，葉恭綽曾經有這樣的評論：

> 我國辛亥革命，非征誅而類揖讓，以是人多忘其為革命。一般知識分子，號稱開明人士者，亦視若無睹，有時且發露其時移世易之感，則以民國初期，雖號共和，而大眾多不識共和為何物，未嘗視民主為二千餘年之創制，乃歷史上之一大轉變，只視為朝代轉移，如三馬同槽及劉宋趙宋之禪代而已。因之，一切文化文學等等，皆未嘗含有革命前進之精神，而轉趨於悲觀懷舊之

---

**83** 劉光漢（即劉師培）：〈孫蘭傳〉，《國粹學報》，第 1 年，第 9 號，"史篇"，頁 8，1905 年；並參見鄭師渠《晚清國粹派：文化思想研究》（北京：北京師範大學出版社，1997 年，第 363 頁）相關的討論。

途，此實當時革命文藝者之責任也。四十年來，余對此點至為注意，而朋輩中注意及此者不多，且往往有意無意間做出不少遺老遺少口吻的東西，這可能是舊習慣作祟，但頭腦不清、思想未搞通的原因是主要的，而統治階級根本不注意這些，更是最主要的。我記得選清詞的時候，不少大詞家作品，滿紙都是這些東西，其實說不上其人是主張復辟或有反革命行動的，但字句間卻流露出此種意識，這完全是沒有中心思想之故，四十年來，似亦無人對此加以糾正，其關係殊非淺鮮。論理，辛亥革命既不是如以前歷史上之換朝代，則並無忠君守節之可言，而乃著之篇章，矜其獨行，本屬矛盾，此尚為較小關係，其大關係則混淆革命與反革命之分別，浸至釀成復辟裂土之行為，皆此種思想有以導之也。昔者，粵中不少人作品慨想前朝，陳顯園斥之曰："憑弔驅除幾劫灰，有何禾黍足低回？"其言固甚正大。友人某君本隸南社（鼓吹革命），乃其詩詞對北京往事不勝追慕，經余揭穿後，亦啞然自失。昔人曾云："修辭立其誠。"此類作品，與"誠"字實不無遺義，更望有主持風會者，慎思之也。[84]

"晚清遺老"是辛亥革命的產物，他們不肯改易朝服，不事新朝。站在革命者的立場看來，遺老死守滿清舊室，無疑屬落後迂

---

[84] 葉恭綽：〈論四十年來文藝思想之矛盾〉，載《遐庵談藝錄》，香港：太平書局，1961年，第 112 頁。引文中提及的陳顯園即陳融（1876－1955），番禺人，收藏清代詩文集二千餘種，曾留學日本，加入同盟會，參加黃花崗之役，民國歷任司法警官部門要職，1931 年任廣州國民政府秘書長；1949 年還居香港。

腐、背叛漢種之輩；站在遺老的立場看，他們的做法只不過是不事二主，忠心耿烈。有趣的是，辛亥革命以"反清復明"為口號，奉明室為正統，革命人士或同情革命者極力追尋明遺民足跡，以表現自己抗清之志；晚清遺老亦以明遺民自況，儘管他們在現實上支持的是清朝政權。革命之後，部分遺老一方面參與復辟，期望擁立清帝，光復舊物，惟屢起屢敗；另一方面，又透過進行各種文化教學活動，繼續編織他們的遜清殘夢。然而，當時中國一片更新冒進的氣象，主要城市的文教活動，不少已為新派人士把持，廣東遺老因地利之便，得以避居香港。在英人的統治下，香港不論是社會或文教政策，皆比中國保守，這片殖民地反成遺老的樂土。從辛亥革命至抗戰以前，避難到香港的廣東遺老在此地編撰遺民史籍、遍尋香港歷史遺跡、主持大學中文教學，多少為當時甚至日後香港的中國文化立下了基調。

辛亥革命後，廣東晚清遺老中，以溫肅最為積極參與復辟活動。溫肅 (1878－1939)，順德龍山鄉人，光緒二十九年（1903）進士，翰林院庶吉士，後散館授編修，國史館協修等。清末屢上疏呼籲消滅革命活動。民國成立後，遊說各地效忠清室，1912－1917 年間，秘密往來南北各省，先後遊說張勳、馮國璋、龍濟光、陸榮廷等人復辟。1917 年張勳復辟，授溫肅為都察院副都御史，其時，溫北上途中獲悉復辟已失敗，乃歸故里隱居，築新屋取名"杜鵑庵"，以示不忘故主。此後數年纂《廣東通志》和《龍山鄉志》的《人物傳》，輯《陳獨漉年譜》和《陳獨漉詩文集》。陳獨漉即陳恭尹（1631－1700），順德龍山鄉人，其父邦彥於清順治四年（1647）起兵抗清，失敗犧牲。恭尹翌年被南明桂王授為錦衣衛指揮僉事，暗中從事反清活動，至復明無望，避跡隱居，自稱"羅浮布衣"，以遺民身份終老。溫肅為陳恭尹輯年譜，編文集，既發揚本鄉之文化，又寄託了自己的遺民情懷。

1923年後，溫肅追隨溥儀，與王國維等人被任命為南書房行走，留在溥儀身邊達四年之久，一度協同王國維清點故宮的書籍彝器。未幾，與鄭孝胥等同為溥儀進講，專授《貞觀政要》。後因經費支絀，溥儀裁撤"行在辦事處"，遣散侍從人員，溫肅仍不忍離去，就近在張家教張勳的兩個兒子讀古書，以便時時"一謁聖顏"。1929年，溫肅受聘香港大學，教授哲學、文詞兩科，歷二年。偽滿成立後，溫肅到長春叩見，溥儀打算封他為"文教部次長"，據稱因為該部"總長"鄭孝胥素與他相左，於是"懇辭告歸"。第二年溥儀又欲封他為熱河地方省長，但他不久患痹症，到大連治療數月未見好轉，只好告假南歸。還鄉後每年溥儀生日，會同遠近幾個遺老焚香設案，北向遙祝，溥儀也幾次匯款給他賀壽。[85]

於溫肅來說，新思潮新名詞並不能改變他傳統的朝廷與天下的觀念，如果他不經意地用上近代"國"的概念的話，這個"國"對於他來說，不過是清皇室的天下。他在參奏朱家寶的《參撫臣誤民誤國摺》中曾經說過：

---

[85] 張解民：〈宣統遺老溫肅生平述略〉，載《順德文史》，第5期，1985年1月，第33－36頁。

臣慮夫俄日兩國如以彼國紙幣，收盡我國紙幣，一旦出問，我國兌幣，則立窮應付，不遺一鏃，不亡一矢，而東三省必非我有，即此一端，已足以亡國而有餘，該撫坐擁厚貲，即罷官以去，亦不失為富家翁，其子弟且裘馬翩翩，花天酒地，往來貴遊之門，自鳴得意，臣獨惜我祖宗數百年發祥之地，竟敗壞於此等貪人之手，可為痛哭，此誤國之罪也。**86**

在當時溫肅的思維裏，東三省的重要性不在於它是"國土"，而在於它是"我祖宗數百年發祥之地"。祖宗成法，對他來說，是不可動搖的，這是他反對新政的原因。對於覺得需要重新定義"國家"的讀書人來說，民族主義是新國家觀念不可或缺的元素，對於溫肅而言，民族主義甚至任何的"主義"，卻都是破壞三綱五常的邪說：

國所與立，在人才、忠君、尊孔、尚公、尚武，實此吾國育才之旨也。乃自社會學發明，而尊王崇聖之義，久不存於少年胸中。……議者又曰：收回領事裁判權，必自實行新律始，夫外人藐我之積弱，而姑以是難我，情誠可憤矣，然因此而舉祖宗成法，民情風俗，一變其舊，而唯人之是從，已嫌其削趾就履，又

---

**86** 溫肅：〈參撫臣誤民誤國摺〉（宣統二年），載《溫文節公集·檗庵盦奏稿》，頁8。朱家寶（1864-1928），光緒十八年進士，歷任保定知府、江蘇按察使，代理吉林巡撫、安徽巡撫等官，曾參與立憲運動。

因此而牽涉家族主義、民族主義，以暗其破三綱五常之邪說。天下有此修律大臣，有此法學名家，不亦喪心病狂乎？此臣所謂必不可行者，又其一也。[87]

　　溫肅和其他廣東遺老，一直對溥儀行君臣之禮。1920 年，溫肅、丁仁長、吳道鎔、賴際熙、梁慶桂、陳伯陶、張學華、張其淦、陳步墀等遜清廣東士紳，分獲得溥儀賜賞御書福壽字一方。[88]不過，許多廣東遺老並不如溫肅般積極參與復辟行動，他們對故國的緬懷，更多是表現在他們的文化活動上。廣東晚清遺老的其中一個文化寄託，是以編纂方式來保存與傳揚他們熟悉的和熱衷傳承的廣東文化。上文提到的曾任學海堂學長的吳道鎔編的《廣東文徵》和《廣東文徵作者考》，便是其中一個例子。吳道鎔（1853－1935），番禺人，光緒六年（1880）進士，後散館授編修，主惠州豐湖、潮州韓山、三水肆江、廣州應元等書院，在出任學海堂學長之外，又曾任廣東高等學堂（前身為廣雅書院）監督、學部咨議官、廣東學務公所議長等職。辛亥革命後謝絕一度重開的學海堂的禮聘，閉門著述。[89]他之編纂《廣東文徵》，明顯是秉承固有的地方文獻傳統，"吾粵文總集若張氏文獻、屈氏文選、溫氏文海三書，流傳日稀，幾成孤本，且應選之文，亦多遺漏，溫

---

**87** 溫肅：〈新政流弊宜急籌補救摺〉（宣統二年），載《溫文節公集·檗庵盦奏稿》，頁 11－12。

**88** 溫肅：〈謝賞御書尺頭摺〉（1934 年），載《溫文節公集·檗庵盦奏稿》，頁 39。

**89** 吳道鎔：〈行狀〉，載吳道鎔：《澹庵文存》，頁 1－2。

氏以後，如馮氏潮州耆舊集，吳氏高涼耆舊集、陳氏嶺南文鈔，皆就聞見，偏舉一隅，無續纂成大部者。竊不自量，欲纂而集之，復取方志及諸家文集，滌其繁蕪，加以捃摭，為《廣東文徵》一書。"，而之所以命名為《廣東文徵》，是"據其略例，先前已有《廣東文獻》、《江右文選》、《東甌先生文略》、《湖南文徵》"之故。[90]

另一位與學海堂有淵源的廣東晚清遺老是陳伯陶。陳伯陶（1855－1930），東莞人，光緒七年（1881）選為學海堂專課肄業生，光緒十八年（1892）進士，授翰林院編修，國史館總纂，光緒三十一年（1905）入直南書房，翌年赴日本考察學務，署江寧提學使，回國後在南京創辦方言學堂。光緒三十四年（1908）再署江寧布政使，旋實授江寧提學使。陳伯陶在其家鄉東莞，參與經理控制大量田產、經濟實力龐大的地方士紳機構"明倫堂"，纂輯《東莞縣志》。民國改元，避居九龍，自稱"九龍真逸"。[91]在其編纂的《勝朝粵東遺民錄》自序（1915）中，陳伯陶讚頌宋明廣東遺民之時，以之自況。他甚至把明亡後廣東遺臣不侍二主忠心耿介的事蹟，說成是廣東勝於他省的傳統：

余與闇公避地海濱，闇公喜觀明季隱逸傳，竊歎《耆獻匯徵》所載吾粵遺民寥寥無幾，暇因輯此錄以示闇公。錄成，因為之序曰：

---

**90** 吳道鎔：〈行狀〉、〈與姚君惡書〉，載吳道鎔：《澹庵文存》卷1，頁29。

**91** 陳伯陶生平見容肇祖：《學海堂考》，第77－78頁。

明季士大夫，敦尚節義，死事之烈，為前史所未有，盛矣哉。而嘉遯尤盛，當時海內諸大儒若梨洲、亭林、夏峰、二曲、楊園、桴亭、船山、晚村輩，未聞有如許魯齋之仕元者，吾粵雖無此魁碩之彥，而山林遺逸，以今考之，凡二百九十餘人。其書缺有間不能得其本末者，尚不可更僕數也。蓋明季吾粵風俗以殉死為榮，降附為恥，國亡之後，遂相率而不仕、不試，以自全其大節，其相磨以忠義，亦有可稱者。

至若何吾騶、黃士俊、王應華、曾道唯、李覺斯、關捷先等，雖欠一死，後皆終老岩穴，無屨新朝者，故《貳臣傳》中，吾粵士大夫乃無一人，而吾騶、士俊以崇禎舊相出輔桂王。及平、靖二王圍廣州，桂王西走，吾騶猶率眾赴援，士俊亦坐閣不去，其苦心勤事，思保殘局，比之《貳臣傳》中馮銓、王鐸等，自當有間。而此諸人，當時咸被鄉人唾罵，至於不齒，到今弗衰，此亦可見吾粵人心之正。其敦尚節義，浸成風俗者，實為他行省所未嘗有也。**92**

對於陳伯陶這類著作，在 1930 年代任教於中山大學歷史系的朱希祖在他的日記中有這樣的評述：

〔1933 年〕三月四日七時半起，八時早餐，閱《粵東遺民

---

**92** 陳伯陶：〈原序〉，載陳伯陶：《勝朝粵東遺民錄》，張㳒祥、楊寶霖主編：《莞水叢書第四種：勝朝粵東遺民錄》，樂水園 2003 年版。

錄》。十時至中山大學圖書館借民國《東莞縣志》明清之際列傳三冊。此書為東莞陳伯陶纂,《勝朝東莞遺民錄》亦為其所輯。余前年得其所著《東莞五忠傳》,今閱《東莞志》,則所謂五忠傳已全錄入於志內,其中蘇觀生一傳,為紹武時最重要史料,亦最為詳細……後閱《東莞志》蘇觀生傳,全屬鄉曲之見,迴護之詞,頗可笑哂。[93]

朱希祖曾致力研究南明歷史,他在中山大學任職期間,協助中山大學校長鄒魯主持編纂《廣東通志》,特別着重考證史籍中有關廣東臣民在南明時期的事蹟的記載是否屬實。看了陳伯陶的論著後,他翻查了許多明季的史料,對蘇觀生作了一番春秋之筆的評述:

觀以上數書,則知蘇觀生初本使陳邦彥迎立桂王,迫惑於小人兄終弟及之邪謀,始貪擁立之私,不顧國家大局,啟內爭,忘外患,自取滅亡,貽危全局,而賣陳邦彥,猶其小焉者也。廣東人,防內而不防外,古今一轍,而陳伯陶輩猶以蘇觀生為忠,目光如豆,貽禍千秋,真堪浩歎。[94]

朱希祖反清復明的史觀,實際上也是他擁護以辛亥革命為歷

**93**《酈亭粵行日記》,《朱希祖先生文集》第 6 冊,第 4001 頁。
**94** 同上,第 4002 頁。

史基礎的國民政府的統治理念的一體兩面的表現，在新的政治意識形態的指導下，新編《廣東通志》列傳的編纂，在政治以及其他方面諸如性別或種族的考慮，自有一番新的準則。作為一個來自外省、受過現代史學訓練的歷史學家，朱希祖對於廣東晚清遺老毫無批判地頌揚本鄉的南明臣子，自然也難以輕易認同。對於陳伯陶來說，"反清"與否不在他考慮之列，"忠君"才是關鍵，因此，擁立哪一位前朝宗室為君會導致怎樣的政治後果也不是他所關心的，重要的是他能夠藉着明季遺民的事實或神話，寄託他作為清季遺民的情懷。

政治道統既難以逆轉，陳伯陶和其他廣東遺老便希望重燃昔日學海堂的餘輝，使其認同的學術道統得以延續。辛亥革命前後，復開學海堂的消息屢有所傳，但似乎只不過是十數個遺民故老的小圈子活動。《華字日報》1911 年 7 月 3 日曾刊載過這樣一則報導：

> 紳士易學清、梁鼎芬、陳伯陶、吳道鎔、江孔殷等聯稟張督，請將南園舊社仍歸士紳經管，現奉院批允許，各紳定六月初七日八點鐘，齊集抗風軒會議。[95]

後來又有報導説他們在會議上提出"重開學海堂之集議"，謂：

> 吾粵自阮元創設學海堂以啟，嶺學文儒俊彥，成就者多。近

---

[95]《華字日報》，1911 年 7 月 3 日。

因改書院為學堂，停辦數載，梁鼎芬等現擬，欲重開此堂。集議一切辦法，已定於閏六月朔七點鐘至十一點鐘，齊集南園商議，並已將此事詳告張督，接覆函謂公呈到日，必贊成並捐廉銀千，又有南海梁朝鑒首倡捐銀三十員云。**96**

不過，此事似乎後來一直不了了之，直至 1920 年 1 月，易學清等又向廣東省長公署等呈請規復學海堂，"略本舊章，粗籌辦法，擬請別擇地址，專興斯堂，檔准立案，編入預算，歲撥常款，以宏教育，而維永久。"有關當局的答覆是："當經批准照辦，所需經費，業經令行，財政廳抄發原擬重開學海堂辦法一紙，希即依照每年所需經費四千三百元之數，列冊追加，以資應用"，"暫以文明門外廣東圖書館為之"，"擬由省長選聘學長八人，出題閱卷，同理課事"，"科目分經學（附理學）、史學（附經制）、詞章三門。""於應課諸生中舉其優異，教以專門，各因資性所有，於十三經注疏、史記、漢書、後漢書、三國志、文選、杜詩、昌黎先生集、朱子大全集，聰擇一書，專習盧敏肅舊章。" **97**明顯地，這些廣東紳商耆舊以至部分省政府的官員，念念不忘重振當年阮元為廣東帶來的文化名聲。

當時已年屆八十的易學清，在廣東政界學界中，德高望重。然而，儘管易學清積極提倡復開學海堂，但與溫肅、陳伯陶、吳

**96**《華字日報》，1911 年 7 月 25 日。
**97**《華字日報》，1920 年 1 月 23 日。

道鎔等人不同，他不屬晚清遺老之列，似乎在新舊人物之間都能遊刃有餘。易學清（1841－1920），鶴山人，同治七年（1868）進士，主端溪書院和羊城書院達二十餘年，清末任廣東咨議局議長，創立地方自治社，1917年支持孫中山南下護法。從其榮哀錄所見，以團體名義向易學清祝壽的，有兩粵廣仁善堂、肇慶公會、粵省十商團、粵商第十分團軍等。據稱，"粵中知名之士多出其門下"，僅從其榮哀錄所見，參與撰文者除了一班遺老紳士外，還有廣東全省警務處處長兼省會員警廳廳長魏邦平及其秘書陳恭，陳恭更自稱"受業"於易學清。

其他認作易學清的"晚生"、"受業"或"門下"的，或是遺老，或是大儒，或是紳商，或為政界要人，其中包括廣州匯豐銀行買辦、歷任香港東華醫院和保良局總理、1924年發動商團事變企圖推翻孫中山政府的陳廉伯（1884－1945）；清季曾任廣州清鄉總辦，武昌起義時曾參與促成廣東和平光復的前清進士江孔殷（1864－1952）；還有任職南洋兄弟煙草公司的簡經綸（1888－1950）。其他向易學清祝壽的人，除了上文已經提到的朱汝珍、區大典、區大原、賴際熙等遺老外，還包括前清探花商衍鎏（1874－1963）；學海堂專課肄業生、曾師從朱次琦的凌鶴書（1854－1918）；清末領導粵漢鐵路收回自辦的黎國廉（1874－1950，1894年選為學海堂專課肄業）、梁慶桂（1858－1931）、梁廣照（1877－1951，曾任肇慶端溪書院監院）；1916年任廣州護法政府外交部長，1922年被孫中山任命為福建省省長的林森（1867－1943）；以及經歷與溫肅相若、辛亥革命後留作溥儀漢文老師、曾多次慫恿溥儀復辟的陳寶琛等。[98] 可以推斷，易學清牽頭恢復學海堂，要得到一些財政和人脈的支持，並非難事。

其後，報章偶然會刊載一下有關學海堂的消息，[99] 但重開的學海堂，對當時的學子到底還有多少吸引力，實堪置疑。未幾，學海堂的講課活動，由黃榮康、黃任恒二人接力續辦。黃榮康（1877－1945），廣東三水人，少時習八股文，光緒年間設教廣州，開辦國文專修學校，與南海人黃任恒（1876－1953，字秩南）同隸學海堂為課生。二黃都沒有科舉功名，他們獲得學海堂課生的身份時，大抵已屆學海堂停辦前夕，當為有名無實。[100] 不過，這最後的榮譽還是足以讓他們在民國年間用復學海堂課的方式去重現他們理想中的廣東文化事業。據黃榮康撰的《學海堂課稿序》，當時復課的情況是這樣的：

> 庚申辛酉（即 1920－1921 年 —— 引者按）之歲，予寓於古花洲之一粟樓，與宗人秩南保粹堂相近，秩南固嘗為學海堂課

**98** 有關陳廉伯與商團事變，可參見 Stephanie Chung Po-yin, *Chinese Business Groups in Hong Kong and Political Change in South China, 1900-25*, Basingstoke: Macmillan Press Ltd, 1998；有關黎國廉與梁慶桂等人為爭取粵漢鐵路由粵人主辦事，參見陳玉環《論 1905 年至 1906 年粵路風潮》一文；其他各人生平，可參見廣東省中山圖書館、廣東省珠海市政協編：《廣東近現代人物詞典》，廣州：廣東科技出版社，1992 年；陳玉堂編著：《中國近現代人物名號大辭典》，杭州：浙江古籍出版社，1993 年。

**99** 如 1920 年 6 月 23 日《華字日報》便刊載了"學海堂之課稿"一則消息。

**100** 黃榮康生平據吳天任：《黃榮康傳》，載黃耀案選注，政協廣東省三水縣文史委員會編：《黃祝蕖戰時詩選》，北京：中國文史出版社，1990 年。黃任恒簡歷據廣東省中山圖書館、廣東省珠海市政協編：《廣東近現代人物詞典》。

生，因慫余同究斯業。時天下分崩，南北竟鬥，吾粵方設立軍政府，羽檄紛馳，徵徭不息，山堂舊址，圈為禁地，壁壘森嚴，疇昔宴遊講習之區，不可復至，遙望紅棉落日，戍旗颭風，徒增感謂。於是省長張公，方謀興復堂課，借清水濠圖書館，聘周朝槐（辰臣）、潘應祺（漱笙）、汪兆銓（莘伯）、姚筠（俊卿）、何藻翔（翽高）、汪兆鏞（憬吾）、沈澤棠（芷鄰）、林鶴年（璞山）八人為學長，其後辰臣、璞山辭職，補以盧乃潼（梓川）、楊瀚芳（季浩）。命題分校，悉如舊規，逮張公去，楊公、陳公繼之，僅一年而復廢，誠可惜矣。**101**

上文提到的十位學長，部分曾選學海堂專課肄業生，或在其他方面與學海堂有關係。其中姚筠是同治十二年（1873）舉人，曾任學海堂學長。盧乃潼（1849－1927）和汪兆銓（1859－1929）都在光緒七年（1881）選學海堂專課肄業生，盧於光緒十一年中乙酉科舉人，汪兆銓則是己卯恩科舉人。盧在清季時選廣東咨議局副局長，民國後任廣州府中學堂校長，1922 年與周朝槐、何藻翔等人纂修《順德續縣志》。汪兆銓曾補菊坡精舍學長，民國後任教忠師範學堂校長，汪兆鏞（1861－1939）在光緒十年（1884）選學海堂專課肄業生，光緒十五年恩科舉人，後延入兩廣總督岑春煊幕府，辛亥革命後，避居澳門，曾任《番禺縣續志》分纂，著有《元廣東遺民錄》，編刻陳澧《東塾先生遺詩》。潘應祺（生

---

**101** 黃榮康：《求慊齋文集》，卷 4，頁 6－7，序於 1922 年。

卒年份不詳）於清季時曾就讀廣東水師學堂和廣東實學館，著有
《算術駕説》、《幾何贅説》等學堂課本。[102] 何藻翔（1865－1930）
早年肄業廣州應元書院，光緒十八年（1892）中進士，後官外務
部主事，隨張蔭棠使西藏，清亡棄官南歸。何在入民國後在兩廣
政壇仍頗活躍，在 1916 年亦即朱慶瀾任廣東省長期間，以鄉紳資
格受聘為全省保衛團局長，兼順德團局長；又曾任《廣東通志》、
《順德縣志》總纂等職，晚年校理陳澧的遺稿。據何藻翔之年譜
載，其任學海堂學長期間甚短，1920 年秋已赴香港執教，先後在
香港聖士提反中學、漢文師範、湘父學校、學海書樓等處任職；
在賴際熙的推薦下，又任港商傅翼鵬家教，課其子女，並寓居傅
家。值得注意的是，何雖然以前"學海堂學長"的身份到香港教
授經學，又在賴際熙主持的"學海書樓"講授，但據他在《六十
自述》稱："晚悔詞章考據舊學，誤盡青年，聰明浪用，唯以宋
儒義理書啟牖後進，堅其志趣，佐以通鑒通考掌故之學，擴其才
識，庶三十年後，此小學生有出所學以救國者。"[103] 可見，到了
民國時期，在"學海堂"的旗幟下進行的經學講授活動，離阮元
原來建立學海堂提倡樸學的初衷有多遠，甚至是否有所違背，已
經不是與事者關心的事。

---

**102** 有關姚筠、盧乃潼、汪兆銓、汪兆鏞、何藻翔等人的生平，可參見容肇祖：《學海堂
考》；廣東省中山圖書館、廣東省珠海市政協編：《廣東近現代人物詞典》；陳玉堂編
著：《中國近現代人物名號大辭典》。

**103** 何藻翔生平見吳天任編著：《清何翽高先生鄒炎年譜》，台北：台灣商務印書館，
1981 年；引文出自該書第 151 頁。

至於省長"張公，楊公、陳公"，則分別為張錦芳（1854－？）、楊永泰（1880－1936）和陳炯明（1878－1933）。1919 年前後，廣東政局由桂系督軍莫榮新把持，與孫中山領導的軍事勢力抗衡。張錦芳從 1919 年 6 月開始代理廣東省省長，翌年 4 月便離職，由楊永泰繼任。未幾，孫中山為驅逐桂系軍閥，命令援閩粵軍總司令陳炯明回師廣東，陳即在 1920 年 11 月被委任為廣東省長，後來孫陳決裂，兩派軍隊交戰，陳於 1923 年初率部逃往惠州。[104] 其實，這幾年正是廣東政局最混亂的時候，所謂"省長"，不過是各派軍事勢力樹立的代表，自身的位置都朝不保夕，與當年阮元所代表的政治威權和文化地位，都不能同日而語，在瀰漫着革命氣氛的廣州，在現代教育逐漸成為主流的中國，學海堂被邊緣化，是可想而知的。

然而，傳統教育還是用各種的形式得以延續。在廣東，文言和白話之爭一直到 1940 年代仍未斷絕，不少前清宿儒仍在各處經營私塾。例如，位於廣州的廣才學校，創於光緒末年，至 1930 年代，其中小學課程皆用文言任教，主事者是上文提到的朱次琦弟子簡朝亮的學生。[105] 與此同時，作為英國殖民地的香港，更成為

---

**104** 有關這段歷史，可參考蔣祖緣、方志欽主編：《簡明廣東史》，廣州：廣東人民出版社，1993 年，第 686－693 頁；陳錫祺主編：《孫中山年譜長篇》，北京：中華書局，1991 年，1919－1922 年記事；有關陳炯明就任廣東省長事，見《就廣東省長職通電》（1920 年 11 月 10 日）、《就廣東省長兼粵軍總司令佈告》（1920 年 11 月 10 日），收入段雲章、倪俊明編：《陳炯明集》，廣州：中山大學出版社，1998 年，上卷，第 508－509 頁。

**105** 見廣州《國華報》，1932 年 6 月 9 日報道。

遺老的避難所，被視為維護傳統中國文化的溫床。當中國的知識分子正在轟轟烈烈地推動新文化運動時，香港卻由於本地華人精英的偏好，以及香港政府刻意壓抑華人民族情緒的關係，而得以為"保存國故"作出貢獻。很多"晚清遺老"在香港特別吃香，他們得到富商的延聘，給他們的子女教授古文，也有開設私塾或經營漢文學校者。[106] 至於大學教育方面，香港大學自1912年成立後十多年間，一直沒有正式設立中文系，更遑論跟隨中國內地的新文學潮流。香港大學的中文教育，主要是開辦一些傳統的經學課程，也是由幾位科舉時代的廣東遺老如賴際熙和區大典等人主持。賴際熙（1865－1937），增城人，光緒二十九年（1903）進士，翰林院庶吉士，授編修，國史館總纂，1912年避居香港。區大典（1877－？），南海人，光緒二十九年（1903）進士，授翰林編修，任香港大學堂經學總教習，香港皇仁書院男女師範校長、尊經學校校長等；其他任職香港大學的廣東遺老還有朱汝珍和岑光樾。[107]

---

106 有關20世紀初期香港的私塾教育，見王齊樂：《香港中文教育發展史》，香港：三聯書店（香港）有限公司，1996年，第183－192頁。

107 朱汝珍（1869－1942），號聘三，廣雅書院學生，光緒三十年（1904）進士，翰林院編修，光緒三十二年（1906）赴日本東京法政大學深造，歸國後任京師法律學堂教授，宣統元年（1909）奉命參與創定商律，1931年任香港大學教習，1933年任香港孔教學院院長兼附中校長。岑光樾（1876－1960），順德人，光緒三十年（1904）進士，欽點翰林庶吉士，光緒三十二年（1906）赴日本法政大學留學，光緒三十四年（1908）歸國，歷任翰林編修，國史館協修、纂修，實錄館協修等，1925年應賴際熙邀到香港講學，1926年兼任香港官立漢文中學及漢文師範學校教席，1938年改任西南中學教席主講文史。

這批晚清遺老，被新文學的提倡者歸類為"太史派"，稱他們為"那幾位碩果僅存的勝朝翰林"，其作品"既不是學先秦，學漢魏，學六朝；又不是學唐宋八大家的古文；更不像清代駢文家、桐城派、樸學家所作的文章的體格。他們的作品特徵可說是脫不了八股的氣味。"[108] 在報紙雜文家的筆下，像賴際熙這類寓居香港的遺老的形象是這樣的：

於香島芸芸太史中，其能得島政府歡者，當推賴際熙⋯⋯每歲中富商賈人死，多延際熙題旐，以故此銘喪之資，際熙所得，或謂其年可及萬金。體日以胖，出入且乘肩，是於際熙生活乃不惡輿。際熙之輿為自制，乘時臥焉，翹雙足於輿前。島中僑民遙望之必曰：是吾粵賴太史也。[109]

學海堂的餘燼之所以能夠在香港這片殖民地上復燃，主要靠賴際熙的努力。他"有感於當時香港社會風氣，忽視國學，道德日下，為保存國粹，發揚傳統文化，有益世道人心起見"，在1923年於香港開辦學海書樓，邀請其他遺老如陳伯陶、朱汝珍、岑光樾、溫肅、區大典、區大原講學。每週兩次，輪班講學，教

---

108 鄭德能：〈胡適之先生南來與香港文學〉（原載《香港華南中學校刊》創刊號，1935年6月1日），收入鄭樹森、黃繼持、盧瑋鑾編：《早期香港新文學資料選（1927－1941）》，香港：天地圖書有限公司，1998年，第18頁。

109 《軼聞文選》，廣東省立中山圖書館藏民國剪報冊，年份不詳，約1920－1930年代。

授四書五經，旁及詩詞。[110] 學海堂在廣州已是昨日黃花，賴際熙只能夢想在香港這片殖民地上重振學海堂的雄風。

遺老們這些文化活動，如果缺乏財政上的支持，是不可能得到實現的。賴際熙開辦學海書樓，得到李瑞琴、利希慎、周壽臣、陳廉伯、曹善允等活躍於省港澳的商人大力支持。商人需要有穩定的投資環境，在政治和文化立場上往往趨於保守，遺老的活動，可謂正中他們的下懷。另一位尤其支持遺老的商人是饒平人陳步墀（陳子丹）。遺老溫肅記子丹事云：

> 遭國變，隱於商。主所營香港乾泰隆肆事廿餘年，以終其身。自辛亥後，朝官遺老避亂寓港者眾。東莞陳提學子礪、番禺張提法漢三、丁侍講潛客、吳編修澹庵、閩縣陳勸業省三，皆重公行通緟纻，而賴荔垞尤稔。余之交公，因賴而深。[111]

溫肅當時"曩以從亡在外，資用常不給"，陳步墀"時濟其困。"[112] 溫肅"辛亥被召入都，暨乙丑從狩析木，每有匱乏，不待乞米帖出，而白金三百應期而至，歲以為常，故薪米無憂而囊不竭，皆君賜也。"[113] 可以說，陳步墀是溫肅在香港延續其文化事業的贊助人。

---

110 鄧又同編：《香港學海書樓講學錄選輯》，香港：學海書樓，1990 年，第 1 頁。

111 溫肅：〈陳子丹墓誌銘〉，載《溫文節公文集》，頁 16－17。

112 同上。

113 溫肅：〈陳子丹夫婦六十晉一壽序〉，載《溫文節公集》，頁 14－15。

這些廣東遺老既身在香港，除了在文字的世界裏緬懷故國外，如何在這片殖民地上寓情於物，編造他們的中國夢呢？於是他們極力搜尋本地的歷史遺跡，稽古考證，竭力拉近香港與中國王朝的關係。香港僻處海隅，史跡稀罕，惟宋元之際，宋室敗退至此為絕地，相傳在九龍城有一"宋皇台"，為宋末帝昺南逃經過的地方，清代（1807）有人重新勒"宋王臺"三字於石，勒石人無可考。1898年，香港立法局華人委員何啟，在立法會上提出保存宋皇台條例議案一件，立法局遂於翌年通過《宋皇台保存條例》。民國初年，廣東遺老賴際熙、陳伯陶、吳道鎔、黃映奎等到此遊覽，緬懷幽思，互相酬唱，成《宋台秋唱》，陳伯陶又考附近侯王廟，力圖證明此"侯王"即為南宋忠臣楊亮節。賴際熙和陳伯陶更商議修建宋皇台，並得到建築商人李瑞琴的支持，捐建石垣，宋皇台及鄰近咫尺之地，才得以保存，而未為該區的土地發展所影響。[114]

儘管廣東遺老竭力延續他們心目中的王朝國家秩序，到底難以逆轉時代的巨輪，不能改變自身漸被淘汰的命運，而殖民地更始終不是他們的樂土。以賴際熙為例，由於他不懂英文，香港大學又以英語為官方語言，一切校務會議皆以英語進行，賴際熙曾經在某次討論港大中文系的發展的會議中，因不諳英語而根本掌握不了會議內容。而港大當時中文系發展的方向，是要聘請一個懂英文的學者來主掌中文系。港大的校長認為，"中文學部應該一

---

**114** 簡又文編：《宋皇台紀念集》，香港宋皇台紀念集編印委員會，1960年，第264頁。

開始便由一個具備中國學術知識和至少有一點英語書寫和會話能力的人來掌管"，以此看來，賴際熙和他的同僚已經不合資格充當香港大學的中文系教授。就連英國方面也有人質疑，在國內古文經史已遭摒棄的時代，究竟還有多少人會入讀香港大學的經史課程，這些課程的存在價值何在，實堪疑問。1935 年，賴際熙、區大典二人退休，許地山接任為教授，在香港大學正式設立"中國文學系"，開辦文、史、哲、翻譯四項課程，與傳統的經學課程體制告別。[115]

就在這同一年，陳濟棠的主張恢復讀經的兄長陳維周，在廣州開辦"學海書院"，但似乎也沒有多大作為。[116] 有報紙軼聞說，陳濟棠在提議恢復讀經之時，也企圖恢復孔祀，廣東士紳聯合署名致書陳濟棠，請其修復孔廟，署名者及數十人，領銜者為"八十老人之吳太史玉臣"[117]，吳玉臣即上文提到的學海堂末代學長吳道鎔。然而，時至 1940 年代前後，不少廣東遺老已日暮西山。像學海堂、文瀾書院等機構，已經由半個世紀以前實實在在的政治中心變成一種可有可無的文化象徵。學海堂從廣東以至中國的漢學重鎮，變成偏安在殖民地一隅的遺老講堂。學海堂代表的學術潮流，也繼續是革命元老和忠心於國民政府的人士的批判對象。在

---

115 有關當時香港大學中文系的發展與賴際熙的角色，參見拙文〈庚子賠款與香港大學的中文教育：二三十年代香港與中英關係的一個側面〉，《中山大學學報》，1998 年，第 6 期。

116 見《明德社主辦學海書院簡章》，廣州，1935 年。

117《軼聞文選》，廣東省立中山圖書館藏民國剪報冊。

1940 年為配合"廣東文物展覽會"出版的《廣東文物》一書中，一方面收入大量學海堂學人的遺物的圖片，但另一方面，其刊載孫璞所著《粵風》一文，對阮元的學術影響則有以下一番評論：

〔清代〕漢學之盛，使制度典章，聲音訓詁，燦然大明，然虜廷既專制其民，務移易舉世之心思，使之俯伏，點竄訓故，愚惑黔首，其末流之弊，穿鑿附會，瓜剖豆析，誠如魏源所譏，錮天下聰明才智，使盡出於無用之一途。雖有通儒，莫敢置喙。嶺南之士，承其流而揚其波，故著書考據之風盛，則講學之事息微，講學之事微，而名節道德遂不可復問。由今論之，陳王湛三家之學，盡於阮元，而嶺學幾乎息矣。" **118**

孫璞（1883/4－1953）是同盟會的成員，曾任孫中山秘書，歷任廣東省省級和縣級官員，又曾在上海擔任市政府秘書等職。**119** 我們不難看出，孫璞"名節道德遂不可復問"、"陳王湛

---

**118** 孫璞：〈粵風〉，載《廣東文物》，第 896 頁。

**119** 孫璞歷任的職位繁多，惜具體年份不詳，其中包括：廣東陽春縣縣長，廣東省秘書長，省公安局秘書代理局務，財政部和實業部法規委員會咨議科長。1930 年代任上海市政府秘書（時吳鐵城為市長）、公安部主任秘書等職。又曾任代理民政司司長兼昆明縣縣長，在廣東民政廳、建設廳、稅務管理局等處供職，抗戰勝利後，任廣東稅務局局長。著有《重九戰記》、《獄中記》、《傷心人語》、《粵風》、《清宮秘史》、《革命史話》、《旅滇聞見錄》、《北遊草》、《顧齋詩文集》及《蘭苕室吟草》等。參見陳玉堂：《中國近現代人物名號大辭典》，第 252，358 頁；廣東省中山圖書館、廣東省珠海市政協編：《廣東近現代人物詞典》，第 133 頁。

三家之學，盡於阮元"等語，與本章前面引用過的二十多年前黃節的《粵東學術源流史》對阮元在廣州建學海堂帶來的影響的評價是同出一轍的。孫璞和黃節這番異口同聲的表述，實際上是自晚清以來由種族之界演化為政治之界以至於學術之界的論述的延續。**120**

就學術發展邏輯而言，漢宋調和，是清末廣東之經學發展趨向；將漢宋嚴格劃分，則更多是一種政治立場的宣示。由於民國不少文人學者和道咸以還的廣東學人都有一定的師承關係，他們在清末民初的政治和革命運動中或隱退或冒進，俱抱持着某種政治立場，因此，近代廣東的學術譜系和表述，實際上是漢宋調和的事實和漢宋相爭的觀點二者交錯之變奏。對於"嶺學源流"的看法的分歧，不僅是經學內在的分歧，也是由於撰述者基於不同的政治立場有意無意製造出來的分歧，也影響着後人對於廣東清代學術和晚清遺老個人的評價。

## 小結：從舊文化到新文化

從學術角度談論廣東文化，不可忽略晚清這種因政治社會制度之改變而引致的士子心態的改變。在清代，經學研習有成就與否，是量度一個地方教化程度的準繩，踏進 20 世紀，學術文化都必須體現在一所現代的分科精細的大學身上了。學海堂雖然

---

**120** 相關討論參見拙著《"嶺學"正統性之分歧 —— 從孫璞論阮元說起》。

風光不再，但它對晚清以後廣東學術傳統的形成的深遠影響，已滲透在後來很多人所描述的"廣東文化"的形象之中。各種講述近代廣東文化的著作引以自豪的一連串近代廣東學術名人的名字，包括梁廷枏、張維屏、陳澧、甚至從來沒有在學海堂就讀或就教過的朱次琦等等，都是和學海堂聯繫在一起的。清末民初有關廣東學術文化的論述，無論是經學論著，還是官方及私人修纂地方史志、文集叢書、儒林列傳，大多出自學海堂學長之手。另一方面，在民國時期，學海堂的學長和學生的弟子與後人，在廣東的教育和文化機構，也佔據了一定的席位，儘管他們不再唯經學是尊，但他們在治學的方法和內容上，或多或少都會受到前人的影響。民國時期廣東兩所最高學府 —— 中山大學和嶺南大學 —— 的文史研究者，不少出身於與學海堂或廣雅書院有關的家庭，許多又以學海堂或清末廣東學人為他們的研究對象。本章多次引用在 1934 年《嶺南學報》發表的〈學海堂考〉，就是先後在中山大學和嶺南大學任教的容肇祖撰寫的。有關容肇祖在廣東文化的論述中扮演的角色，我們在下一章再詳細論述。這一章最後要強調的是，學海堂學長和學生既寫就了廣東的學術史，他們的子弟和弟子又為他們在史冊上留下芳名。正是這種傳承關係，使一部族譜式的廣東學術史得以一代又一代的編寫下去，直到這種學術傳統不再時髦為止。

學海堂的停辦象徵着經學在廣東的發展告一段落，也見證着廣東地方政治的重新組合。進入民國，鼓吹經學是那些視西學和新學為洪水猛獸者的一種反擊手段，但是，對於接受新教育的學子來說，這些反擊就顯得有氣無力，毫無吸引力。不過，接受了西學的中國知識分子也有他們的內部緊張，就是他們必須尋找一種新的中國文化的身份，去取代他們眼中的舊中國文化。他們在西方找不着中國，他們也不願意在舊中國裏找回中國，為了建構一種新的國家意識，他們到群眾中去。[121] 在這個過程中，新一代的中國知識分子從城市走到鄉下去，和地方文化發生碰撞，正是這種新的國家意識的崛起，迫使地方讀書人重新定義地方文化，廣東人和廣東文化，由此也增添了一番新的詮釋。

---

[121] Hung Chang-tai, *Going to the People: Chinese Intellectuals and Folk Literature 1918-1937*, 1985, Cambridge [Mass.]: The Council on East Asian Studies, Harvard University, pp. 10-17.

# 第五章

# 由民俗到民族

民國建立後，尤經 "五四" 洗禮，新一代的知識分子以改革中國為己任，視儒家禮教和封建迷信為妨礙中國進步的絆腳石。在許多民國知識分子的心目中，要改變中國的 "國民性"，即使不是要用一種文化模式去取代他們心目中的中國文化，至少也是在採用一套比較單一的價值觀，作為改革的準繩，那就是來自西方的德先生和賽先生，而要用適當的 "文" 去載他們這套新的 "道"，他們更進一步提倡語文的革命。他們認為，只有用白話取代文言，"孔家" 的招牌才有可能砸得粉碎淨盡。新文化和新文體，成為充實 20 世紀中國的國家意識的兩個最重要的元素。

　　然而，如果用以衡量文化 "進步" 與否的準繩是如此單一，而新文體又主要以北京話為基礎，那麼，地方文化和語言勢必處於一個從屬的地位，尤其是當文化改革的意識形態基礎是民族主義，執行的主體是教育當局。民國知識分子的矛盾，正在於他們一方面希望扮演 "領導民眾" 的角色，把鄉民從他們想像中的落後愚昧拯救出來；另一方面，他們又知道自己和鄉民不同，無法對他們有真正的理解。為了填補這段鴻溝，他們急切地感覺到 "到群眾中去" 的需要。他們從鄉村生活中尋求靈感，豐富正在實驗中的白話文創作，期望提煉出一套為廣大人民所能掌握的新中國語文來。[1] 在 "到群眾中去" 的理想的驅使下，"地方" 和 "農

---

1　關於五四知識分子和 1920－1930 年代中國民俗學家的理想，見 Hung Chang-tai, *Going to the People: Chinese Intellectuals and Folk Literature 1918-1937*; Vera Schwartz, *The Chinese Enlightenment: Intellectuals and the Legacy of the May Fourth Movement of 1919*, Berkeley: University of California Press, 1986。

村"成了民國知識分子的聚焦點,在他們以為接近所謂民眾的過程中,也創造了"民眾"這個與他們自己相對的概念。[2] 從 1920 年代開始,這種興趣更被納入大學教學和研究的範疇,其中一些方面漸漸發展成"民俗學"這個領域。

　　20 世紀 20 與 30 年代的民俗學運動在廣東雖然不見得有廣泛的影響,而且當時學界對這場運動的態度亦充滿分歧對立,但這種研究風氣在廣東的傳播,正值當地知識分子締造"廣東文化"觀的同時,必然會對"廣東文化"這個範疇中注入新的養分或至少新的視角,因此,我們在探討民國年間"廣東文化"觀的形成過程時,不可忽視民俗研究的影響。在地方文獻上記錄"風俗",由來已久,然而,傳統文獻中的"風俗"與民國以後知識分子視野中的"民俗",有一些微妙的差異,而把"民俗"裝入"文化"的筐內,更是五四以後知識分子追求創造"新文化"的一個取向,換句話說,是知識分子所創造的"新文化"的民族性的一個重要組成部分,這一取向與同一時代的政治環境交織在一起,並且成為中國民族學研究發軔的重要契機,民俗學運動成為建立民族主義的政治文化意識的重要一環。

---

**2**　有關近現代中國知識分子自以為瞭解民眾,實質上是創造了"民眾"這個與自身對立的概念的辯證關係,可參考蕭鳳霞的討論,見 Helen F. Siu (compiled and edited), *Furrows: Peasants, Intellectuals, and the State, Stories and Histories from Modern China*, Stanford: Stanford University Press, 1990。

# 民俗學在中國

中國民俗學研究的興起，是民國初年知識分子民族意識高漲的一種迴響。新一代的知識分子把中國的積弱歸咎於儒家文化和封建禮教，要從大眾文化尤其是民間文學尋找新文學的創作源泉，希望藉着新文學的發展，傳播新思潮，同時也得以在文化的意義上建設中國。有關這方面，洪長泰和趙世瑜已經作了相當深入的討論，以下只作簡單的綜述。[3]

民俗研究的熱潮最先從搜集民間文學開始。五四運動前夕，新文化運動的先驅包括胡適（1891－1962）、周作人（1884－1968）、劉半農（1891－1934）、顧頡剛（1893－1980）等人，於1918年在北京大學發起了歌謠徵集運動，陸續在《北京大學日刊》定期發表他們所收集到的民歌。1920年"歌謠研究會"成立，未幾於1922年併入北大的國學研究所，一份名為《歌謠週刊》的刊物，亦於同年創刊。1924年，北大又成立"風俗調查會"。數年之間，北大學者的眼光，從歌謠、文學，擴展到民俗調查，關心的範圍越來越廣泛。

不論在態度抑或方法上，民國年間好些熱衷於民俗調查的學者，都企圖與傳統的士大夫區別開來。過去，筆記小說和地方史

---

**3**　洪長泰的研究以民間文學史為主（見上引洪著）；趙世瑜的研究則以民俗學發展為主題，見趙世瑜：《眼光向下的革命：中國現代民俗學思想史論（1918－1937）》，北京：北京師範大學出版社，1999年。

志都記載了不少民間故事，儘管這些敘述不是稗官野史，就屬奇人異事，但現代的民俗學研究者對於這些故事的屬實與否，內容如何，並不太關心，他們更重視的是這些故事的存在本身所包含的歷史價值，及其所反映的人們的世界觀和社會的某些側面。周作人在討論中國民歌的價值時曾説過，“‘民間’這意義，本是指多數不文的民眾；民歌中的情緒與事實，也便是這民眾所感的情緒與所知的事實，無非經少數人拈出，大家鑒定頒行罷了。所以民歌的特質，並不偏重在有精彩的技巧與思想，只要能真實表現民間的心情，便是純粹的民歌。”[4] 可以説，民俗學研究者對於民俗的興趣，不但在於“俗”，而更在於“民”。

民國時期的民俗學研究者把民俗大致分為三類，一是宗教信仰和行為，二是風俗，三是故事、歌謠和民間諺語。這樣的分類方法深受 1910 年代著名英國民俗學家 Charlotte S. Burne 的影響。Burne 認為她列舉的民俗學課題，足以涵蓋“所有構成民眾的心理工具的一部分的事物，並和他們技術性的技能區分開來”。Burne 相信，透過“科學”分析當代民俗學家找到的落後的民眾，可望能進一步探索遠古時代的人類的心理史，在某一程度上，這是各個人類社會共有的。Burne 又認為，這樣的歷史反映了文明社會的原始階段，有助於探討不同社會文明程度不同的原因。儘管 Burne 一開始便説明她這本著作並不是“為從事人類學研究的人員

---

**4** 周作人：〈中國民歌的價值〉，原載《歌謠》週刊第 6 號，1923 年 1 月 21 日，收入吳平、邱明一編：《周作人民俗學論集》，上海：上海文藝出版社，1999 年，第 101 頁。

而著"，而是以業餘愛好者為對象，但 Burne 建議的民俗學分類方法，卻主導了 1920 至 1930 年代不少中國民俗學家的民俗學概念和具體的研究規劃。[5] 在當時的中國民俗學家和業餘愛好者心目中，所謂民俗，就是民眾或普通人的思想感情與行為習慣的表現形式，儘管他們相信透過民俗可以理解民眾的精神與內心世界，但當他們這樣定義"民俗"的時候，其實也是在把自己和"民眾"區分開來。

在民國時期的民俗學研究者之中，顧頡剛是少數既對民俗抱有浪漫主義的投射，而又能做出深入研究的學者。同許多對中國的命運憂心忡忡的知識分子一樣，顧頡剛認為瞭解民眾，喚醒民眾，是拯救中國的良方。有別於傳統的士大夫，顧頡剛呼籲中國的知識分子不應蔑視民眾，而要欣賞和認同民眾的智慧和真誠。[6] 顧頡剛也覺得民間風俗中存在着迷信的成分，認為知識分子有責任改良民眾的思想和習俗，不過，他也認為這些風俗的迷信之處自有其存在的理由，人們應該予以同情的理解。此外，顧頡剛認為學術研究和政府政策應該予以區分，民俗學家不應忙於為政府獻策，而應該專心致志做好研究工作。

---

**5** Charlotte Burne, *The Handbook of Folklore*, London: Sidgwick & Jackson, 1914, preface, p.iii; pp.1-3. Hung Chang-tai, *Going to the People: Chinese Intellectuals and Folk Literature 1918-1937*, pp.20-21.

**6** 顧頡剛：《古史辨》第一冊〈自序〉（1926 年），《顧頡剛古史論文集》，第一冊，北京：中華書局 1988 年，第 19、38 頁；Hung Chang-tai, *Going to the People: Chinese Intellectuals and Folk Literature 1918-1937*, pp.167-168。

以《古史辨》出名的顧頡剛，[7] 提倡應用科學的方法和客觀的態度進行民俗學研究。[8] 他在 1924 年發表的《孟姜女故事》一文中，分析了在經、史、筆記小説、戲曲、碑刻中記錄下來和民國時流傳的各種各樣的孟姜女故事，勾稽其流傳與演變。顧頡剛這種廣泛地利用各類型的史料去層層分析一個歷史故事的做法，令許多民俗學者和業餘愛好者爭相仿效，後來不少研究都以顧頡剛《孟姜女故事》的研究為楷模。

　　企圖模仿顧頡剛的方法進行研究的人，積極記錄和收集民間故事，加以分類，尋求典型。他們相信，這些典型帶有某種存在於古今中外的共性，反映了民眾的心理特質。他們也明白，要真正理解民間歌謠的意思，必須掌握構成這些歌謠的方言、諺語、韻文，以及涉及的宗教和風俗。[9] 歌謠收集的運動，由此進一步擴大為民俗調查運動，除了文學之外，其他學科如史學、人類學、民俗學的理論和方法，也大派用場。雖然，真正能夠像顧頡剛般做出有深度的民間文學研究的，庶幾無人，但在民俗學熱潮的帶動下，不論是專業的研究人員或業餘的文史愛好者，都紛紛眼光向下，從民間 "找尋" 文化。地方文化的定義，也在民俗學的興起和普及的情況下逐漸擴大。

---

[7] Laurence Schneider, *Ku Chieh-kang and China's New History: Nationalism and the Quest for Alternative Traditions* (Berkeley: University of California Press, 1971) 詳細地論述了顧頡剛對於中國史學的貢獻。

[8] Hung Chang-tai, *Going to the People: Chinese Intellectuals and Folk Literature 1918-1937*, p.167.

[9] 顧頡剛：《古史辨》第一冊〈自序〉，第 38 頁。

# 民俗學在廣東

民俗研究最先在新文化運動的中心北京興起，但到了 20 年代中期，隨着廣東成為革命的中心，吸引了一批知識分子南下，尤其是在 1926－1927 年顧頡剛南下，經廈門大學轉到中山大學後，民俗運動的中心就轉移到廣東了。自 1927 年始，廣州的國立中山大學的一些教授，繼承了北大學者的民俗學傳統和方法，建立"民俗學會"，開辦民俗學傳習班，出版《民俗》週刊，一時成為近代中國民俗運動的重鎮。

1927 至 1933 年間廣東的民俗學運動的主要領導人是顧頡剛、容肇祖（1897－1994）和鍾敬文（1903－2002）。同當時大多數的民俗學家一樣，他們三人都沒有受過正式的民俗學或人類學訓練。容肇祖生於東莞，在家鄉受過一些基礎教育後，於 1909 年轉到廣州的小學讀書，輾轉又回到東莞接受中學教育。1917 年中學畢業後，容考入廣東高等師範學校英文部。容的父親在廣雅書院肄業，舅父鄧爾雅（1884－1954）是著名的金石學家，也是晚清廣雅書院院長鄧蓉鏡的四子，容肇祖對舊學的興趣和功夫頗得益於家學。1922 至 1926 年間，他入讀北京大學哲學系，並在這個時候受到北大民俗學運動的影響，成為歌謠研究會的成員；又參加了北大研究所國學門的風俗調查會。1925 年，容肇祖和兄容庚、顧頡剛等人，對北京妙峰山進香活動作了一次實地調查，隨後發表了〈妙峰山進香者的心理〉一文，《京報副刊》更為這次調查出版了一期《妙峰山進香專號》，容肇祖認為"這算是繼五四反封

建迷信、移風易俗運動所開始作的歷史使命的初步貢獻。"**10** 1926
年，容在廈門大學任教，深受當時也在廈大任教授的顧頡剛的影
響，共同發起風俗調查會。1927 年春，容受聘為中山大學預科國
文兼系講師，並開始和顧頡剛及鍾敬文等在語言歷史學研究所內
成立民俗學會，擔任主席，其後更負責主編《民俗》週刊。**11**

　　容肇祖早年發表在《歌謠週刊》的處女作〈徵集方言之我
見〉，充分反映了他民族主義的思想。容肇祖認為，徵集和研究
方言的目的，是改革和充實國語。**12** 這顯然是回應白話文先鋒胡適
的號召。儘管在胡適等人心目中，方言和國語沒有高低之別，但
當推廣國語落實到政治和教育政策時，方言便無可避免處於從屬
地位。容肇祖是東莞人，徵集並投稿到《歌謠週刊》的民歌自然
都出自東莞。**13** 但當我們把他收集歌謠的動機和對國語運動的憧憬
結合起來考慮的時候，我們便明白容肇祖有興趣的不僅僅是東莞
一鄉一隅的風土人情，而是如何為中國建立新文化貢獻一份力量。

　　鍾敬文的民俗研究生涯始於他在海豐縣任教師之時。**14** 據鍾敬

---

**10**《歌謠週刊》，1923 年，第 45 期，第 6 頁；容肇祖：〈迷信與傳說自序〉，《民俗》週
　　刊，1929 年，第 77 期，第 4 頁；容肇祖：〈容肇祖自傳〉，《東莞文史》，第 29 期，
　　1998 年，第 278 頁；容肇祖：〈我的家世和幼年〉，載東莞市政協編：《容庚容肇祖學
　　記》，廣州：廣東人民出版社，2004 年。

**11** 黃義祥：《中山大學史稿》，廣州：中山大學出版社，1999 年，第 183 頁。

**12** 容肇祖：〈徵集方言之我見〉，《歌謠週刊》，1923 年，第 35 期，第 1 頁。

**13** 見《歌謠週刊》，1923 年 12 月 23 日，第 2－8 頁。

**14** 詳見趙世瑜：《眼光向下的革命：中國現代民俗學思想史論（1918－1937）》，第
　　123－132 頁。

文憶述，五四新文化運動以後，他便"拋開舊文學，熱心於新文學的學習和寫作。"《歌謠週刊》創刊伊始，鍾敬文就不時把他在海豐收集到的歌謠和諺語投稿到週刊去。[15] 在顧頡剛發表了《孟姜女的研究》後，鍾敬文和許多《歌謠週刊》的讀者一樣，經常寫信到週刊向顧頡剛請教，並對顧的研究大加讚許。[16] 這時他才廿歲出頭，差不多在這同時，他"閱讀了一些介紹英國人類學派的民間故事理論，特別是對"文化遺留物"的說法尤感興趣，他後來回憶道：

　　它也影響了我對民間文學的觀點，而且延長到三十年代前期。它明顯地反映在我那些時期所寫的文章上，例如《中國神話之文化史的價值》、《天鵝處女型故事》等一系列的文章。這派理論，在我國當時新起的民俗學（特別是民間文藝學）是佔着主導地位的（雖然後來我們地〔疑為"也"字 —— 引者〕知道，他在歐洲學界這時已經退潮了），像周作人、茅盾、黃石等學者，都是它的信奉者及宣傳者。[17]

---

**15** 見《歌謠週刊》，1925 年，第 78 期，第 7－8 頁；第 81 期，第 7－8 頁；第 85 期，第 7－8 頁；第 92 期，第 1－2 頁。

**16** 《歌謠週刊》，1925 年，第 79 期，第 1－2 頁；第 90 期，第 9－10 頁；第 96 期，第 3 頁。

**17** 鍾敬文：〈我在民俗學研究上的指導思想及方法論〉，《民間文學論壇》，1994 年，第 1 期。

在顧頡剛、容肇祖和鍾敬文的宣導和示範下，1927 年在中山大學創辦的《民間文藝》（後於 1928 年易名為《民俗》）週刊，就成為當時民俗學者在高等學府的一個試驗場。作為大學教師，他們不但撰寫和徵求編輯大量民間文藝民俗的文章，更與教育研究所聯合開辦民俗學傳習班，把少數民族的風俗物品和平民百姓的日常器物視為珍品，廣泛收羅，公開展覽。1929 年，中山大學的語言歷史學研究所舉辦了一次展覽，展出不少民間文獻和器物。兩塊分別寫上"迎親"和"出殯"的大匾，連同兩隻大燈籠，高高地掛在展場的出入口處。[18] 平民百姓的文化和習俗，得到高等學府學者如斯重視，在此之前，肯定絕無僅有；平白無故地在自家門口掛上"出殯"的字樣，在廣東一般人的心目中，更屬犯忌。民國時期的知識分子，習慣了城市生活，對於鄉村生活既陌生又疏離，再加上他們崇尚科學，藐視"封建迷信"，對於民間的器物，不但可以有距離地作出自信是客觀的分析，甚至改變它們的功能，開點無傷大雅的玩笑。我們可以想像這一情景可能發生在半世紀以前的學海堂嗎？中國知識分子的世界觀，到底是改變了。

儘管《民俗》週刊面向全國，但由於在廣東出版，刊載的文章多以廣東民俗為主，其中包括大量廣東民間歌謠的記錄。在本書第三章提到的道光年間招子庸編撰的《粵謳》，在當時被認為是下里巴人之調，到了民國時期，經歷了民俗運動的興奮之後，卻被奉為廣東民謠的經典，甚至連上一章提到的學海堂學生後

---

**18**《廣州民國日報》，1929 年 1 月 4 日。

人、入民國後以遺老自居的汪宗衍，也曾經在《民間文藝》發表過《關於粵謳輯者通信》一文；1928年《民俗》週刊也刊載了另一作者《關於粵謳及其作者的尾巴》一文；1936年，容肇祖在《歌謠週刊》發表了《粵謳及其作者》一文。[19]《歌謠週刊》甚至將《粵謳》和《再粵謳》全文輯錄，並同時刊登著名新文學作家許地山（1893－1941）原於1922年在上海《民鐸雜誌》發表的《粵謳在文學上底地位》一文。在這篇文章裏，許地山把粵謳歸類為"地方文學"，並引用英人金文泰（Cecil Clementi）把粵謳的主題和哲學思想和歐洲史詩相提並論的評價。[20]

除了粵語歌謠之外，客家歌謠也是當時民俗學者主要收集和研究的對象，其中最詳盡的作品是1928年《歌謠週刊》連載的《粵東之風》。《粵東之風》的編者羅香林本身是客家人，當時還是清華大學的學生，後來成為20世紀中國最有成就的客家學者。《民俗》週刊陸續刊登了各種地方歌謠和風俗，讀書人這樣讚許《粵謳》，如此熱心地搜羅客家歌謠，和當年廣東文人為粵謳作序也要化名隱性的做法，態度迥然有別。

1920至30年代的中國民俗學研究，大多停留在收集的層

---

**19** 汪宗衍：〈關於粵謳輯者通信〉，《民間文藝》，第2期，第25－38頁，1927年；招勉之：〈關於粵謳及其作者的尾巴〉，《民俗》週刊，第19－20期，第12－16頁；容肇祖：〈粵謳及其作者〉，《歌謠週刊》，第2卷，第4期，1936年，第1－3頁。

**20** 《民俗叢書》（1971年重印本，第56期），附刊；冼玉清：〈招子庸研究〉，《嶺南學報》，第8卷，第1號，1947年，第95、99頁。金文泰在1925－1930年出任香港總督，之前在香港政府擔任官學生時，已學會中文，尤擅粵語，1904年曾將《粵謳》翻譯成中文。

面，而罕有作出深入的分析，廣東學界的情況也不例外。過去的地方文獻，如《廣東通志》會在〈風俗〉一章記載雞卜、蛋卜等巫術 ，或敘述葬禮中擔幡買水、婚禮時唱哭嫁歌等民間習俗的細節。[21] 民國時期，大部分民俗學研究者做的，看起來也不外乎是把這些事情記錄得詳細一點，充其量加上幾句枯燥的、泛道德主義的評論。除了大學裏出版的期刊之外，坊間的報紙如《廣州民國日報》和《越華報》也開設專欄，刊載描寫廣東鄉村和"少數民族"的"奇風異俗"的文章。這類獵奇性質的記載，也無任何新鮮之處。明末清初廣東學者屈大均，在其《廣東新語》已記載了大量有關廣東的傳說、土語和風俗。屈大均是清文人中少有的對民間風俗感興趣者，其著《廣東新語》，就是立意記載廣東各方面各層次的事物，其描述細緻詳實，亦很少下什麼道德批評，從這方面來說，比起民國許多民俗學家來說，屈大均的"民俗學"修養可說是有過之而無不及。當然，民國知識分子和屈大均最大的分別，在於前者視"民俗學"為"學"，他們把民俗研究建設為一門嚴肅的學科，在高等學府裏據一席位，並企圖改變自己和別人對民間風俗的看法和態度。

　　然而，改變的程度是因人而異的，投稿《民俗》週刊的作者成分繁雜，對於民俗學的體會和思考，深淺不一。好些宣稱"到民間去"，聆聽"群眾的聲音"的大學師生，僅僅做了收集的功夫，出版了像《廣州兒歌甲集》和《台山歌謠集》一類的歌集，

---

21 例如道光《廣東通志》，卷 92；宣統《南海縣志》，卷 4，頁 20。

便沒有再作進一步的調查和分析。除了個別知名的學者外，不少
投稿人都以化名投稿，個人情況不詳。他們往往帶着思鄉懷舊的
心情，或收集家鄉的歌曲，或寫下童年的記憶，或記下老人的口
述故事。[22] 零碎的資料顯示，這些作者都有着頗為相近的背景：
不少人離開了家鄉好一段時間，接受新式教育，在城市裏工作和
生活。他們大部分只是業餘愛好者，在縣以下的學校從事教育工
作，也有個別從商或做工廠工人的，但只屬例外。[23] 一些投稿人自
稱 "離鄉數代，家鄉風俗，極少知聞"。[24] 甚至有人因為對自己鄉
音不熟悉，對同一種方言不同地區的發音不夠敏感，而把在寓居
地收集得來的歌謠，誤以為是自己家鄉的歌曲。[25] 某篇敘述東莞
"喊驚" 習俗的文章，是作者憑着他的童年記憶撰寫的，他 "自幼
在省城唸書，回去的日子也很少"，之所以還知道其中一種 "喊
驚" 的方法，是因為他小時每逢受了驚，他母親便會替他喊，儘

22 如辜宣存：〈先賢林大欽逸事〉，《民俗》週刊，1929 年，第 46 冊，第 28－30 頁；許
　　家維：〈姊妹會與神童〉，《民俗》週刊，1929 年，第 5 期，第 21－22 頁；徐思道：〈東
　　莞底風俗 —— 喊驚〉，《民俗》週刊，1929 年，第 52 期，第 23－24 頁；袁洪銘：〈兩
　　姊妹的故事（東莞童話之一）〉，《民俗》週刊，1929 年，第 64 期，第 50－56 頁；梅
　　山：〈選夫 —— 梅縣的故事〉，《民俗》週刊，1929 年，第 65 期，第 20 頁；清水：〈翁
　　源兒歌〉，《民俗》週刊，1929 年，第 91 期，第 41－59 頁。

23 見司徒優：〈讀了台山歌謠集之後〉，《民俗》週刊，1929 年，第 74 期，第 12－13 頁；
　　欽珮：〈翁源山歌〉，《民俗》週刊，1929 年，第 75 期，第 46－50 頁；于飛：〈關於
　　制錢〉，《民俗》週刊，1930 年，第 101 期，第 47－52 頁；劉萬章：〈粵南神話研究〉，
　　《民俗》週刊，1933 年，第 112 期，第 8－9 頁。

24 許家維：〈姊妹會與神童〉，《民俗》週刊，第 5 期，第 21 頁。

25 清水：〈翁源兒歌〉，《民俗》週刊，第 91 期，第 56 頁。

管他記錄了這種鄉村習俗，但他對這一習俗的態度顯然是否定的。[26]

《民俗》週刊的撰稿者帶着"到民間去"的熱情投入民俗學研究，他們都以"科學"和"進步"的自我形象自居，對於民間風俗和文學中"封建迷信"的成分深惡痛絕。某作者說東莞"因為教育不甚發達的原故，民間的風俗非常迷信，把鬼神看作有無限威權"；[27] 另一個說廣東靈西婚俗新娘和姐妹唱哭調，"實是無謂得很，我曾和姐妹們問及為什麼要哭，據她們都說，不哭，到嫁後就難找到美滿的生活。原來是這樣的迷信，其愚真不可及啊！"[28] 也有作者在記錄潮州民間神話之餘，忘不了帶上一點指責，謂"潮州人迷憸風水之說"。[29]

對"傳統文化"和"封建社會"的批判，也見諸於某些作者對粵謳的評論上。上文提到的〈關於粵謳及其作者的尾巴〉的作者招勉之，認為招子庸是"失敗了"，因為即使招子庸"從這些濫調裏便吹一些新的空氣進去，再加以土語的感歎的音韻押押尾和接接頭，使詩詞的風韻普遍化"，但"悲哀不會絲毫地打動這些人們的心弦"。他認為，在鄉下，人們尊重招子庸是舉人，"是封建思想的傳統的標準"，敬視他的圖畫，"是莫名其妙的盲

26 徐思道：〈東莞底風俗 —— 喊驚〉，《民俗》週刊，第 52 期，第 23 頁。

27 見黎春榮：〈東莞風俗談〉，《民俗》週刊，1928 年，第 4 期，第 25 — 27 頁。

28 韋承祖：〈廣東靈西婚喪概述〉，《民俗》週刊，1928 年，第 25、26 期合刊，第 58 — 79 頁。

29 培之：〈潮州民間神話二則〉，《民俗》週刊，1928 年，第 31 期，第 3 — 6 頁。

從"，"冒充內行好像近視佬看東嶽廟上匾的一回事"，人們喜歡粵謳，只是因為粵謳"足以引起一班不三不四之風流 —— 或阿Q式的淺薄的飄飄然 —— 的感慨。"**30**。招勉之在贊許招子庸的同時，實際上也是在諷刺他心目中的"封建社會"。

這種對"民間"既愛又恨的態度，在《民俗》週刊各類稿件中比比皆是。這些評論往往只是在文末稍加一筆，但這隨便幾筆卻反映了民國讀書人與國民政府積極推動的"風俗改革"的政策前呼後應。國民政府以維護文化正統自居，但這個"正統"的內涵如何，意識形態基礎是什麼，卻不容易統一協調。繼承了辛亥革命"驅除韃虜，恢復中華"的成果，國民政府必須強調其對傳統漢族文化（也就是儒家思想）的擁護；展示其"建立民國"的成就，國民政府又必須表現得"民主"、"科學"和"進步"。因此，在有選擇性地守護着中華文化的精粹的同時，它又自覺有責任徹底剷除舊文化的糟粕 —— 封建迷信。這種清末以來在革命分子和知識分子之中發展起來的思維，到民國時期國家體制開始建立起來之後，就從原來浪漫主義的理想，演化為一廂情願的強制措施。辛亥革命後初期，臨時政府雷厲風行的廢舊曆、破迷信等運動，充分表現了革命分子的浮躁如何與他們的民主理想背道而馳。其後，國民政府北伐勝利，定都南京不久，國民黨即在1928至1929年間在江蘇、浙江、安徽等地推行一系列的反迷信運

---

**30** 招勉之：〈關於粵謳及其作者的尾巴〉，《民俗》週刊，1928 年，第 19、20 期合刊，第 12－16 頁。

動。1928 年，政府頒佈各種規章和條例，企圖廢除它認為是迷信和淫褻的活動或行業，活動如拜神、蓄婢、婚喪大肆鋪張等，行業則包括占卜、星相、巫術和風水等，皆在禁止之列。[31] 1929 年 7 月，國民黨廣東支部在廣東設立"風俗改革委員會"，並在國民黨機關報《廣州民國日報》中，以副刊形式，出版《風俗改革週刊》，都是為政者自以為用科學思想"移風易俗"的舉措。

　　就在這些政治運動雷厲風行的時候，本着科學主義的《民俗》週刊，卻成為風俗改革者和某些挾風俗改革之名的政客攻擊的對象。儘管國民政府的政策，在意識形態的層面上，乃源出於知識分子的浪漫主義，似乎和民俗學家的理想並無二致，但政府在具體推行破除迷信運動時，矛頭指向民間風俗，那就迫使民俗學家不得不和政府劃清界線。從今天尚存的一百多期《民俗》週刊看來，中山大學當年的民俗運動似乎聲勢浩蕩，但實際上，顧頡剛等人在成立民俗學會、創辦《民俗》週刊不久，便面對着校內外不少反對的聲音。這些夾雜着許多具體的人事矛盾的衝突，實際上也反映了當政者與知識分子之間在如何定義國家文化的問題上的誤解和對立。為了說明這個現象，我們有必要進一步瞭解當時

---

**31** 見風俗改革委員會：《風俗改革叢刊》，廣州：廣州特別市黨部宣傳部，1930 年。相關研究參見 Prasenjit Duara, "Knowledge and Power in the Discourse of Modernity: The Campaigns Against Popular Religion in Early Twentieth-Century China", *Journal of Asian Studies*, 1991, Vol. 50, No. 1, pp. 67-83；潘淑華：〈"建構"政權，"解構"迷信？—— 1929 年至 1930 年廣州市風俗改革委員會的個案研究〉，載鄭振滿、陳春聲主編：《民間信仰與社會空間》，福州：福建人民出版社，2003 年，第 108－122 頁。

中山大學和民俗學會的情況。

## 學術與政治

20 世紀 20 年代，廣東一度成為革命中心，其學術環境相對於北方而言，對一些有學術抱負的學者有一定的吸引力。據容肇祖憶述，"1926 年秋，北洋軍閥野蠻地摧殘文化界，北京許多名教授被迫相繼離京，如魯迅、張星烺、沈兼士、顧頡剛等應廈門大學之聘到廈門，我於這年 10 月也到廈大，任廈大國文系講師兼廈大國學研究院編輯，不久，廈大董事長陳嘉庚因商業不振，國學研究院停辦。"[32] 面對這樣的局面，顧頡剛和容肇祖又擬離開廈門大學，投身到其他學校去。

此時，位於廣州的廣東大學已易名中山大學，紀念剛逝世的孫中山先生。中山大學的前身廣東大學，雖以"廣東"命名，卻是國民黨政府成就統一大業的一個重要機構。在國民黨政府的宣傳下，廣東大學任重道遠，它是"紀念總理的聖地"，是"革命的最高學府"，也是"西南的文化中心"。[33] 中山大學繼承了這個使命，遲至 1930 年代，當時的校長戴季陶在一次公開演講中，仍然說中山大學作為革命的南方的一個文化中心，可以把新文化帶

---

**32** 容肇祖：〈容肇祖自傳〉，載東莞市政協編：《容庚容肇祖學記》，第 265 頁。

**33** 據戰時中山大學校友憶述，見余一心：〈抗戰以來的中山大學〉，《教育雜誌》，1941 年，第 31 卷，第 1 期，第 3 頁。

到北方去，因為北方的文化已經被摧毀多時了。[34] 對於當時拒絕向北洋政府低頭，一再南遷的學者來說，中山大學自然是他們的其中一個選擇。1927 年 3 月，容肇祖到中山大學任預科國文教授兼哲學系中國哲學史講師；1927 年 8 月，傅斯年就任中山大學語言歷史研究所籌備主任，延聘顧頡剛，從 10 月開始，顧頡剛便擔任中山大學史學系教授兼主任。[35] 以中山大學為中心的民俗學運動，就是在這個時候，在顧頡剛和容肇祖等人的共同努力下開展起來的。

然而，在革命口號的背後，南方的大學和北方一樣，也是充滿着派系政治的。國民政府一方面並不能全面控制廣東，另一方面也志不在廣東；同時，國民黨內部又黨派林立，大學許多人和事為政治所左右，學者的處境直接或間接地受到威脅，就連民俗學研究也不能倖免。

顧頡剛在中山大學對民俗學研究的推動，很大程度上得到當時中大的副校長朱家驊（1893－1963）的支持。1927 年 10 月，顧頡剛上任為中山大學歷史系主任及教授，這時候的中山大學校長已經在短時間內經歷過多次調動。1924 年廣東大學最初成立的時候，校長鄒魯是廣州國民政府要員，也是國民黨中央行政委員會的委員。1925 年，鄒魯和另一些國民黨右派成員結成西山派，企

---

**34** 戴季陶：〈中山大學所負的歷史的使命講詞〉（1930 年），《戴季陶先生文存》，台北：中國國民黨中央委員會，1959 年，第 2 冊，第 638－640 頁。

**35** 顧潮編著：《顧頡剛年譜》，北京：中國社會科學出版社，1993 年，第 144 頁。

圖在國共合作積極籌備北伐期間，排除黨內的親共產黨人士，結果，西山派被挫，鄒魯亦被辭退中山大學校長的職位。1926年，廣州國民政府任命一個五人委員會，在中山大學實行集體領導，由戴季陶任委員長，顧孟餘任副委員長，其餘三名委員分別是徐謙、丁惟汾和朱家驊，校務工作主要由朱家驊主持。朱同時也是大學地質學教授，在此之前，曾任職北大。1927年，廣東省政府重組，李濟深（1886－1959）任省主席，羅致朱家驊到省政府中擔當包括署理省政府常務委員會主席、民政局專員等要職。三個月之後，朱被任命為教育專員和中山大學副校長，而戴季陶亦獲續任校長一職。戴季陶原來也支持鄒魯開除共產黨的，但由於得到蔣介石的庇護，戴季陶並沒有像鄒魯般受到黨紀處分，反而再次被選上為國民黨中央行政委員。儘管戴季陶是正校長，但由於他大部分時間不在廣州，校務實際上由朱家驊處理。**36**

中山大學的民俗學會，就是在朱家驊任職副校長期間，於1927年11月設立的。雖然朱家驊在1927年底因需就任其他公職而不在校，但副校長的職務得以保留，並極力支持顧頡剛和他的民俗學研究。據顧頡剛的哲嗣顧潮說，顧頡剛在1927年6月到10月在杭州為中山大學圖書館購書期間，朱家驊時在杭州任浙江省建設廳長，聽到書肆裏講顧頡剛購書的情況，對顧"印象頗好，他隔幾個月來中大一次，處理校務，父親向他申請設備費、印刷費，他無不批准。"有好幾次，《民俗叢書》甚至《民俗》週刊的

---

**36** 黃義祥：《中山大學史稿》，第120－131頁。

出版遭到反對顧頡剛和不贊同民俗研究的教授阻撓，都是因為朱家驊的支持而得以繼續。[37]

在國民政府竭力推行風俗改革之際，也是顧頡剛和中大的民俗學研究備受壓力之時。一些不滿顧頡剛及其民俗研究的人，甚至請平日不怎樣處理大學事務的戴季陶出面，干涉民俗學會的運作。1928 年 5 月，顧頡剛編纂的《吳歌乙集》正要付梓，協助編輯此書的鍾敬文卻突然被戴季陶開除，理由是《吳歌乙集》收入的部分歌曲有淫褻成分，鍾敬文結果在 1928 年 8 月離開中山大學。戴季陶本人對中山大學的民俗研究有多少瞭解，我們一時無法得知，但以戴季陶的身份，對於他認為有涉意識形態的事情，特別留心，亦不足為奇。當時，戴季陶正忙於籌備中央黨務研究所，他主要關心的，是如何以三民主義和傳統中國道德文化為基礎，強化國民黨的中心思想。其實，戴季陶對顧頡剛早存不滿。顧頡剛因《古史辯》一時聲名大噪，其提出的"大禹是一條蟲"、三皇五帝不過是傳說中的人物等見解，不但獲得同行尤其是後學的認同，更被納入學校歷史課程。戴季陶向以維護中華傳統文化自居，對顧頡剛這樣的言論不能接受，提出把《古史辯》從學校課程抽出。[38] 戴季陶個人對顧頡剛的不滿，足以讓反對民俗研究的

---

[37] 顧潮：《歷劫終教志不灰：我的父親顧頡剛》，上海：華東師範大學出版社，1997 年，第 120–122 頁；顧頡剛：《顧頡剛自傳》（4），《東方文化》，1994 年，第 4 期，第 13–14 頁。

[38] 鍾貢勳：〈戴校長與母校〉，國立中山大學校友會編：《國立中山大學成立五十周年紀念特刊》，台北：國立中山大學校友會，1974 年，第 82 頁。

人士加以利用，以防止"陋俗淫聲"散播之名，對民俗學會的人予以攻擊。

顯然，有人藉風俗改革之名，干預民俗學會的運作。面對這些指責，民俗學會的領導人和支持者繼續以《民俗》週刊為基地，予以反駁。在 1928 年《民俗》週刊第 25 期一篇文章中，經常投稿到《民俗》週刊的小學教師張清水就提出，民俗學家是"站在民俗學上的立場說話，不是個人道主義者，領導婦女的革命家"。[39] 翌年的《民俗》週刊，也刊載了鍾敬文致容肇祖函，強調"民俗的研究，是一種純粹的學術運動，—— 最少在我們從事者的立意和態度，應該是如此！ —— 致用與否，是另外一個問題，不能混為一談，更不該至於喧賓奪主！"[40] 同年，容肇祖在第 71 期的《民俗》週刊發表了一篇長文，申明學術政治不可混為一談：

　　我們是用忠實的態度去描寫刻畫一些風俗上的事項，我們是用客觀的態度，用不着鄙夷的口吻，也不是恭維的奉承，因為我們是對於這些材料的評價是無所容心的。改革社會者從我們的材料的根據，去提倡改革某種的風俗，我們固是贊同，但不是我們學問裏的事情。如果我們的研究，有人籍〔應為"藉"—— 引者〕着去保持某種的風俗，以為是我們承認他們的好處，當然我們更

---

**39** 清水：〈讀蘇專婚喪〉，《民俗》週刊，1928 年，第 35 期，第 24 頁。作者張清水是翁源縣一位小學教師，經常投稿《民俗》週刊。

**40** 〈本刊通信〉（鍾敬文致元胎），《民俗》週刊，1929 年，第 52 期，第 29 頁。

不去負這種的責任。我們也許是內中間插有評判好壞的話，而重要的目的，卻是求 "真"。**41**

他不久又在《民俗》週刊發表〈迷信與傳說自序〉一文，直接針對政府的反迷信運動：

說到迷信的一個問題，當我們認為不應存在的時候，便要高呼着打倒它。然而我們拚命高呼打倒某種迷信的時候，往往自己卻背上了一種其他的迷信。在知識未到了某種的程度時，迷信是不容易打倒的。…… 我們或者可以跟隨着政治的革命之後而高呼 "思想革命"。但是一壁叫 "政治革命" 的民國成立之後，卻有 "官僚政治"，"軍閥政治"，自然一壁叫 "思想革命" 之後的，一壁迷信是會依然存在的了。

要政治革命的成功，要將政治的知識灌輸於一般的民眾，要思想革命的成功，更要將正確的思想普及於一般的民眾。我們此際只有拋棄了向民眾作對方面的狂呼，而腳踏實地的把民眾的迷信及不良好的風俗作我們研究的對象。討尋他的來源和經過，老實不客氣的把他的真形描畫出來。無論若何的在人們心目中的勢力，斷不能推翻我們的結論。無論他怎樣的要變形的出現，斷不能逃過我們的眼睛。我們的力量，我們的範圍，不怕渺小，而我

---

**41** 容肇祖：〈告讀者〉，《民俗》週刊，1929 年，第 71 期，第 2 頁。

們的所催折的，是從根荄拔去。**42**

　　容肇祖這番話顯然是在回應某些人對他們的誤解甚至攻擊。1929 年 2 月，顧頡剛也離開中山大學，民俗學會的牽頭人就只剩下容肇祖了。1930 年 1 月，廣州市政府社會局以破除迷信的名義，收繳了市內許多廟宇超過五百多具神像。容肇祖此時也離開中大在即，但也和有關人士交涉，獲准把二百多具神像移到中大的"風俗品陳列室"，作民俗研究的材料之用，可是，因為某些人的阻撓，此事最後不得要領，容肇祖也憤憤而去。就在此事發生三個月後，《民俗》週刊也被迫停刊，劉萬章在第 110 期《民俗》週刊，刊登辭職啟事，並發表〈本刊結束的話〉，他憤怒地寫道：

　　我把以下的一段話，當做我們三年來努力的一點招供，我們並不為本刊可惜，我們更不因停出本刊為民俗學可惜，我們為中國環境底下的一切學術可惜！

　　……在現在中國學術界裏，對於民俗學雖然有一班食古不化的老、嫩的"古董"，他們看不起民俗學，仇視民俗學，尤其是咒罵努力民俗學的同志，但民俗學畢竟有發展的可能，你要仇視她，反對她，恐怕沒有什麼功效吧！現在國內，如福建，浙江，北平，都有民俗學的團體和刊物。說不定本刊 "結束" 以後，月

---

**42** 容肇祖：〈迷信與傳說自序〉，《民俗》週刊，1929 年，第 77 期，第 1－2 頁。

刊出世，還要獨樹一幟。我們要努力盡可以努力下去。<sup>43</sup>

關於此事，容肇祖後來 1933 年復刊的第 111 期《民俗》週刊中發表的〈我最近對於"民俗學"要說的話〉中，透露得非常詳細。這篇文章，表達了他"一點的心情，數年來到今猶未能忘的"，可說是容肇祖針對反對民俗研究的人而發的一篇宣言：

舊風俗習慣的破除，是改良社會者的事業，民俗的紀錄，是民俗學者所有事。二者觀點不同，而實可相助為用。改良社會者打破一種陋習時，民俗學者可以為這種陋習最後的紀錄。民俗學者的紀錄，亦可為改良社會者的利用。廣州市社會局於十九年一月為破除人民偶像崇拜的習俗，沒收各街市中的陋像五百餘；其時我尚在中山大學，雖已提出辭職，然而向社會局接洽接收此種偶像，既經允可，選有二百餘件，以貨車運入校，備陳之於風俗物品陳〔此處缺一"列"字 —— 引者〕室，將來並擬為照像編成一書，附以各種神的源流考證，一為民俗學叢書之一，且可備宗教史學者的參考。乃竟以某院長向戴季陶校長的一番說話，以為保存民間的迷信，一切偶像，限令即日從校中遷出。因此使我離校的決心更為堅決。蓋歷史學家，民俗學家，注意於材料的搜集與保存，實為重要，亦猶中山大學語言歷史研究所檔案整理室之保存《袁世凱通緝孫總理令文》，不能視為侮辱總理也。破毀

---

43 劉萬章：〈本刊結束的話〉，《民俗》週刊，1930 年，第 110 期，第 58－59 頁。

偶像是打破迷信，而歷史學家，民俗學家的搜集偶像，亦可以說是不悖於打破迷信的目的；猶撕毀令文是國民黨員的職務，而保存《通緝孫總理令文》亦不悖於黨員的行為，蓋有此實跡的保存，而革命歷史更顯其光榮也。到現在，我們要搜集廣州市所有的偶像而考證之，當不易言，真我們所引為痛惜的呵！ **44**

　　到底這位向戴季陶進一言的"某院長"是誰，我們暫不根究，但即使是支持顧頡剛的朱家驊，在 1930 年 9 月正式繼戴季陶任中山大學校長時，似乎也未能給予民俗學會什麼有力的支持。其實，當時南京政府對廣東只維持名義上的統治，實際控制廣東的是軍人陳濟棠，支持蔣介石的朱家驊在上任三個月後便離開中山大學 ── 雖然，在離開前的一次公開演講中，朱家驊說過"從前民俗學會的《民俗》週刊，是一種有價值的出版物，應該設法把他恢復起來"。**45**

　　陳濟棠統治廣東期間，從事民俗學的學者與政府和大學當局的關係依然緊張。1932 年，原來與國民黨左派不和，被迫離開中山大學的鄒魯，因為願意和陳濟棠合作，成為西南政治局的常務委員，再度得以擔任中山大學校長的職位。已經在嶺南大學工作

**44** 容肇祖：〈我最近對於 "民俗學" 要說的話〉，《民俗》週刊，1933 年，第 111 期（副刊號），第 18－19 頁。

**45** 朱家驊：〈致同事諸先生書〉（1930 年 12 月 9 日講話），載《國立中山大學日報》1930 年 12 月 13 日，第 1－2 頁；容肇祖：〈卷頭語〉，《民俗》週刊，第 111 期，1933 年，第 4 頁。

了兩年多的容肇祖，也剛好在 1932 年秋季重返中大中文系任教。不過，由於反對中文系教授古直提倡讀經的舉措，容肇祖又被調職到歷史系。古直（1895－1959）之提倡讀經，除了是他個人喜好之外，也是在回應鄒魯的主張；而鄒魯之所以提倡讀經，自然是為了要與陳濟棠的政策相一致。

其實，五四運動"打倒孔家店"的主張，在廣東並沒有得到太大的迴響，廣東不論是文化界或教育界，對於新文化和新文學的接受程度，遠遠不如上海北京等城市。1928 年，大學院（南京政府於 1927－1928 年間成立"大學院"，取代教育部），下令擱置孔子春秋二祭，馬上遭到包括廣東在內多處地方政府的反對。1928 年 12 月，廣東省政府下令所有學校紀念孔子誕辰，至 1929年國民政府亦漸漸對祭孔之事表示支持，在教育部發出的全國紀念日和假期中，孔誕即是其中之一。

容肇祖從中文系調到歷史系，當中可能得到歷史系教授朱希祖（1879－1944）的支持，自 1932 年 11 月至 1934 年 1 月，朱希祖擔任文史研究所所長，而容肇祖也再度主持民俗學會，《民俗》週刊亦於 1933 年 3 月復刊。**46** 不過，不足三月後，《民俗》週刊再度停刊，容肇祖也決定離開中山大學。關於此事，朱希祖在其日記中寫道：

〔1933 年 6 月 30 日〕二時，容元胎來〔元胎為容肇祖

---

**46** 朱希祖：〈恢復民俗週刊的發刊詞〉，《民俗》週刊，1933 年，第 111 期，第 1 頁。

字 —— 引者〕，略談即去，知元胎已為忌者排去，下學年不在中山大學矣，余聞之，心不樂，即至陳崑山處，知彼蟬聯，乃至朱謙之處，詢問元胎被排狀。據云：某主任聲言反對《民俗》週刊，元胎之去，乃新舊之爭耳，亦有私仇報復之嫌，付之一笑而已。[47]

　　在筆者所見有關容肇祖、朱希祖和朱謙之的自述中，並沒有指明這位"某主任"是誰。古直曾任國文系主任，在讀經的事情上又和容肇祖意見相左，到底這"某主任"是否就是古直，一時難作判斷。[48] 不過，《民俗》週刊被停刊，容肇祖被迫離開中山大學，顯示了作為文史研究所所長的朱希祖和作為歷史系主任的朱謙之，在這些事情上是如何無能為力。1934 年 1 月，朱希祖也離開中山大學，到南京的中央大學去。隨着顧頡剛、鍾敬文和容肇祖的相繼離去，廣東的民俗學研究也一時歸於沉寂。

　　廣東的民俗學運動以中山大學為中心，在開始時並不高調，到了這個時候，主事者紛紛為自己的研究辯護，是由於政府和學校的政治和人事角力，迫得他們不得不這樣做。沿着北京大學民

---

**47** 《酈亭粵行日記》，《朱希祖先生文集》第 6 冊，第 4156 頁。陳崑即陳廷璠（1897－？），1922 年北京大學哲學系畢業，1933 年時任中山大學教授。

**48** 在朱希祖的《酈亭粵行日記》中，又有 1932 年 10 月 22 日一條曰："朱謙之君邀余及吳君康李君滄萍吃晚飯，又步行至古先生直寓存問其病。古先生為中山大學國文系主任，所定課程注重讀經，欲以經為文，頗為容君元胎所駁詰。容君本為國文系教授，今調為史學系教授，全以此故。古先生因此辭職，今雖慰留，然鬱鬱不樂，仍思脫去，其病蓋以此也。余幸不為史學系主任，免卻許多煩惱。"見《朱希祖先生文集》第 6 冊，第 3863－3864 頁。

間文藝的拓荒人的路子，廣東的民俗學家之所以從事這方面的研究，非為了保存舊俗，而是希望求真，長遠來說，更是為了建造新中國文化尋求出路。他們研究地方風俗，並非為了突出地方的特色，而是為了找尋共性 —— 超越一地一省甚至一國的共性，因為，民俗學的研究，從來就是探索人類的共性的。可是，當北伐勝利，國家至少在名義上達致統一之後，政治改革者企圖在意識形態上鞏固軍事成果時，卻和知識分子的理想發生衝突。

到了抗戰前夕，國民政府這種強調統一的民族主義政策，甚至延伸到限制方言的使用。1936 年夏，設於南京的中央電影檢查委員會宣佈，為了進一步推廣國語，各地從今不得製作方言電影，兩廣地區亦禁止上映粵語電影，即使這些電影在香港或廣東以外的地方拍攝，亦一律不准播放。這對於香港蓬勃的電影業勢將打擊甚大，華南電影協會派代表到南京請願，在粵籍國民政府高級官員的調停下，中央電影檢查委員會在 1937 年 7 月決定將有關措施延期執行。後來隨着抗日戰爭全面展開，此事才不了了之。[49]

德國社會學家 Wolfram Eberhard 自 1930 年代便與中國的民俗學家相交甚殷，對於國民政府與中國的民俗學運動之間，在意識

---

[49] 一說延遲六年（見《越華報》，1937 年 6 月 20 日），一說延遲三年（見吳楚帆：《吳楚帆自傳》，香港：偉青書店，1956 年）；另見杜雲之：《中國電影史》，台北：台灣商務印書館，1986 年，第 2 冊，第 33 頁；李培德：〈禁與反禁 —— 一九三〇年代處於滬港夾縫中的粵語電影〉，載黃愛玲編：《粵港電影因緣》，香港：香港電影資料館，2005 年，第 24－41 頁。

形態上的矛盾，看法頗為獨到。他認為，至 1929 年，國民政府把民俗學視作一個"危險的領域"，由於民俗學家"傾向於強調地區差異，甚至把地方的亞文化孤立出來"，這無異於"觸犯了官方極力維護一個統一的中國文化的教條"。[50] 換句話說，從政府的角度看，民族主義意味着統一和標準化，在這個前提下，地方特色是注定要被壓抑的。

如果真的如 Eberhard 所說，國民政府有人反對民俗運動，是因為他們覺得民俗運動側重地方特色，有礙國家統一大業的話，那這些人也未免太不理解當時中國知識分子的感情。《民俗》週刊的文章，鐵一般地說明瞭知識分子不但不會鼓吹迷信，更不會執意保存地方特色。顧頡剛便曾經大聲疾呼地申明他的立場：

我們並不願呼"打倒聖賢文化，改用民眾文化"的口號，因為民眾文化雖是近於天真，但也有許〔此處疑缺一"多"字 —— 引者〕很粗劣許多不適於新時代的，我們並不要擁戴了誰去打倒誰，我們要喊的口號只是：研究舊文化，創造新文化。[51]

顧頡剛這番話清楚地表明了，民國知識分子的"地方文化"

---

**50** Laurence Schneider, *Ku Chieh-kang and China's New History: Nationalism and the Quest for Alternative Traditions*, p. 149; Wolfram Eberhard, *Folktales of China*, Chicago: The University of Chicago Press, 1965, Introduction, p. xxxiv.

**51** 顧頡剛：〈聖賢文化與民眾文化 —— 一九二八年三月二十日在嶺南大學學術研究會演講〉，《民俗》週刊，1928 年，第 5 期，第 4–5 頁。

和“民眾文化”產生興趣，背後是有一個民族主義的議程的。他們要創立的，是一個“民族的”新文化，“地方”本身並不是他們的終極關懷，“地方”只是他們調查“民眾”的空間，在那裏，他們可以留其精粹，去其糟粕，從而創造新中國文化。當時民俗學研究的主將鍾敬文先生，在其晚年仍一再表明他們當時的追求，他說：

> “五四”時期，那些從事新文化活動的學者們，大都是具有愛國思想和受過近代西洋文化洗禮的；同時他們又是比較熟悉中國傳統文化的。他們覺得要振興中國，必須改造人民的素質和傳統文化，而傳統文化中最要不得的是上層社會的那些文化。至於中、下層文化，雖然也有壞的部分，但卻有許多可取的部分，甚至還是極可寶貴的遺產（這主要是從民主主義角度觀察的結果，同時還有西洋近代學術理論的借鑒作用）。儘管在他們中間，由於教養等不同，在對個別的問題上，彼此的看法有參差的地方，但是在主要的問題上卻是一致的。這就形成了他們在對待傳統裏中、下層文化的共同態度和活動。[52]

正如趙世瑜總結，民國知識分子對民俗學的興趣，在某程度上體現了民粹主義的思想與實踐。知識分子對於所謂“民眾”和

---

52 鍾敬文：〈“五四”時期民俗文化學的興起 —— 呈獻於顧頡剛、董作賓諸故人之靈〉，《鍾敬文文集》，合肥：安徽教育出版社，1999 年，第 107 頁。

自己的想像與投射，隨着他們在政治、社會、文學和民俗學研究各方面不同程度的參與，而有所改變或充實。我們更可以說，在民粹主義背後，民國知識分子的終極關懷，仍然是民族主義。這套以統一的中華民族為前提的民族主義，不但主導了他們的思想，還深深地影響着他們的詞彙和語法。在為國家，也為他們自己尋求一個新身份的過程中，民國知識分子發現，民間文學和風俗，是為一個統一的中國建立起一套新的文化的最豐富的資源。就在他們締造這套新的國家意識的同時，也有意無意地重新定義和定位地方文化。他們理想中的國家文化，是城市的，是屬於將來的，是普遍的，也是抽象的；他們眼前看到的地方文化，也就是各地俯拾即是的風俗，是鄉村的，是屬於過去的，是個別的，但也是實實在在的。對於這些知識分子來說，中國文化不是也不應是各種地方文化的總和，"中國文化"是高於"地方文化"的，他們之所以熱衷於從民俗去認識"地方文化"，是因為他們更關心如何去創造新的民族文化。

## 學人與政要

儘管在概念的層面上，民國知識分子有意無意地把"地方文化"置於"中國文化"之下，但一旦牽涉到個人的身份認同時，這種新的國家意識，卻不一定會把一地方一人群的特性壓下去，反而成為支撐這種獨特性的基礎。在廣東，最顯著的例子莫如客家人的自我身份的表述。在第二章裏，筆者已經討論了 19 世紀末的時候，客家士子如何在論述客家文化特色的同時，建立起自己的漢族認同。在這一節裏，筆者將探討民俗學運動引出的民族學研究風氣，在二三十年代如何透過新的學術話語，使客家人的文化認同在新的政治力量的蔭護下得到強化。

在 1930 年代的廣東，最積極從學術上論證客家人的漢族血統的客家學者，非羅香林莫屬，一直到今天，羅香林仍然被視為"客家學"的奠基人。羅香林就是在民俗學興起的浪潮中培育出來的新一代學者，他於 1926 至 1932 年間在清華大學歷史系就讀時，和許多年青學子一樣，深受民俗學研究的吸引，從此開始了他對客家山歌以及後來對客家歷史的興趣。廿五歲的時候，羅香林還在清華大學唸本科，便在《民俗》週刊以專號形式發表了他第一篇研究廣東民族構成的文章 ——〈廣東民族概論〉。1930 年代後期，羅香林不但在學術上已頗有名氣，在廣東的政府，尤其是文化事務方面，已有一定的影響。羅香林個人對客家族群和文化的認同，對客家歷史的興趣，以及對國民政府的忠誠，結合起來，推動了他研究孫中山的族屬的興趣。1933 年，他出版了《客家研究導論》一書，提出孫中山是客家人的說法；這個論點後來在他 1942 年出版的《國父家世源流考》中，作了更全面和肯定的論證。

羅香林最早發表的有關客家研究的作品《廣東民族概論》，可說是奠定了他有關人種和民族分類的基礎，他日後的許多研究，基本上是這套觀點的發揮。按羅香林的分類，廣東歷史上和現代存有的民族，有"黃種"、"黑種"、"白種"和"未考實的人種"之分。其中"黃種"包括回族（阿剌伯人）、苗蠻族（苗族、徭族、壯族、佘民）、漢族（越族、廣府族、客家族、福老族）；"黑種"包括僧祇奴、崑崙奴和鬼奴三類；"白種"主要是阿利安族，也就是波斯人；而"未考實的人種"則有蛋家、擺夷和黎人。他又認為，"一民族有一民族的特性"，而廣東民族的特性，在好的方面，是"愛好潔淨性"、"好動好勞性"、"堅苦耐勞性"、"冒險進取性"、"愛國保族性"；不好的方面有"剛愎自用性"、"迷信神權風水性"和"浪費享樂性"。受着"科學主義"的影響，羅香林以為，血統是有"純粹性"可言的。他認為，"廣東諸漢族中，比較上可稱純粹者，則為客家族"，不過，他的看法與當時頗有名氣的醫生梁伯強所作的血統研究有出入，於是，他嘗試提出一些補充性的解釋：

據近人梁君伯強的研究，中國越南方的漢人，則其血液越為純粹。廣東人 A 質多於 B 質，血液黏集指數，約為一點二六。這種說法與福老客家二族，或許沒有衝突：因為福客雖嘗雜有畲民的血分，然而較之長江以北的漢族，仍是純粹得多。至於廣府一族，則頗與梁氏的結論，有所出入，因為從歷史上看，他們並不是純粹的民族。這種歷史事蹟與實驗結果不相符的現象，不知當用何種學說始能解釋。也許是：廣府族雖嘗與各種舊日粵族發生混化作用，但因那些民族的智力體力均不若廣府族之故，兩相比較，適成劣性，混血以後，他們的劣性為廣府族人的優性所抑制，所生子女，體中雖潛有劣性惡質的系統，然其表現則類為優性。這種解釋倘若不能成立，則不是我的史的〔"史的"二字，疑為誤植 —— 引者〕觀察錯誤，便是梁氏所實驗的廣東人為不屬於廣府族的人，或許單是客家，或許單是福老。[53]

　　羅香林提到的梁伯強，是德國畢業回來的醫科學生，1926 年在《東方雜誌》發表了一篇文章，就他的實驗結果發表結論，說中國南方的漢人，越往南血液越純粹。[54] 1910 至 1920 年代期間，進化論主導了社會和人文學科對社會發展的解釋。有自然和社會科學家認為，保存體質的"純粹性"，是維持某個族群的優良發展的最佳方法之一。梁伯強很可能是在這個前提下進行他的研究的，並顯然引起了羅香林等人文學科的研究者的注意。羅香林這番極力表現得客觀科學的論述，力求得出的結論只有一個，就是客家是血統最純粹的漢族。在本書第二章討論晚清的鄉土教材時，我們已注意到，教材作者在"種族"一章中，特別注意自己所屬的民族是否漢種，羅香林的觀點，實際上是這個討論的延續。在今天看來，這只不過是頗為膚淺的循環論證。不過，這種論證方式，即以血統的"純粹性"來量度某某民族是否屬於漢族或接近漢族，卻是當時體質人類學研究種族的典型的方法。

　　當時的羅香林沒有受過什麼正規的人類學和民俗學訓練。羅

---

53　羅香林：〈廣東民族概論〉，載《民俗》週刊，1929 年，第 63 期。

54　Frank Dikötter, *The Discourse of Race in Modern China*, p. 135；梁伯強：〈醫學上中國民族之研究〉，載《東方雜誌》，1926 年，第 23 卷，第 13 期，第 87–100 頁。

香林自己也承認，他"於人類學，地理學，民族學，考古學，語言學，素來毫無研究"。[55] 像當時中國大多數的民俗學研究者一樣，羅香林對民俗學產生興趣，始於收集和分析客家歌謠。1928年，他和"幾個留在北平的愛好平民產品的客家青年"組織了"客家歌謠研究會"，他後來對此會的評價是："客家歌謠研究會，說來傷心！組織之初，會員僅十一人。一年以來，又因人事的變遷，出洋的出洋，改業的改業，離散的離散，做官的做官，弄至現在，其仍以收集或研究為職志者，已只有五個弱丁了。"[56] 在此期間，羅香林發表了〈什麼是粵東之風〉一文，經增補後在1928年出版成《粵東之風》一書；不過，這些都只能說是羅香林在清華大學主修歷史期間的業餘興趣，似乎並不是從正規的專業課程學習得來的。[57]

羅香林對體質人類學的認識，是來自當時流行的地理學和人類學書籍。他在《廣東民族概論》一文所列舉書目，便有美國地理學家韓廷敦（Ellsworth Huntington）的 *Character of Races*（種族的特性），S.M. Shirokogoroff 的 *Anthropology of Eastern China and Kwangtung Province*（華東與廣東省的人類學），李濟的 *The Formation of The Chinese People*（中華民族的形成），鍾獨佛撰《粵省民族考原》、張其昀編的《中國民族志》，常乃惠的《中國民族小

---

**55** 〈本刊通訊〉，《民俗》週刊，1929年，第63期，第49–53頁。

**56** 〈來信及其他〉，《民俗》週刊，第23–24期合刊，第72–80頁；〈學術通訊〉，《民俗》週刊，第77期，第52–55頁。

**57** 清華大學校史編寫組：《清華大學校史稿》，北京：中華書局，1981年，第72–80頁。

史》，張菩《夷為漢族之商榷》，梁啟超《歷史上中國之民族》等。

其中，韓廷敦的 *Character of Races* 對羅香林的影響尤其明顯。他經常引用韓廷敦用來形容客家民族的一句話 ——"客家為中華民族中最純粹最優良的民族"（The Hakkas are the cream of the Chinese people.），就是載在韓於 1924 年出版的 *Character of Races* 這部著作中的。據羅香林引韓廷敦，這句話出自一位姓 Spiker 的外國人之口；其他資料顯示，長期在客家地區傳教的 George Campbell，也說過類似的話。韓廷敦 1900 年在中國、印度和西伯利亞逗留了一年半，[58] 他的基本理論是人類的進步主要仰賴於三方面的因素，即氣候，人的素質和文化。他認為，自然環境的因素，如氣候的變化，會導致人口遷移，對文化的進步或有所促進，或有所妨礙。[59] 羅香林似乎深受韓廷敦這套地理文化觀的影響，甚至曾打算在研究院畢業後，便赴美國耶魯大學與韓廷敦研討種族文化問題，後因事變迭起，卒果未行。[60] 在後來撰寫的客家調查計劃書中，羅香林還是特別強調環境與人種發展的關係：

　　不佞之意，以為客家問題，確有探究必要，弟此種工作，嘗以實地檢驗為先。蓋民族研究，其唯一用意，在於明其活動之種種景況，而此種種景況之所以構成，則與其族諸分子所具生理要

---

[58] *Who was who in American*, Chicago: The A.N. Marquis Company, 1950, Vol. 2, p. 272.

[59] *Dictionary of American Biography, Supplement Four 1946-50*, New York: Charles Scribner's Sons, 1974, pp. 412-414.

[60] 羅敬之：《羅香林先生年譜》，台北：國立編譯館，1995 年，第 23 頁。

素，及所值文化自然之環境，有絕大關係。任何民人，莫能離生理要素而言生存，亦莫能離環境影響而言活動。故欲研究民族問題，自當檢其人種，驗其生理；察其社會，窺其生活；探其環境，究其影響；考其製作，衡其文物；諮其宗信，明其教化；覽其述作，覈其思維。夫然後乃得綜勘比觀，表其活動發生之因，窮其興替得失之蘊，參合至理，讞其特性。[61]

外國人對客家人讚許有嘉的評價，也成為羅香林肯定客家人優良的民族性的一個很重要的論據，上述"客家為中華民族中最純粹最優良的民族"這句話，在 1928 年於《民俗》週刊發的〈讀鍾〔即鍾敬文 —— 引者〕著《民間文藝叢話》〉一文、1929 年發表的《廣東民族概論》，以及 1950 年出版的《客家源流考》等論著中，均一再引用過。

羅香林對於客家人是漢族，而且是比廣府人更純粹的漢族這一點非常自信，遇到懷疑客家人的漢族成分的言論，都會予以反駁。在〈讀鍾著民間文藝叢話〉一文中，羅香林對於鍾敬文從蛋家和客家歌謠的結構間接推論到客家人是"原人或文化半開的民族"一點，無疑難以接受，乃反駁說：

鍾君目睹蛋歌，客歌都有"對歌合唱"，"重疊歌調"的風氣，而詩經中又有章段覆疊的歌謠，於是便妙想天開，發明了

---

**61** 羅香林：《乙堂札記》，羅 260－17，卷 11，香港大學馮平山圖書館藏。

"對歌合唱，是原人或文化半開的民族所必有的風俗"的原則。根據這個原則又謂"其時（商、周）民間文化的程度，正和現在客家蛋族等差不多。"在鍾君以為這種發明有無上的榮譽，不知這種說法，實在是出乎人意料之外的。……

誠然，客家族中，確有"對歌合唱"的風氣，不過鍾君要知道，客家之所以有這種風氣，並不是因為他文化半開，也不是因為他的文化和商周時代的民間文化相等。這一層讀者需要注意！**62**

羅香林接着引用韓廷敦"客家為中華民族中最純粹最優良的民族"一語，並說這"本為歐美談民族學者所共認的事。固然，他們的結論，不見得便無可非議，然而無論如何，謂客家為半開化的民族，則為事實上所不許之事。"**63**

值得我們注意的，不是羅鍾二人孰是孰非，而是他們都不約而同地抱着一種進化論和二元論的觀點，在他們的知識體系中，文化有高低之分，有原始和進步之別，有未開、半開和開化的等級，而漢族 —— 也就是他們自己認同的族群，則當然是文化程度甚高的種族。

對於這些觀點，羅香林是企圖通過嚴謹的體質人類學調查來加以驗證的。在他的讀書筆記中，記錄了不少有關體質人類學的理論和方法，其中包括 S. M. Shirokogoroff 的 *The Anthropology of*

**62** 羅香林：〈讀鍾著民間文藝叢話〉，載《民俗》週刊，1928 年，第 33 期，第 15－16 頁。
**63** 同上，第 17 頁。

*Northern China*（華北的人類學）中涉及體質人類學的部分。[64] 他早年的著書計劃，已包括了準備用人種測驗作比較的"華南民族研究"。[65] 1932 年，他受燕京大學國學研究所之託，赴粵調查民系，與北京協和大學南下考察之美國人史蒂芬生博士（Dr. P. H. Stevenson）在廣州先後考察了四個月。這次人種調查，對象有"客籍"及"廣府本地籍"軍人百餘名，羅香林本擬再以"客家、福老、本地三系，及蜑民、畬民、黎人三種"為調查對象，但以時間不足，而僅做客家、本地和蜑民的調查工作。結果，他與史蒂芬生在當時廣東的最高軍事領袖陳濟棠的安排下，往廣州燕塘軍官學校以部分客家和廣府軍士為研究對象，其後又到廣州河南海珠地區對蜑民進行測驗。後來，羅香林又單獨赴曲江等地，進行人種和語言調查和古跡訪遊。[66] 從羅香林的筆記看來，他當時打算進行的華南族系體質與測驗計劃本來是頗大規模，可惜由於時間和資源有限，未竟全功，在他的筆記中，有如下記錄：

　　固然，我的願望，在於整個華南族系的研究，而不僅限於客家一系調查；不過工作的開始，我總覺得，其範圍不能過大，而且，要擇其最重要的部分着手，客家一系在華南諸族系中，確有

---

**64** 《乙堂札記》，羅 260－17，卷 8。

**65** 同上，羅 260－17，卷 6。

**66** 羅香林：〈在粵測驗人種紀略〉（1932 年記於廣州），載於羅香林：《民俗學論叢》，出版年地不詳，自序於 1965 年，《附錄》，第 202－210 頁；羅敬之：《羅香林先生年譜》，第 20 頁。在珠江三角洲的語境中，"本地"一般指講廣府話的人。

其重要的地位，而其文化與源流，又最為海內諸學者所聚訟；為求工作的容易進行，容易得到海內人士的贊助起見，所以我決定先從客家的調查着手。

計劃書寫好後，我曾將它送給幾個學術機關，請求賜予贊助，俾得實行調查。無如，事不湊巧，以值國家多事，幾個學術機關，均以經費支絀之故，原則上雖贊成此種調查，而事實上則無能為力。直至今年二月，始得北平燕京大學國學研究所的資助，即派我到閩粵二省，使一方調查客家的種種狀況，一方則測驗華南諸族系在人種上的特徵。前一工作由我個人獨立負責；後一工作則與美人史蒂芬生博士（Dr. P. H. Stevenson）協議合作。史氏為北平協和醫科解剖學教授，於中國人種，研究有年，此次出發測驗，係受中央研究院的委託。

關於人種的測驗，我們原擬以客家福老本地三系及蛋民畲民黎人三種為工作的對象。前三系均為漢族，不過語言各殊，習性稍異，為便於學術的研究起見，所以特把它權為分開。後三種為漢族以外的民族，雖說與漢族同為組成中華民國的一個分子，自政治上的眼光看來，是絕對不能把它們和漢族分開的；不過，牠們擁有的文化，多少總與漢族的文化有些分別，至於人種上的分野，那就更不容我們否認了。為求明瞭它們的真相起見，所以，我們不能〔從上文看，此處疑缺一"不"字 —— 引者〕把它分開來測驗。[67]

---

[67]《乙堂札記》，羅 260–17，卷 6。

在這次調查中，羅香林用了許多"量度"的方法，獲取其調查對象的身高、頭部、面部、眼部、耳部、鼻部、牙齒、手部、膚色、毛髮等數據，作為其分析種族分類的資料。結果，他發現，"就曾經測驗的一百本地兵士而論，其籍在合浦靈山等縣者，眼睛鼻子的表象，均與猺人相仿，這是漢猺混化的結果，不足為奇，又籍在廣州附近的本地籍兵士，則每有與水上蜑人相似的特徵。"[68] 在今天看來，這樣的調查結果實際上挑戰了他"漢"與"非漢"的二分法。不過，在當時的學術語境中，我們也很難想像羅香林能夠意識到要對這種二分法作出根本的反省。

羅香林以其深厚的史學素養和考據功力，在民族史研究上，開拓了一條新的路徑，尤其在客家研究方面成就卓著，成為客家研究的奠基人，在中國近代學術發展上功不可沒。不過，我們不能忽略的是，羅香林的研究動機和立場，以至他的研究方法和視角，難免受到他的自我身份認同及其所處時代的學術潮流所規限。

在羅香林的研究中，除了學術上的探索外，他還致力於通過自己的學術研究，通過重新解釋和書寫歷史，確立當代客家人的身份認同，為客家人在當時的政治環境中爭取地位和利益。他之所以能夠實現這個目的，除了學術上的努力外，是他擁有不可缺少的政治與文化資源，羅香林不但一直與民國時期的很多客籍政治人物關係密切，他自己也一度在廣東省政府供職，其政治角色和社會關係，使他同時具備了兩方面的資源，有助於強化和推廣

---

[68] 羅香林：〈在粵測驗人種紀略〉，載《民俗學論叢》，《附錄》，第 209 頁。

他的學術觀點，以學術研究的方式，成功地在 20 世紀塑造了客家人的歷史和形象。

在羅香林能發揮的學術影響的背後，是客家人在民國時期的政治和社會地位的上升。自辛亥革命以來，客家人在廣東政治的地位與日俱長。[69] 1912 年，祖籍蕉嶺，生於台灣的丘逢甲一度任職廣東軍政府的教育部長，並代表廣東出席上海籌組中央政府的會議。1920 至 1940 年代，在廣東軍政甚至學界的領袖中，客家人佔了不少，其中著名者如 1921 至 1922 年擔任廣東省長和廣東軍隊總司令的陳炯明；國民黨中央委員、中山大學校長、西南政治局委員鄒魯；1928 至 1931 年間擔任廣東省政府主席的陳銘樞；1931 至 1935 年間主持廣東政治、經濟和軍事的西南政治局主席陳濟棠；還有 1945 至 1947 年間出任廣東省政府主席羅卓英（1896－1961），等等。

廣東的客家人在民國政壇上佔據舉足輕重的地位，與客家人認同意識的提升顯然有直接的關係。由第二章的討論，我們已經看到早在清代末年，客家士子已經很快建立起非常強烈的族群身份認同的意識。1920 年，商務印書館出版 R. D. Wolcott 所著之 *Geography of the World*（《世界地理》），在廣東條下，謂"其山地多野蠻的部落，退化的人民，如客家等等便是"，惹起客人嚴

---

**69** 有關客家人在辛亥革命和民國政治的參與，見 S.T. Leong, "The Hakka Chinese of Lingnan: ethnicity and social change in modern times"；S.T. Leong, *Migration and Ethnicity in Chinese History: Hakkas, Pengmin, and Their Neighbors*, pp. 85-93

重不滿，"客系大同會"（又稱客屬大同會）似乎就是由於這宗事件而在上海組織起來的。客系大同會在北京、廣州等地都設有分會，在汕頭更出版了旨在宣揚客家文化的《大同日報》。1921 年 4 月，客系大同會的支部在廣州長堤嘉屬會館，就商務印書館教科書時間召開全國客族大會，據說到會代表來自二十多縣，開會人數幾達千人，討論議題包括"一、對待商務印，促其毀原版；二、速編客族源流，使世界人士咸知我族之地位及種族之由來"，有人甚至建議廣東省省長與該教科書作者所屬國家領事交涉。[70] 最後，在客系大同會的壓力下，商務印書館統一修改有關內容，並收回尚在市面上流通的書籍。[71]

1921 年，旅港客家人士在香港成立"旅港崇正工商總會"（簡稱崇正總會）。當時僑港客籍商人李瑞琴捐資成立永久會所，並提議曰："吾系僑港人士，以工商二界為多。竊謂吾人擬組織之團體，當以旅港崇正工商總會為名，不必冠以客家二字。因吾人堅忍耐勞，賦有獨立之性質，所習又不與人同化，故土客之間，情感不無隔閡。吾人雅不欲以四萬萬五千萬之中華民族，各分畛域，故應取崇正黜邪之閎義，而稱為崇正工商總會"，[72] 羅香林又

---

**70** 《廣東群報》，1921 年 4 月 4 日。

**71** 羅香林：《客家研究導論》，第 7 頁，據羅載，R.D. Wolcott 一書關於客家人的敘述的英文原文是 "In the mountains are many wild tribes and backward people, such as Hakkas and Ikias."；又據羅香林：《乙堂文存》，頁 2－3，11－12，香港大學馮平山圖書館藏。

**72** 乙堂（羅香林）：〈香港崇正總會發展史〉，載香港崇正總會編：《崇正總會三十周年紀念特刊》，香港，1950 年，第 3 頁。

解釋説："香港崇正公會即旅港客家同人會，他們因不欲自異於人，故不稱客家，而稱崇正"。[73] 香港崇正總會的主席，一直由晚清遺老賴際熙擔任。本書第四章曾經介紹到，賴際熙在清末民初是一位在省港文人圈子中頗有地位的前清遺老，入民國後，他以客籍名學者的身份，主持編纂了民國（1920）《赤溪縣志》和民國（1921）《增城縣志》。這兩部縣志是繼光緒《嘉應州志》後，從客家人的立場敘述廣東地方歷史的縣志。赤溪原屬新寧，當地向來土客械鬥甚烈，經歷了多年的戰爭，土客之間逐漸劃分出兩個不同的聚集地區，同治六年（1867），以客籍人為主的赤溪從新寧分析出來，客家人由此取得了主導地方權力的空間。一個明顯的事實是，光緒（1893）《新寧縣志》從廣府人立場，稱客家人為"客匪"、"客賊"；而賴際熙編的民國（1920）《赤溪縣志》，則把土客械鬥中戰死的客人稱為"客勇"。與此相似的例子是，乾隆和嘉慶年間的《增城縣志》俱非客人編纂，對客人評價頗為負面，而賴際熙主纂的民國《增城縣志》，則把這些詆毀性的用語全部刪去。可見藉着賴際熙這樣的學者，當時的客家人已經在原來主要由廣府人主導的地區擁有了自己的話語權。1925 年，賴際熙又編就《崇正同人系譜》，以類似方誌的形式，記載了廣東客家人的風俗、語言、宗族、藝文、選舉、人物等等。不過，《系譜》與方志最大的分別，在於其跨越地域，顯示了客家族群的身份認同

---

**73** 羅香林：《客家研究導論》，希山書藏 1933 年初版，上海：上海文藝出版社 1992 年影印，第 30 頁，注 42。

和廣東其他族群頗有區別。[74]

　　隨着這些由客人自己編纂的歷史文獻的累積，廣東的歷史敘述再不是像過去那樣為廣府人所壟斷，一個明顯的例子是 1929 年廣州市籌備成立市立博物院有關其“歷史風俗部”的設計。籌備委員為了徵集歷史風俗展品，擬就了一份標準書及示範圖，把“廣東民族”分為“漢民族”和“非漢民族”，前者包括“客系、海南系、潮州系、鶴佬系、本地系”，後者含“黎系、猺系、猓玀系、蜑系、峒系”（見圖 5.1）。籌備委員就這幅“示範圖”，還加上這樣一番解釋：

　　此圖所示漢民族中各系，均屬諸華民族之移殖於粵地者，其移殖所從不一其地，其移殖先後不一其時，故至今所操語音，甚為歧雜，然皆出於中原音韻，故可定其為漢民族［此處疑漏一標點符號 —— 引者］其非漢民族之各系，則語源殊異，雖大部分已與漢族同化，然其痕跡尚歷歷可尋，惟我兩粵地理，山嶺平原海洋均具有之，各族以各處地方之不同，受地理上環境所支配，形成各異之風俗，則匪惟非漢民族與漢族不同，即同屬於漢族之各系，亦不同，尤相異者，見於其婚姻喪祭信仰等，故列舉各門，以示採集之標準焉。[75]

---

**74** 見賴際熙：〈崇正同人系譜序〉、〈重修增城縣志序〉、〈赤溪縣志序〉；羅香林：〈故香港大學中文學院院長賴煥文先生傳〉，俱載於賴際熙撰，羅香林輯：《荔垞文存》，影印鈔本，羅香林 1974 年序於香港；羅香林：《乙堂文存》，頁 28-39。

**75** 見廣州市市立博物院編：《廣州市市立博物院成立概況》，1929 年，第 8 頁。

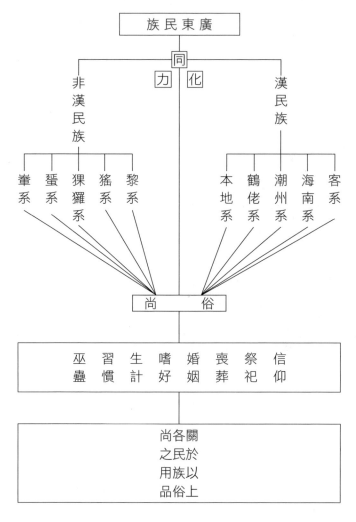

圖 5.1　1929 年廣州市市立博物院籌備委員設計的 "廣東民族俗尚示範圖"（廣州市市立博物院編：《廣州市市立博物院成立概況》，1929 年，第 8 頁，此圖按照原圖重新繪畫）

我們不妨拿圖 5.1 和本書第二章的圖 2.1 互相對照，就可以看到時至 20 世紀 20 年代末成立的廣州市市立博物院對於廣東民族的分類，與 20 多年前出版的《廣東鄉土地理教科書》〈人種〉一章的分類，是何等的大異其趣！不過，即便廣州市市立博物院的民族分類算是或多或少表達着一種"官方"的立場，但官方出版物在對待客人身份的這個問題上，卻不一定能夠處處小心，提防犯忌。1930 年 7 月，廣東省政府建設廳出版的《建設週報》，刊登了兩篇內容有侮辱客家人之嫌的文章，據羅香林說，其中一篇文章有云："吾粵客人，各屬皆有，…… 分大種小種二類：大種語言，不甚開化；小種語言文化，取法本地人 …… "，一時服務於廣州學政軍各界的客家人士，大為譁然，其中更有大埔人饒靖中上書廣東省主席陳銘樞（1889－1965）請為嚴禁。《建設週報》編輯遂於翌期週報刊登啟事謂："本報三十七期 …… 登載客人風俗一則，…… 頃有人因此發生誤會，殊深抱慊，吾人深願中國全民族憑新建設之力，日臻文明境域，泯除歷史上之鄙野習慣，則本報除本省建設消息外，當為更有價值之記載也。"這樣的啟事，等於認為上期文章所載的是事實，無異火上加油，更惹起客家人士不滿。在崇正總會、陳濟棠和鄒魯的強烈要求下，陳銘樞同意把週報的編輯降職，並要求他鄭重更正，道歉息事。[76] 在此事告一

---

**76**《崇正工商總會議案部》，第 5 冊，1930 年 8 月 4、14、22、26 日，9 月 10 日，香港大學馮平山圖書館藏；羅香林：《客家研究導論》，第 10 頁；羅香林：《乙堂文存》，頁 11－12。

段落之後，中山大學中文系系主任古直撰寫《客人對》一書，對本地人稱客家人為蠻族的做法，予以嚴厲的批評，[77] 而在這宗事件中起着重要作用的陳銘樞、鄒魯和古直等都是客家人。

自晚清至 20 世紀 30 年代，歷次因侮辱客人而引起的風波，刺激了大量為客家源流辯護的論戰式文章的出現，相關的研究也陸續出現，羅香林的客家研究，就是在這樣的政治社會背景和文獻積累的基礎上產生的。羅香林從民俗研究開始，視野擴展到民族學研究領域，建立起客家研究的整套學術話語和研究範式，就是在這樣一種客家人政治和文化影響力迅速提升的環境下進行的。自 1930 年代後期開始，隨着他的客家研究越來越有影響，他在學術上的聲譽的提高，使他有更多的機會涉足政府的文化事業，與政壇關係愈加密切。1936 年，他出任廣州市圖書館館長，兼任中山大學副教授，創辦《廣州學報》季刊。抗日戰爭期間，羅四處逃難遷徙，至 1942 年，奉國民黨中央秘書長吳鐵城令，又赴重慶任職國民黨中央黨部秘書處專員。同年著《國父家世源流考》，指孫中山先世源出河南，唐代遷江西，後又遷福建長汀河田，至明永樂年間，再遷廣東紫金，康熙年間，其祖先參加反清義師，又自紫金遷增城，其後再遷中山縣涌門口村，輾轉遷往翠亨。這樣的一條"遷徙"路線 —— 從中原至長汀至紫金至增城 —— 在廣東客家歷史敘述中非常常見，羅香林這樣的考證結

---

**77** 古直：《客人對》，上海：上海中華書店，1930 年。

果，其實意味着孫中山屬客家人。[78] 此書得到蔣介石"賜頌題字；孫哲生、鄒海濱、吳鐵城、陳立夫四先生，賜撰序文；于右任、張溥泉二先生，賜予題簽"，至少在政治上得到肯定。這一成果，不管羅香林個人的本意如何，客觀上對於提升他在政界的聲望，鞏固他在國民黨體制內的政治地位，無疑有着重要的影響。[79] 就在這同一年，羅香林原來在 1933 年出版的《客家研究導論》，被日本人元有剛翻譯成日文，在台北出版。翌年，《國父家世源流考》一書，更獲教育部獎勵著作發明獎。[80]

在人際關係上，羅香林與廣東省政府主席羅卓英的關係也頗為密切。1942 年，羅卓英任遠征軍司令長官，入緬甸作戰，曾致函羅香林，謂"欲明瞭中緬往昔軍事之史跡及泰緬與我歷史之關係，作為鼓勵士氣及對緬甸民眾宣傳之參考"，請羅香林寄他一些相關的材料。羅卓英在安徽歙縣同宗處獲得羅氏譜牒影印本，不忘寄贈羅香林一冊。羅卓英就任廣東省政府主席後，在一封信函中，又寄給羅香林《中國善後救濟計劃》等書，請他"摘出若干要點，以作準備，及與蔣署長洽商之資料"，並請他"以側面方式向鄭彥芬君查詢麥蘊瑜之為人及能力（關係現任粵省府技術

---

**78** 見羅香林：《國父家世源流考》，重慶：商務印書館，1942 年。邱捷指出羅香林提出的證據有許多自相矛盾之處。見邱捷：《關於孫中山家世源流的資料問題》，《孫中山研究叢刊》，1987 年，第 5 期，第 82－92 頁；邱捷：〈再談關於孫中山的祖籍問題〉，《中山大學學報》，1990 年，第 4 期。

**79** 羅香林：〈跋〉，載於其《國父家世源流考》，第 57 頁。

**80** 羅敬之：《羅香林先生年譜》，第 51、54 頁。

室主任）。"可見，在廣東省政府的人事挑選上，羅卓英也會聽取羅香林的意見。[81] 羅香林又被羅卓英聘請兼任省文理學院院長，並以總幹事名義，主持廣東省建設委員會事宜，創辦《廣東建設研究季刊》。羅香林撰寫的〈中國學術史上廣東的地位〉和〈世界史上廣東學術源流與發展〉等文章，就是在此季刊上發表的，其《如何建設新廣東》的書稿，也是在這個時候完成的。[82] 二羅雖然祖籍不同（羅香林是興寧人，羅卓英是大埔人），但份屬同宗，又同是客家人，自然較容易建立密切的關係，羅卓英以軍人背景擔任省政府主席，羅香林毋寧是他政治和文史顧問的最佳人選。

由羅香林的個人經歷，特別他走過的學術道路及其在政治上的境遇，我們可以看到，民俗學和人類學在中國的發展，為客家學者提供了一套科學和學術的語言，延續了晚清以來客家人的漢族根源的討論。儘管客籍政要不一定需要利用他們的客家人身份在政場中謀取更高的地位，但在需要的時候，他們的支持，是維護客家人的尊嚴的重要資源。羅香林同時兼備學者和官員兩重身份，展示了學術和政治如何結合起來，提升他所認同的族群的地位。由羅香林推動的客家研究，在廣東文化研究的學術傳統形成

---

81 《羅香林教授所藏函牘、他人手稿及賀片》，羅 110－60 S.51－53，香港大學馮平山圖書館藏。S.53 信函提到的鄭彥芬應是鄭彥棻（1902－1990），曾任廣東省參議員，廣東省政府委員兼秘書長，1946 年任三青團中央團部副書記，後任國民黨中央黨部秘書長；麥蘊瑜情況不詳。羅香林曾於 1942 年撰〈緬甸民族源流及中緬人士應有之認識〉一文，見羅敬之：《羅香林先生年譜》，第 51 頁。

82 羅敬之：《羅香林先生年譜》，第 34、50－51、59－60 頁。

過程佔有重要位置，透過這個過程，我們可以看到在學術研究領域上建立廣東文化觀念的政治議程。

## 小結：民族主義與地方文化

民國時期的官員和知識分子都有着一個共同的關懷，就是為中國的民族與文化，填補新的內容。中央和地方官員往往更傾向於保存他們提倡的國粹，弘揚他們心目中的孔道，而大學的知識分子則更願意走向農村，在民眾文化中尋求啟發。前者不能説是復辟主義者，因為他們弘揚孔道，也是為了建設民國；後者也無意鼓吹地方主義，因為地方文化並不是他們的終極關懷。不論是復古或是求新，不論是鼓吹聖賢文化還是重視民眾文化，都是殊途同歸 —— 營造新的國家意識。這也是許多民國時期文化創造的立足點所在。

正如趙世瑜指出，中國現代民俗學的產生除了受到西方新學的巨大影響外，中國歷史上重視民俗現象的學術傳統，同樣扮演了積極的角色。中國傳統學術之所以重視民俗，一是出於政治的需要，二是在於其社會教化的意義，三是基於移風易俗的責任感和使命感，四是出自純學術的求知慾望的"博物"知識結構有關。[83]

在這個前提下，儘管某些從政者希望維持地方的自主性，儘

---

83 趙世瑜：《眼光向下的革命 —— 中國現代民俗學思想史論（1918–1937）》，第62–71頁。

管某些族群如客家要強調自己的獨特性，"地方文化"從來都不是他們要強調的元素。廣東政治人物維持着廣東的半獨立狀態，無須突出廣東文化，他們要做的，只是緊跟南京政府弘揚孔孟之道的文化政策。同樣地，客家人要肯定自己的民族的純粹性，也無須過分強調自己的文化特色，更重要的是證明他們的漢族血統。國家意識、政治忠誠、地方自主、族群身份，都在同一個過程中互為鞏固。

如果國族身份在民國年間真的是凌駕地方身份，那麼地方認同是否就不能存在呢？還是以另一種形態，另一套語言出現？筆者在下一章嘗試解答的，就是這個問題。

# 第 六 章

舊人新志

中國歷代編修方志的傳統，使得每一地區都有可能通過地方志的編修，以歷史記錄和敘述的方式，來表達地方文化意識。自清朝以後，地方志大多是在本地地方官員的主持下，薈集本地最有影響的文人，集體編撰。因而，地方志的內容及其表達方式，反映了地方領袖主導的文化觀念以及由此建立的歷史解釋，是當地各種政治和社會勢力較量和對話的結果。民國建立以後，新政府也十分重視地方志編撰，早在 1917 年，北洋政府內務部就會同教育部通知各地纂修地方志書。1929 年，國民政府內務部頒佈《修志事例概要》，各地普遍設立修志館。1944 年，國民政府又頒佈《地方志書纂修辦法》，規定志書分為三種，省志三十年一修，市志縣志十五年一修，並責成地方修志館。抗日戰爭結束後，國民政府在 1946 年又重新頒佈《各省市縣文獻委員會組織規程》和《地方志書纂修辦法》，部分省市縣設立了修志館或文獻委員會，斷斷續續地進行修志。[1]

　　民國時期先後頒佈的修志條例，反映了新的國家體制和相應的政治和社會理念，如何改變着傳統方志的體例和內容。1946 年公佈的《地方志書纂修辦法》，就有“凡鄉賢名宦之事蹟及革命先烈暨抗敵殉難諸烈士之行狀，均可酌量編入，但不得稍涉冒濫”，“天時人事發現異狀，卻有事實可徵者，應調查明確，據實編入，但不得稍涉迷信”，“編刻詩文詞曲，無分新舊，但以有關

---

1　關於民國時期各地編修方志的情況，可參見薛虹：《中國方志學概論》，黑龍江：黑龍江人民出版社，1984 年。

文獻及民情者為限，歌謠戲劇亦可甄採"等規定。[2] 這些規定反映出，"革命烈士"在民國時期已成了方志中表彰的人物類型，"迷信"已經成為一種標籤，被利用來排拒那些違反"科學"的事物，而那些反映民情的歌謠戲劇則被接受，可以酌量收進方志。據來新夏統計，民國時期編纂的方志有一千五百餘種之多[3]，這些方志雖然體例規格不一，不一定嚴格遵守上述的修志條例，但在篇目、內容和遣詞造句方面，或多或少地反映了清末新政以至辛亥革命帶來的政治和社會變化。

不過，就本書的論題而言，我們希望關注的重點，還不是全面去探討新的國家意識形態、政治價值和規範，對新修方志產生了什麼影響，我們希望討論的，只是以一部方志為個案，探討在我們前面幾章所討論的從清末以後形成的國家意識與地方文化觀念，如何在新方志的編修和內容上體現出來。我們擬分析的個案，是《中華民國高要縣志初編》（以下簡稱民國《高要縣志》），這部方志成於 1948 年，內容詳盡，體例亦比較完備，可說是民國通志較成熟的典型。在本章，筆者會先簡單比較民國《高要縣志》與王朝時代編纂的《高要縣志》，再透過分析縣志編纂的背景，嘗試說明為什麼民國的縣志和過去的縣志會有這樣或那樣的異同，希望呈現民國時期縣級地方領袖對一縣一省以至一國的認

---

**2** 《國民政府公報》，第 2666 號，1946 年 11 月 4 日（台北：成文出版社有限公司，1972 年重印，第 205 冊）。

**3** 參見來新夏：《中國地方志綜覽 1949－1987》，合肥：黃山書社，1988 年。

同，如何受清末民國以來的國家觀念和民族主義思潮的影響，而在民族主義的前提下表達一種國家身份的同時，這些地方文獻如何在字裏行間透露出地方領袖對地方利益的維護和認同。

## 《高要縣志》的纂修

高要縣位於廣東省西部，民國時總面積約兩千八百平方公里，[4] 1947 年估計全縣約有人口四十六萬，[5] 其中大多數居民操粵語。高要縣在清代是肇慶府所在地，民國時期，廣東省政府設立管轄西江地區各縣的行政機構大部分時間也駐紮在這裏。因此，高要一直是西江地區的政治中心。

由於高要位於西江中游，西江自西向東從高要穿過，使高要成為兩廣地區的交通要道，歷來是兵家必爭之地。1922 至 1923 年間的軍閥混戰，1938 至 1945 年間的日軍侵略，皆對高要造成嚴重的傷害。在整個民國時期，政治局勢不穩，地方自治更多是紙上談兵，高要一縣，亦無例外。掌權的軍閥此起彼落，地方議會也時廢時興。1923 年，廣東和廣西軍閥各自委派縣長，致使高要一時出現兩個縣長的局面，最終只能以武力解決。

民國時期，在高要設立的縣級政府和省政府的派出機構變動

---

**4** 廣東經濟年鑑編纂委員會：《二十九年度廣東經濟年鑑》，廣州：廣東省銀行經濟研究室，1941 年，第 A114 頁。

**5** 民國《高要縣志》，第 38 頁，據縣政府報告。

頻繁，名目繁多，[6] 國民黨和軍閥不同派系的勢力消長不常，而地方上各種勢力也是關係複雜。不過，不管在民國時期高要縣的政府機構如何變動，高要縣的本地士紳始終是地方權力的中心。在1935年開始纂修，1948年完成的《中華民國高要縣志初編》的編輯過程，就是當時高要地方權力的演變和重整的一個縮影。打開民國《高要縣志》的纂修職名，很清楚的顯示出，除了掛名的總裁是曾任國民黨陸軍總司令的高要籍人余漢謀，以及掛名的監修是歷任縣長之外，實際主修的均是同時具有"前清"功名，又同時出任民國官職的本地士紳（詳後）。而纂修過程所經歷的周折，則交織着當時地方上各種政治勢力的複雜關係。

高要縣的方志，始修於康熙十二年（1673）、續修於道光五年（1825）。咸豐年間曾有續修，名曰《續修志稿》，刊於同治二年（1863），附於道光志之末。入民國不久，在1915年就有重修縣志之議，並已推舉籌辦員十六人，後"以經費無出，議而未行"。其後數年間，地方當局一再擬議重新舉辦，終因種種周折，一再遷延。其中1919年一次更是已經把纂修的班子都已經搭好，並聘請了當時著名晚清遺老東莞陳伯陶出任總纂，"一切規劃已粗就緒"，但因為地方勢力關係複雜，有人出來以"未經大集會議，手續不完"為由反對，[7]"而邑人亦有附和之者，於是各董理分纂

---

**6** 肇慶市端州區地方志編纂委員會編：《肇慶市志》，廣州：廣東人民出版社，1996年，第401–404頁。

**7** 宣統《高要縣志》，〈重修高要縣志始末記〉，頁1。

總辭職,而志局復停辦,其後志局或設或停,蹉跎十數年"。[8] 後來又由於軍閥混戰,地方俶擾,就連志局亦屢遭蹂躪掠奪,"而總纂分纂,既多物故,已成之稿,凌雜紛亂,無人整理。"一直到1935年,才在余漢謀的敦促下,由當時的縣長召集地方領袖和文人商議重修縣志事。決定一面釐定舊稿,一面纂輯新稿。同時主持其事的高要縣修志館館長梁贊燊在1938年《宣統高要縣志》編成時,專門撰寫一篇〈始末記〉述修志之曲折,並大發感慨曰:

> 成書原定以一年為期,乃因人事輾轉變遷延滯,歷二年而猶未獲成也。蓋凡一事之成否,莫不有其紆迴曲折,如川之赴壑焉,當其未至,逆者、折者、沖者、激者,不一而足,或本進而反退,或若迎而忽拒,此其中有天事焉,有人事焉,畏其難者不能至,視為易者不知其所以至也。自民國四年,吾邑始議修志,至今二十餘年,之間所歷國家政變至大,人事纖悉之細,紛總離合,不惟可紀述者,變態不窮,而親其役者之所遭,亦備嘗艱苦也。其始議矣,而未必行,行矣,而若或阻之,及既阻而復行矣,而又種種困厄之,若有以尼其成者,至於死生之故,人事之變,則尤可痛也。[9]

讀着這些感慨之言,再聯繫到高要縣重修縣志之舉,遷延反

---

8　民國《高要縣志》,〈前志源流與修志始末附記〉,第932頁。

9　宣統《高要縣志》,卷首,〈重修高要縣志始末記〉,頁4。

復，幾乎經歷了整個民國時代，我們不難想像其中交織着多少地方政治的權力鬥爭和人事糾葛。修志最終得以成事，1935 年是一個重要的轉折，其中的原因，除了可能由於當時在國民黨中政治地位逐漸上升的余漢謀的直接干預外，還可能與當時以士紳為主的地方勢力重組有關。

自清末以來，高要縣的士紳組織，是兩個均以"賓興"為名的機構。"賓興"一語，出自《周禮》，原指地方官員宴請地方上有功名士紳的活動，明清時期各地設立用以資助科舉考試的基金，往往以"賓興"為名。[10] 高要縣先後在咸豐四年（1854）以沒收紅兵財產置賓興館，到同治年間，又因有紳商爭奪墟市盈利，最後官方干預，將墟市盈利移作津貼科舉考試的基金，並設賓興局為集議之所。由兩個機構設立的緣起看，控制兩個機構的勢力似乎不完全一致，因此，兩個機構雖然大致上都是在地方政府支持下的士紳或紳商組織，但卻一直分別運作。民國《高要縣志》卷十二《教育》附有一份〈賓興館紀略〉，講到兩個機構組織方式時說：

賓興館與賓興局向分為二，館以富紳二人主理，三年一舉；局則有正有副，一年一舉，正局就舉人和進士公推之，副局五班

---

**10** 在咸同年間，以縣賓興館的形式開展制度化的賓興活動在其他地區也十分普遍，參見邵鴻：《清代後期江西賓興活動的官、紳、商 —— 清江縣的個案》，載南開大學社會史研究中心編：《中國社會歷史評論》，第 4 輯，北京：商務印書館，2002 年，第75 — 84 頁。

（仍舊名）輪舉，廩膳生以上皆可膺舉，皆無連任，皆不能以他途進。館局各主管其所有財產，今則併入賓興館董事會接管。

　　這種士紳或紳商組織，雖然在功能上只是管理地方上用於教育事業的公產，但在清末民國時期，往往是在地方事務上最能發揮影響的權力機構。[11] 事實上，在民國初年，高要縣地方自治停辦，縣議事會、參事會解散以後，就曾"以復賓興局改名合邑總局"，主持一縣政事。[12] 這樣兩個名稱和功能都幾乎一樣的機構在相當長時期內並在一個縣中，也許隱含了一些值得繼續深入探討的地方權力關係，但這不是本書需要展開的問題，姑且不深究下去。

　　1935 年兩個舊的賓興機構被新組成的賓興館董事會接管，不但統管原賓興局和賓興館的事務，並接收了這兩個組織的財產，包括房產、地產、豬市、田塘魚埠等，從中收取租金，收入十分可觀。[13] 新的賓興館董事會，似乎更多是被地方政府所控制，推選出來的董事要由縣政府延聘，其中 1940 年的第三屆董事會，甚至是直接由縣政府召集。據 1946 年發表的《高要縣政府施政報告》稱，"縣立中學的經費百分之九十以上是由賓興館支付的。"當時的縣長在這份報告還說，"本來依照規定，賓興館的財產是應該由

---

**11** 最為人們熟知的一個例子就是東莞明倫堂，參見葉少華：《東莞明倫堂》，載《東莞文史》，第 30 期，1999 年，第 151－174 頁。

**12** 民國《高要縣志》卷 6，〈政制〉。

**13** 《高要縣賓興館產業四刻》，1945 年，廣東省立中山圖書館藏。

政府去整理，保管和運用的，但本縣賓興館的組織，在社會上一向有相當的聲望與地位，所以在職權、契約、保管，及運用各方面，我都非常尊重賓興館各位董事。"[14] 可見，賓興館董事會在高要縣擁有特殊的地位和權力。由於賓興館董事會掌控着縣內的學校教育和文化事業的經費，同時也是縣政府控制下的地方士紳組織，所以，《高要縣志》的纂修，也就與賓興館董事會有着密切的關係，例如在修志局暫行停頓時，其檔案即由賓興館董事會接管，縣政府籌措的修志經費，也曾一度交賓興館董事會存儲備用，賓興館董事會甚至曾經直接補助過修志經費，等等。

由此看來，1935 年"賓興館董事會"的組成，應該是高要縣的士紳與其他地方勢力以及地方政府的權力關係進一步整合的結果，在這樣的背景下，高要縣志的纂修可以重開爐灶，並終於得以成事，也就不難理解了。就是從這時開始，由地方士紳組成的纂修人，很快完成了整理修輯宣統《高要縣志》舊稿的工作，三年後付梓刊行。至於民國《高要縣志》的編纂工作，在這個時候又因為戰爭而一度中斷，志局一再遷移。1944 年 9 月，肇慶淪陷，志局人員各懷稿件，四散奔避。一直到 1945 年 8 月光復之後修志工作才勉強恢復，至 1947 年 12 月志稿才大體完成，末篇"附記"最後識於 1948 年。纂修人將既成之稿先付油印若干本，分

---

**14**《高要縣政府施政報告》(民國三十五年 12 月 25 日在高要縣參議會報告)，第 16 頁。
　　這裏用"賓興館"一詞，大抵是習慣使然，當時已更名為"賓興館董事會"。

送政府機關以供審核。[15] 1949 年，余漢謀作序後再以鉛印本印行於世。

## 語言和內容

由以上所述，我們知道，所謂的宣統志與民國志，其實是由同一批纂修人，在同一時間纂輯而成的。這種把記述清代史事的方志命名為《宣統高要縣志》，而把記述民國史事的方志命名為《中華民國高要縣志初編》的做法，用心可謂良苦。主持兩部方志纂修的梁贊燊曾解釋為何要分別纂修成為兩部獨立方志的理由云：

至其大體，原以當時纂修在民國初年，故所紀載斷自前清宣統三年止，而今展轉又多歷年所情勢已殊，吾國政體改革，為古今一大變，端其因果機構，迴環變動，見於一邑一鄉者，亦紛綜而不可窮，而治制之得失，民生之利病，尤有心人所欲考求者也，乃限於體例缺焉弗詳。夫修志者何也？為其考古證今，以適時用也。民國成立二十餘年矣，今出版之志書，可考見者，只屬宣統以前之事，實何適用？為故，宜完成宣統以前之紀載，俾舊有可考，並纂輯民國以後之志乘，庶新有可觀，無舊者，則新者無所溯其源；無新者，則舊者無以着其變，相資為用，相合而成，

**15** 民國《高要縣志》,〈前志源流與修志始末附記〉, 第 931－937 頁。

而斯志乃得為完備也。[16]

由此可見，民國《高要縣志》的纂修者有很自覺的意識，企圖在傳統的縣志的形式裏，表達自清末民初以來陸續出現的新體制和新觀念，不過，王朝時代的烙印，在這些編纂者身上，仍然清晰可見；而習以為常的傳統做事方式與理想中的現代觀念之間的衝突，在縣志的內容中，也得到不同程度的體現，

就體例而言，民國《高要縣志》與道光和宣統《高要縣志》比較起來，並沒有根本性的突破，但其中一些新的篇章的出現，以及遣詞用字的細微變化，仍然值得注意。例如，過去稱為"食貨"的一章，在民國版改成"財計"和"生業"；"經政"則改成"政制"。此外，在道光和宣統《高要縣志》中，風俗只佔"輿地"一章的極小部分，而在民國版則自成"禮俗"一章，且佔 50 頁之幅。民國志中"氏族"、"宗教"、"黨務"和"法團"四章，亦為舊志所無。另外，大抵礙於《地方志纂修辦法》編纂人物行狀"不得稍涉冒濫"的規定，民國志取消了舊方志必然包括的列傳，但為了表明該縣並非沒有賢能之士，仍設"人物篇"，只是其內容僅為"畢業生仕宦表"，列舉當代人物的鄉貫、學歷和官職。三個版本的《高要縣志》篇章名目的差異，詳見表 6.1。

這些篇目方面的變動，當然是在民國時期政府頒佈的地方志編纂辦法的框架中進行的，同時又受到當時其他地方方志編纂的

---

[16] 宣統《高要縣志》，〈重修高要縣志始末記〉，頁 3。

潮流的影響，絕非民國《高要縣志》獨有。1938 年著名語言學家黎錦熙在主理編纂陝西《城固縣志》時，同時寫就了《方志今議》一書，以清代章學誠為代表的方志學以及民國時期新編的地方志（如 1936 年江蘇縣的《川沙縣志》）為討論對象，並以自己主理編纂的《城固縣志》為例，提出新編方志應該包括以下類目：(1) 全志之總綱：下分疆域總圖、大事年表、建置沿革志；(2) 關於自然方面者：包括地質、氣候、地形、水文、土壤、生物六志；(3) 關於經濟方面者：包括人口、農礦、工商、交通、水利、合作六志；(4) 關於政治方面者：包括吏治、財政、軍警、自治保甲、黨務、衛生、司法七志；(5) 關於文化方面者：包括教育、宗教祠祀、古跡古物、氏族、風俗、方言風謠、人物、藝文八志等。[17] 民國《高要縣志》與《城固縣志》在同一時期編纂，不論在篇目用詞或具體內容方面，兩者都有許多類似的地方。

　　新名詞和外國書籍的利用，也是民國《高要縣志》有別於舊志之處。不過，用了新名詞不一定代表用者對這些名詞及其產生背景及使用語境有透徹的認識，也不一定意味着用者對這些辭彙已習以為常。在"財計"一章中，編纂者討論了"經濟"一詞的意思，也提到阿當·斯密（Adam Smith）的名字，但他們首先指出的，是西方"經濟"的觀念和傳統中國"經濟"這個詞彙的聯

---

**17** 參見黎錦熙：《方志今議》（黎序於 1939 年），收入《方志學兩種》，長沙：岳麓書社，1984 年。

表 6.1 《中華民國高要縣志初編》目錄與道光《高要縣志》、宣統《高要縣志》相應篇目比較

| 民國志 | | 宣統志 | 道光志 |
|---|---|---|---|
| 卷 1 | 大事記 | | 沿革表 |
| 2 | 地理 | 地理篇 | 輿地略 |
| 3-5 | 氏族 | — | — |
| 6 | 政制 | 經政篇 | 經政略 |
| 7-9 | 財計 | 食貨篇<br>（賦稅、鹽法、倉儲、祿餉） | 經政略（田賦、祿餉、<br>鹽課、積貯） |
| 10 | 生業 | 食貨篇<br>（實業、物產） | 輿地略（物產） |
| 11 | 堤防 | 地理篇（水利、隄工） | 水利略 |
| 12 | 教育 | 學校篇 | 建置略（學校）<br>經政略（學制） |
| 13 | 禮俗 | 地理篇<br>（附風俗謠諺） | 輿地略（風俗） |
| 14 | 黨務 | — | — |
| 15 | 法團 | — | — |
| 16 | 宗教 | 地理篇（壇廟、叢禪、寺觀）<br>學校篇（教會學堂附） | 建置略（壇廟）<br>經政略（祀典） |
| 17 | 營建 | 營建篇 | 建置略 |
| 18 | 交通 | 經政篇（驛遞） | — |
| 19 | 救恤 | 經政篇（賑恤） | 經政略（恤政） |
| 20 | 人物<br>（畢業生仕宦表） | 職官篇、選舉篇、人物篇 | 職官表、選舉錄、<br>宦跡錄、列傳 |
| 21 | 藝文 | 藝文篇 | 金石略 |
| 22 | 兵事記 | — | — |
| 23 | 前志源流與修志<br>始末附記 | — | — |

繫，謂"經濟二字，吾國所慣用者，猶言經國濟時之各云爾"。[18]當述及農業人口時，編纂者也用上"農民"一詞，並且按照政府的分類，把農村人口分成"田主"、"自耕農"，"半自耕農"和"佃農"幾個類別，這些從社會主義的意識形態出發的分析概念，是 1920 年代以來中國社會學家所慣用的。1920 年代，John Lossing Buck 在中國做的經濟調查，1926 至 1933 年 Sidney Gamble 和李景漢在河北定縣做的社會調查，都運用了這些概念，按照土地的擁有情況，把農村人口進行分類。[19]民國《高要縣志》的編纂者，明顯受到這種學術風氣影響，然而，這些詞彙並沒有深入到他們的分析框架和日常語言中，在其他章節裏，"農民"這類詞彙是不常見的，更常見的，是傳統縣志慣用的"縣人"、"鄉民"和"邑人"等用語。

在"禮俗"一章，民國《高要縣志》的編纂者花了不少篇幅，論證拜祭祖先是宗教的一種，對團結國族有益，甚至引用了日本學者中西牛郎（Nakanishi Ushiro）所著《支那文明史論》使用"祖先教"一詞，證明他們所言非虛：

按日人中西牛郎所著《支那文明史論》，以吾國俗崇祀祖先，稱為祖先教，謂祖先教之勢力，卓越於世界萬國，吾國人所以不

---

**18** 民國《高要縣志》，第 277 頁。

**19** 參見 Morton Fried, "Community Studies in China", *The Far Eastern Quarterly*, 1954, Vol. 14, No. 1, pp. 11-36。

輕去其鄉者，以祖宗墳墓所在，有以維繫其心，故雖居海外，而以勞力所得資金匯歸本國者，每年數額甚鉅，由祖先教之勢力驅使之也，而家族之團結，形成為國族之強固，肇端於此矣。**20**

　　在"禮俗"篇中，編纂者把拜祭祖先納入宗教的範疇，以便與"迷信"區別開來，明顯地，"宗教"是這群編纂者可以接受的一個概念。與上述黎錦熙擬定的"宗教祠祀"含儒教、道教、佛教、基督教等類目的情況相同，民國《高要縣志》"宗教"篇包括的"宗教"，是佛教、天主教、耶穌教、回教和道教。在這些論述中，宗教的對立面便是"迷信"，民國《高要縣志》的編纂者在論及道教時，又運用了"道教"和"道家"兩個詞彙，把民間道士的活動和哲學層面上的道家思想，予以清楚的區分：

　　道教起於周末之老聃作道德經，世稱道家，而不以教名也。自東漢張道陵以符籙禁咒之法行世，其子衡、孫魯，相繼遵行其道，魯並於漢中立鬼道教以教民。北魏寇謙之，奉老聃為教祖，張道陵為大宗，而道教之名始⋯⋯ 後世所奉行之道教，更參雜多神的魔術與魔兒學，對於各種自然勢力各有專神 ⋯⋯ 降及現代，神權衰落，廟觀日毀，道教益見陵夷 ⋯⋯ 凡此種種迷信，

---

**20** 民國《高要縣志》，第 674 頁，原文沒有斷句和標點，標點為引者所加，下同。《支那文明史論》早在 1902 年便翻譯成中文，由上海普通學書室出版，《高要縣志》的編纂讀過的，很可能是中譯本，參見譚汝謙編：《中國譯日本書綜合目錄》，香港：中文大學出版社，1980 年，第 452 頁。

咸當破除，而教育未普，科學未昌，民智未開，習俗未改，德治未敷，法治未立，神道立，自有其自然的存在與功用。此識者所由倡言加強國民教育之發展也。[21]

　　運用二分法，把自己能夠接受的信念和行為和不能接受者予以區分，是傳統中國讀書人常見的思維方式，即使在今天大多數人都接受過辯證法的教育的年代，還是有不少人堅持這種機械的觀點。民國《高要縣志》運用了大量19世紀以來從西方或日本傳入中國的新名詞，表達了他們傳統的二元論的舊思想。在"宗教"這一章裏，我們讀到"宗教"這個從日本移植過來的西方觀念（其他用詞如"多神"、"魔兒術"和"神權"，似乎也是從日本移植過來的）[22]，也讀到像"神道"一類的中國本土的用詞。不過，無論是外來的新觀念還是本土的舊辭彙，編纂們似乎都按照自己的理解和詮釋去運用。上文已經論及他們怎樣硬把傳統中國"經濟"一語和近代西方的經濟觀念相提並論；在"宗教"一章裏，歸類為"宗教"的信仰，是他們所認可的，而他們所反對的，是他們稱為"神道"的迷信神鬼之道，儘管"神道"原來在《易經》的

**21** 民國《高要縣志》，第 754－755 頁。

**22** Myron Cohen, "Being Chinese: The Peripheralization of Traditional Identity", in "The Living Tree: The Changing Meaning of Being Chinese Today", *Daedalus*, 1991, Vol. 120, No. 2, p. 129.

意思，一般是被理解為自然規律的。**23**

　　必須注意的是，遲至 20 世紀 40 年代末才編成的民國《高要縣志》，所援引的"新"知識，大部分都是 19 與 20 世紀之交的出版物。例如，吳汝綸（1840－1903）在 1900 年著的《深洲風土記》、嚴復（1854－1921）根據英國學者 Edward Jenks（1861－1939）的 *A History of Politics*（《政治史》）一書翻譯、在 1904 年出版的《社會通銓》，都是民國《高要縣志》編纂者一再引用的書籍。這些在差不多半個世紀以前堪稱時髦的著作，在 1948 年卻仍被民國《高要縣志》的編纂者引為"新思想"的根據。

　　明顯地，用上新名詞並不代表換掉舊腦袋。從民國《高要縣志》的內容和用詞可見，民國年間的地方讀書人，在傳統和現代之間左右徘徊，他們和遺老大不相同，他們服膺民國，很願意去學習和採用新的思想和國家意識，如果我們還記得本書第五章討論到民國時期民俗學的興起對中國讀書人的世界觀的影響的話，我們就不難明白民國《高要縣志》的編纂者"宗教"、"迷信"的二分法是如何產生的；他們為什麼願意花較多篇幅去討論地方風俗和禮俗，也變得可以理解了。不過，囿於他們過去的背景，他們在運用好些新名詞的時候，不自覺地露了馬腳。要明白兩者之間的衝突，我們有必要瞭解這些編纂者所追求的新一代讀書人的理想形象與他們自身的教育和成長背景，到底有何差異。

---

**23** 有關"神道"原來的解釋，見黃壽祺、張善文：《周易譯注》，上海：上海古籍出版社，1990 年，第 173 頁。

# 新舊交替的地方讀書人

在大多數人的心目中，讀書人的理想形象如何，和當代社會升遷的標準大有關係。民國《高要縣志》的〈人物〉一章，讓我們瞭解到民國時地方賢能的標準。縣志編纂者肯定了大學畢業生的地位，並且表列了清末以來高要縣的大學畢業生和仕宦的人名。[24] 在表上列出的六百一十三人當中，五百一十三人標明了其教育程度，其中一半接受過大學教育。明顯地，在廢除科舉後的四十多年中，接受過西式的大學或中學教育與否，已經成為中國社會釐定個人升遷的準繩。

不過，編纂者本身的教育背景和他們所列舉的新一代讀書人的狀況便有很大距離了。六名纂輯全為晚清科舉之士，其中兩名是貢生（一為拔貢、一為歲貢）、兩名是廩生、一名是附生，只有位列首席的梁贊燊是舉人，在十五名採訪和五名幹事中，有五名是前清附生，七名畢業於新式學堂。就業情況方面，三名纂輯和三名採訪曾任學校校長，包括高要縣最有名的省立肇慶師範學校、肇慶省立中學、高要縣縣立中學等；其中兩人曾經有在日本的華人翻譯學堂任教的經驗，兩人曾任高要和英德縣的教育局局長。部分編纂者曾在其他縣份擔任過縣長或其他政府部門的局長或秘書。此外，全部編纂者都有過當縣議員的經驗，有些曾任村

---

24 民國《高要縣志》，第 791 頁。

長，也有參與過管理地方文化和財政事務的委員會的。[25] 這些人的履歷，和本書第二章討論到的清末鄉土志和鄉土教科書的編纂者的背景幾乎是一樣的。

在這些編纂者裏，以陳德彬和梁贊燊的生平，最能説明世紀之交的讀書人在地方事務上扮演的角色。在民國《高要縣志》中，由陳德彬負責的篇章包括大事記、政制和軍事，而梁贊燊負責編纂和修訂的，則有地理、禮俗、物產和人物等篇。陳德彬是晚清廩生，早在 1915 年，他便參與宣統《高要縣志》的編纂工作，除了擔任肇慶省立中學的校長外，他還是高要教育局的局長、縣議員，又曾出任嶺南道尹（道尹是民國年間設立，位於省和縣之間的行政機構）和代理南雄縣知事；他的兒子在廣東省教育部亦出任秘書。[26] 此外，陳德彬又是賓興館董事會財產整理委員會的成員，可見其在地方財政事務上影響非輕；其他民國《高要縣志》的編纂者同時又屬賓興館董事會成員者，還有在 1944 年出任高要縣臨時參議會參議員的吳遠基。[27]

五四運動期間，陳德彬出任校長的肇慶省立中學的學生和肇慶其他學校的學生聯合起來，成立了肇慶學生聯合會，組織了一系列的示威遊行活動。期間，陳德彬開除了兩名學生，據稱原因是學生參加遊行活動完畢，回校時發現膳堂不再供應飯食，提出

---

**25** 有關編纂背景乃參考該縣志的 "纂修中華民國高要縣志初編職名" 和散見於縣志中的其他資料綜述。

**26** 民國《高要縣志》，第 57－60 頁。

**27** 見《高要縣賓興館產業四刻》，1945 年。

投訴。[28] 當時，北京政府和廣東政府對學生活動都持敵對態度。1919 年 5 月 31 日，廣東省省長翟汪發出電報，要求各校校長停止學校一切反日活動，以免損害中日關係。[29] 陳德彬開除兩名學生，大抵是因應上級的命令而作的殺一儆百之舉。我們很難僅僅憑此事便給陳德彬貼上"保守"、"反動"的標籤，但至少我們可以說，在五四運動期間，陳德彬和學生運動領袖之間的關係頗為緊張。

梁贊燊（1874－1961）出身舉人，清末在兩廣方言學堂任地理教員，曾編纂《兩廣方言學堂地文學課本》，簡述西方地理、天文、人種等學，可見其頗能適應清末教育改革的時勢，紹介新知。[30] 其後在肇慶府立中學任教歷史和倫理，該中學的前身是晚清教育改革期間成立的端溪書院；除肇慶府立中學外，梁還在其他省立的新式職業中學任教。自 1920 年起，梁贊燊出任廣肇羅甲種農業學堂校長，該校於 1923 年易名為廣東省立第四師範學校，1935 年改稱省立肇慶師範學校，一直由梁擔任校長至 1946 年止。1928 年 12 月，梁曾致函廣東省教育廳，謂粵曲粵劇庸俗淫褻，建

**28** 鄭放、何凱怡等：〈五四運動在廣東各地〉，《廣東文史資料》，1979 年，第 24 期，第 46－62 頁。

**29** 見〈廣東督軍莫榮新，省長翟汪，省會員警廳廳長魏邦平等鎮壓廣東五四運動的報告，函電〉，〈五四運動在廣東各地〉，《廣東文史資料》，1979 年，第 24 期，第 63－65 頁。

**30** 梁贊燊履歷見《兩廣方言學堂同學錄》，廣州，1936 年重刻；梁編纂的《兩廣方言學堂地文學課本》，由清風橋文茂印局印行，出版年不詳。

議在學校禁止排演。梁還建議禁止男女同校和男女同台演出，[31] 其不脫舊士紳本色，由此可見一斑。除參與教育事務外，梁亦是肇慶修理城濠公所總理。[32] 抗日戰爭結束後，梁贊燊退休，隨即主理高要縣文獻委員會，編輯出版前代名人著述。解放後任政協廣東省委員及廣東省文史館館員。[33]

　　身為校長，民國《高要縣志》的編纂者對地方的文化和教育事務特別關心。在縣志中，他們感歎地方文化敗壞，而他們提出的改革地方風俗的解決方法，就是有選擇性地吸取中國和西方的知識，加以利用。對於他們來說，中國文化的主體始終是他們所認同的儒家思想。在民國《高要縣志》中，編纂者多番引用四書五經，來加強自己的論點。儘管為了展示高要文化的科學和現代面貌，編纂者在《藝文志》一章的雜錄中，收入了幾本本地人編寫的科學和數學教科書，但在這一章的首頁裏，排列榜首的，仍是傳統的經史。儘管儒家在民國時期的地位大不如前，民國《高要縣志》的編纂者清楚地表達了他們對儒家思想的擁護。[34]

---

31 〈訓令第 581 號：禁止男女學生不得共同演劇及演習戲曲俗樂曲〉，載《廣東教育公報》，第 1 卷，第 6 期，1928 年 12 月，第 88－89 頁。

32 民國《高要縣志》，第 28 頁。

33 民國《高要縣志》，第 650 頁。梁詡：〈紀念先父梁贊燊〉，《高要文史》，1985 年，第 1 期，第 43－53 頁；梁詡乃梁贊燊之子，於 1992 年 8 月 19 日在肇慶接受筆者訪問。

34 這和南京政府和廣東當局的政策是不謀而合的。1929 至 1936 年間，廣東由軍人陳濟棠主政，大力提倡讀經祭孔，陳濟棠下台後，南京政府取消春秋二祭，但保留孔誕紀念。1948 年，南京政府甚至全面恢復祭孔，參見 Choi Po King, "Education and Politics in China: Growth of the Modern Intellectual Class 1895-1949", (unpublished D.Phil. dissertation, Oxford, University of Oxford, 1987), p. 267。

# 地方志裏的國家文化

正如本書在一開始便指出，"文化"這個概念自清末出現以來，到了民國年間，已經成為中國知識分子的核心關懷。像民國《高要縣志》編纂者一類的縣級地方領袖也不例外，在他們的行文敘述中，"文化"這個用詞頻繁出現，並經常與他們自以為遵循已久的"儒道"相互配合。陳德彬在《高要縣賓興館產業四刻》就賓興館董事委員會對地方教育事業的支持曾經發了以下一番議論，並將之插入民國《高要縣志》〈教育〉一章裏：

前此二十餘年間，邑局屢復屢廢，辛苦護持，以有今日，追思前人飼遺之勞，深維文化事業之重，凡我縣人，當永永念之，保而勿失。今則贏入歲計，繼長增高。清嚴幾道有言曰：豐嗇之間，種族之盛衰系焉，而吳摯甫紀深州風土誌：風俗推遷，時升時降，轉移之任，必歸之文儒，儒道盛則蒸蒸日新，儒道衰則不及其故。嚴氏之所謂種族，非必全民種族之謂，凡一鄉一邑一姓一族或一社團而為群之所聚者，皆是也。吳氏之所謂儒道，即今所謂文化也。考之歐美富強之跡，證以嚴吳兩氏之言，蓋灼然其不惑矣。**35**

---

**35**《高要縣賓興館產業四刻》，1945 年，頁 4–5，着重號為引者所加，下同；民國《高要縣志》，第 660 頁。

另一編纂梁贊燊為《高要前代名人著述彙鈔》撰寫的弁言，"文化"一詞出現次數頻繁，而其對"文化"之詮釋，與陳德彬將"文化"等同為"儒道"，亦頗有異曲同工之妙：

　　世衰道微，文化益落，匹夫有責之義，未之敢忘。余獻身教育事業逾四十年，自愧所學淺薄，無補於時，今雖奉准退休，而刻苦耐勞如故，未嘗一日敢廢學也。余竊不自揆，頗以斯道斯文之責，引為己任。而關於本縣，每欲保存既往之文化，提高現在之文化，發展未來之文化，固知力未能逮，而竊有志焉。
　　……所謂保存既往之文化者何？吾縣自昔文化不弱，聞人踵起……夫所謂文化者，其涵義頗廣，原非區區以所著述之文字為限，而要不能不託於文字與著述以傳。吾縣前代名人之著述，為當時文化之結晶品，足以沾丐儀範，後人不少，而不可放失者也。
　　……所謂提高現在之文化者何？夫文化之界說有二：其屬於文詞科學者曰文藝；其屬於道德教化者曰文德。……今人提倡語體文，而以為新文化，非所謂言而無文者耶？夫文用各有當，吾非謂語體文必不足尚，而以為文言文不可廢，而當從事習學者也。……語體文惟施之告語群眾，及記錄口語為宜；若夫國家高文典冊，鄉邑志乘，而可以語體施之乎？語體文者為文中最粗淺之一部，若其精深優美之境界，非文言文無由載之，亦無由達之也。
　　若夫未來之文化，如何進展，如何能發揚光大，非今日所能知，亦非吾人近日所能豫定。惟是能承其先者，然後能啟其後；能浚其源者，然後能衍其流，故必先能保存既往之文化，提高現

在之文化，庶能發展未來之文化也。夫文化者，往者過，來者
續，遞嬗而不窮者也。盛而衰，衰而盛，亦循環而不已者也。蓋
有人能維持之振興之則盛，無人維持之振興之則衰。一國一縣一
鄉之文化盛，則其國其縣其鄉富強而光榮；否則愚暗萎落，有必
然者。夫斯道斯文，人皆與有其責者也；一縣文化之興衰，亦一
縣之人同負其責者也，願與邑人共勉之！ **36**

　　梁贊燊一方面跟隨了民國知識分子的大流，習以為常地使用
了"文化"這個概念，另一方面，他對"文化"的理解，顯然又
與提倡新文化運動者不同。雖然他意識到在當時的討論中，"文
化"這個概念所包含的，已不僅僅限於文字的產物，但他也認
為，文字始終是讓文化得以傳世的媒介。他雖然沒有明言反對語
體文，但是他用了"群眾"、"粗淺"和"國家高文典冊"、"精深
優美"兩組表述，來分別說明他心目中語體文和文言文的分工，
顯然表示了他對新文化運動和新文學都沒有好感。

　　在這種"文言文／語體文"、"雅／俗"對立的語境中，梁贊
燊將"國家高文典冊"和"鄉邑志乘"相提並論，接下來又把一
國和一縣一鄉的文化的命運聯繫起來。在本書第二章有關晚清鄉
土教材的討論中，我們已經瞭解到，地方文人在編撰鄉土志和鄉
土教科書時，竭力將他們所屬的"鄉土"（一省或一縣）與正在形

---

**36** 梁贊燊編：《高要前代名人著述彙鈔》，〈弁言〉，肇慶：高要縣文獻委員會，1948 年，
　　着重號為筆者所加。

成的國家觀念連接起來，梁贊燊"一國一縣一鄉之文化盛，則其國其縣其鄉富強而光榮"這句話，可以説是清末鄉土教材敍述邏輯的延續。不過，在清末的時候，"國家"這個概念尚在模鑄中，不論是清政府，革命黨，還是建制內的讀書人，都在各自的空間參與這場論辨。然而，到了民國時代，定義"國家"這個概念的權力，漸漸收歸到具體的政權手上，並且成為當權者鞏固自己的地位的重要資源。1928 年國民政府至少在名義上統一中國，定都南京，隨即着手在物質建置和意識形態上建造一個有助於穩定政權的國家制度和國家觀念。

在 1948 年完成編纂工作的《高要縣志》作者，可能在地方上擁有一定的政治和經濟力量，但他們不會忽略在意識形態上與中央政府保持一致的需要。對於民國《高要縣志》的編纂者來説，時至 1930 年代，最重要的國家文化路線的指標是新生活運動。1934 年，南京政府在全國各地推行新生活運動，成為改革社會最重要的綱領。儘管這個運動在名義上是要鼓吹"新"生活，但在理念和實際推行上，更重視的卻是維持舊道德。這樣的議程正中《高要縣志》編纂者的下懷，他們改革社會風俗的見解，正好在新生活運動的基礎上加以發揮。民國《高要縣志》的《禮俗》篇，在敍述完當地的婚姻、喪葬、祭祀、歲時娛樂及紀念活動的新舊習慣後，另闢"人民生活與新生活"一節，其中有云：

⋯⋯鼎革以還，百廢俱興，文明日啟，社會之風習寖移，而人民之生事亦漸裕，於是口體之養，居處之安，服物器用之華，行旅交通之便，亦日事講求矣。然或奢而無節，或儉不中程，或不適衛生，或不由秩序，亦比比然也。近年來政府乃有新生活運動之提倡，所謂新生活運動者，欲滌除我國國民不合時代不適環境之習性，使趨向於適合時代與環境之生活，質言之，即求國民之生活合理化，而以中華民國固有之德性 —— 禮義廉恥為基準也，國民生活如何始得高尚，曰生活藝術化，如何始得富足，曰生活生產化，如何始得鞏固，曰生活軍事化，三者實現，是謂生活合理化，合理化所賴以實現之事曰衣食住行，使我國國民以禮義廉恥為規律，實現食衣住行之中，如是則生活之內容充足，條件具備即謂之新生活（語本《新生活運動綱要》）。新生活者二十二年二月十九日　總裁蔣公始倡於南昌行營，翌年二月通令全國施行，本縣於二十五年組織新生活運動促進會推行之，於是人民亦多有講求新生活者。**37**

　　以上有關新生活運動的討論，實出自蔣介石就新生活運動發表的某次演說。**38** 蔣介石清楚指出，新生活運動其實沒有什麼"新"可言，只不過要求人民按照傳統中國禮義廉恥等價值觀，"合理化"他們的日常生活。國民政府重新解釋傳統的儒家價值觀，為其現實的政治需要服務。正如 Arif Dirlik 指出，新生活運動的重點並不在於再次肯定傳統，其所表現的保守主義，實際上

---

**37** 民國《高要縣志》，第 683 頁。

**38** 蔣介石：《新生活運動》（葉楚傖記錄），南京：正中書局，1935 年，第 87 頁。

是"現代反革命的保守主義"。[39]

國民政府推動的新生活運動，在 1930 至 40 年代給中國的國民身份賦予了一層更集體的定義。新生活運動要求國民生活"合理化"，是因為國民政府認為，中國之所以積弱，乃由於不良風俗和習慣導致中國國民性充滿弱點使然，只有促進國民生活的進步，中國才有前途。這樣的"國民"觀念意味着個人的行為和生活選擇，必須優先考慮國家的需要，也就是說，集體的觀念，高高淩駕在個人的觀念上。至於怎樣才算是"合理化"的生活，蔣介石的答案是生活必須"美育化"、"生產化"和"軍事化"。軍人出身的蔣介石，自然認為"軍事化"是治國良方，甚至把新生活運動等同於一場軍事化運動，目的是統一國民精神和行為，使他們願意隨時為國犧牲。[40] 換句話說，按照當時國民政府的方針，統治國家的最佳辦法便是把國家視為一支軍隊，國民最值得效法的楷模就是軍人。國民政府這種意識形態，在德國納粹主義意大利法西斯主義高漲的年代，不但有跡可尋，而且對許多人有相當吸引力。

清末民初以來，軍人地位急速上升，也為國家軍事化奠下了基礎，[41] 這在地方的建設和文獻上，也有所反映。1920 年代，前

---

**39** Arif Dirlik, "The ideological foundations of the New Life Movement: a study in counterrevolution" *Journal of Asian Studies*, 1975, Vol. 34, No. 4 , p. 968.

**40** 蔣介石：《新生活運動》，第 42-43 頁。

**41** Tien Hung-mao, *Government and Politics in Kuomintang China 1927-1937*, Stanford, California, Stanford University Press, 1972, p. 178.

任肇慶督軍倡建"肇軍忠烈祠",藉以突出軍人的地位;1939年,"肇軍忠烈祠"易名為"高要忠烈祠",紀念在抗日戰爭中陣亡的將士。在民國《高要縣志》的〈人物〉一章中,513個人物列有教育背景,其中入讀軍事學堂者,便佔了五分之一。在230名列有官職的人物中,超過四分之三是軍人。這是過去的縣志從來未有的。在舊志選舉表中,固然會列上武舉人,但一般從軍者的名字,是不會列入地方志的。

新生活運動鼓吹生活"美育化",民國《高要縣志》有關藝術和音樂的篇幅,也比過去的縣志為多。在國家主義膨脹的年代,《高要縣志》的編纂者提倡"國樂"是自然不過的事,但到底何謂"國樂",卻似乎不是這些編纂者能夠正面回答的問題,我們只能旁敲側擊地找出答案。如上所述,編纂梁贊燊在任職省立第四師範學校校長時,曾致廣東教育廳曰:

近日粵樂盛行,各校學生往往有口唱戲曲,手奏俗樂者,以學校尊嚴之地,幾如優伶演習之場,引嗓高呼,形骸放浪,無益學業,尤蕩人心。職校教授樂歌,除通習之風琴,純正之樂曲外,其他一切戲曲俗樂,概行禁止。

梁這番建議,得到當時的廣東教育廳廳長黃節的認可,同意"戲曲俗樂均應嚴禁學生演習",並下令所屬學校一體遵照。[42]
梁贊燊既有這種見解,在《高要縣志》裏,粵劇被認為是"淫、
糜、哇、俗",不能登"大雅之堂",和西洋音樂不能同日而語,
就不足為奇了。[43] 梁贊燊這種見解在當時的教育界具有一定的代
表性,在幾年後召開的廣東省第四次教育會議頒佈的"初中音樂
科教學綱要"中,也有謂:"歌曲宜多選活潑、雄壯、快樂、積
極者,其悲哀、頹廢者,最好少用。至時下流行之卑劣歌曲如粵
曲、梵音、電影歌曲,及黎錦暉一流之作品,絕對禁止使用。"[44]
民國《高要縣志》雖然收入了幾首粵曲,不過,都一律歸類為
"雜樂",而非"歌曲"。粵曲和粵劇 1940 年代在省港澳、東南亞
甚至上海都有相當的市場,但部分地方讀書人卻嗤之以鼻,除了
因為個人的喜好外,也是由於他們正在極力追求一種新時代的國
樂,這實際上也出於肯定他們精英身份的需要。既然地方樂曲不
能登大雅之堂,在作曲和器樂運用方面不得不藉助於西洋音樂,
那麼,國樂的"國"的成分,又在哪裏體現呢?我們可能只能在
歌詞裏找到痕跡。民國《高要縣志》收錄並歸類為歌曲的,有以
下幾首歌曲,也許可以反映民國地方文人對國樂的定義:

[42] 〈訓令第 581 號:禁止男女學生不得共同演劇及演習戲曲俗樂曲〉,載《廣東教育公
報》,第 1 卷,第 6 期,1928 年 12 月,第 88-89 頁。

[43] 民國《高要縣志》,第 83 頁。

[44] 鄧章興主編:《廣東全省第四次教育會議提案之四(1):修訂初級中學校各科教學綱
要》,1934 年。

《公餘服務團歌》

世界不容有自了漢，事業我們要一起幹，

民族何能沙般散，革命何能自由慣。

今天是群眾的時代，我們的眼睛要清楚看，

集體的生活，群眾的運動，克服人們私與懶。

同志們，機關要如學校，

飯一起的吃，事一起的辦，

我們團體的精神，光明燦爛，

我們團體的精神，光明燦爛。[45]

　　公餘服務團是抗日戰爭期間，廣東省政府從廣州遷往曲江縣時，由省政府秘書處設立的組織。為了鼓勵士氣，齊整軍心，服務團提倡“機關學校化”，鼓吹政府官員在公餘時間過集體生活。團歌的作曲者黃友棣，是中山大學教授，也是廣東藝術及技術學院音樂系主任。黃友棣本籍南海，但在高要長大。歌詞的作者梁寒操（1899－1975）是高要人，位居國民黨中央宣傳部部長。黃梁二人的學術和政治地位，以及他們和高要的關係，再加上公餘服務團的政治背景，決定了他們的音樂創作能夠得到《高要縣志》的編纂者所認同。“機關學校化”這個意念，對於身為校長的編纂者來說，更無任何理解的困難。這都進一步造就了軍法治國

---

**45** 民國《高要縣志》，第 879 頁。

的基礎。

肇慶師範學校的校歌，更把高要的地靈人傑，個人的前途升降，以及對國家的認同，巧妙地結合起來：

《肇慶師範學校校歌》

洪維我校，位西江之陽，
江水泱泱，發源乎濫觴，
盈料〔科〕而後進，放乎四海，惟有本者積厚流光。
問學為樞，力行為輿，日進無疆。
人之範乃師之良，群之秀乃國之光。
五育十準，相勉毋忘，艱難百折，方日進於榮昌，
薰陶樂育，源源不息，與江水同長。[46]

出現在歌詞中的種種有關國家的比喻，儘管從文學的角度看來，技巧並不特別高明，但卻顯示作者把地方認同和國家認同聯繫的努力。這種認同感，當然也只有和個人的前途掛鈎，才便變得更有實質意義。肇慶師範學校的學生，在為自己是高要的精英感到自豪的同時，當然也希望更上一層樓，成為國家的精英。不過，這樣充滿國家意識的歌詞，當時的廣東學生是否能夠用"國語"唱出，卻又是另一碼事。民國年間，國語運動在廣東一直推

---

**46** 民國《高要縣志》，第 878 頁。

行得不太成功，遲至 1941 年，廣東省政府教育廳出版了黃友棣的《怎樣指導學校音樂活動》，就曾經提到："但我們卻常聽到許多不倫不類的國語歌聲，這真是教人人不安的演唱。雖然，我們也不能太苛求；但差得太遠，或唱出那些粵戲的'戲棚話'，卻真是怕人。"黃友棣建議，教師在進行音樂活動時，讓學生"唱完國音時，也唱唱地方語。一方面使他們靈巧地善於變化，一方面也使他們感到國音較利於歌唱。站在教師的立場，為了要把國語普及的工作做得更好，實在應該獎勵國音歌唱的。"[47]

在"國民"身份凌駕一切身份的情況下，民國《高要縣志》的編纂者如何表達地域身份呢？上述陳德彬在縣志中引用他自己在《高要縣賓興館產業四刻》撰寫的附識，對嚴復使用的"種族"概念的理解，擴充到"凡一鄉一邑一姓一族或一社團而為群之所聚者"的意義上去，使我們再一次聯想到清末各地編撰鄉土教材的地方文人，如何竭力地把愛鄉和愛國之情聯繫起來。

與清末鄉土教材的編纂者類似，民國《高要縣志》的編纂者不忘在聯繫愛鄉愛國之情的同時，表達其對一鄉之中族群異同甚至高低之別的見解。在〈氏族〉一篇中，編纂者根據採訪資料和族譜記載輯集了 116 個姓氏的源流與現況。編纂者認為，氏族的演進，反映了"文化之啟辟與社會組織之形成而鞏固"。[48]如前所述，高要縣以廣府人為主，編纂者在〈氏族〉篇的附記裏，對縣

---

47 黃友棣：《怎樣指導學校音樂活動》，廣東省政府教育廳第一科，1941 年，第 36－38 頁。
48 民國《高要縣志》，第 106 頁。

內客家人和疍民的敘述，雖然沒有直接詆毀之詞，但字裏行間還隱含着許多內外之別：

　　嶺南迺古代百蠻地域。本縣僻處西偏，益臻蕪穢。傳前朝為徭人窟完〔疑"完"字為"穴"字——引者〕，事殆不誣，惟近世久經絕跡，居民皆為漢族。其有籍屬稍殊者為客家。據考證者言，客籍語存古代中原語，殆與漢族同種……客語與東北江客籍相通，然與吾人往還，則操粵東普徧語。彼此兩無町畦。其人習勤耐苦儉嗇，有古唐魏風，惟文化不振，邇歲以地力盡辟，走南洋群島以資生者逾千焉。外此本縣略有疍戶，其種源說者雖紛而多臆揣，以水為生，捕魚與載客迺其業，亦有為商者，禮俗與吾人殊。清代頗歧視，不得與陸上人雜居，丁口不過二三千人。他如福建系縣境無之。本縣民眾純粹漢族，客籍疍戶外，無可紀者，用附載焉。**49**

　　筆者無法查考是否所有列舉在"氏族"篇的姓氏是都算廣府人，是否在當時俱被界定為"純粹漢族"。不過，從以上引文可見，民國《高要縣志》認同的"吾人"，並不包括客家和疍民。我們也不要忘記，高要也一度是咸同年間土客械鬥甚烈的地方。雖然隨着客家學的興起，編纂們已經沒有使用"客匪"、"客賊"等污衊之詞，甚至認識到"有考證者"說"客籍語存古代中原語"，

---

**49** 民國《高要縣志》，第 248－249 頁。

但他們對於客家人是否屬"漢族"，態度仍然是十分曖昧的，否則，不會用"殆與漢族同種"這種說法；至於疍民，編纂們雖然說他們的來源眾說紛紜，但他們甚至連"殆與漢族同種"這種含糊的說法也不加上一筆。明顯地，在民國《高要縣志》的編纂者的眼中，客民和疍民並不算是"吾人"、"邑人"或"縣人"，對於發展一地一邑之文化，似乎是無關痛癢的。

## 地方利益與民族大義

在觀念的層次上，把高要人的地域認同和國家認同聯繫起來，即使在邏輯或事實上不能互相配合，但要在理念上說得通，並不困難。不過，在現實生活中，當高要縣的利益和廣東省的利益，甚至與中央的利益有衝突時，縣志的編纂者便得在忠於國家的外衣下，巧妙地表達他們對地方利益的維護。

例如，作為一種地方文獻，對本地的軍事將領推崇備至，在抽象的意義上，本來是十分符合國家鼓吹軍事化的主張的，不過，當這個軍事將領和中央政府的領導人有矛盾時，地方志對他表示推崇，便無異於挑戰中央，不得不步步為營。民國《高要縣志》對於余漢謀的處理，便是這樣的一個例子。

余漢謀（1897－1981），高要人，自1930年代開始便成為廣東政治和軍事舉足輕重的人物。1925年，他還是陳濟棠部下中的一名軍長，1936年，余漢謀與蔣介石合作，推翻陳濟棠的政權，隨即被蔣擢升為廣東第四戰區副司令長官。抗日戰爭期間，余漢謀擔任第七戰區司令長官，1936 年，又擔任新生活運動協會的訓導。[50] 在 1930 年代後期的廣東，余漢謀實際上取代了陳濟棠，成為蔣介石認可的最高軍政領導人。

余漢謀在高要縣自然也地位顯赫。他出資支持高要縣好幾間寺廟和名勝的建設與維修工程，又捐款與高要縣立中學，興辦"余漢謀圖書館"。[51] 1935 年，他甚至被列入"高要五君祠"。五君祠的前身是 1922 年興建的"三君祠"，原來為紀念在水災期間作出捐獻的三名本地人士，易名為"紀念五君祠"，除了紀念余漢謀外，還有任前廣東省政府財政廳參議的高要人梁祖詰。[52] 活人得以"入祠"，可見余漢謀在高要的地位非比尋常。儘管民國《高要縣志》的編纂者不為生人立傳，但余漢謀的背景和抗日的英勇事蹟，在《兵事記》等篇章中，佔據了不少篇幅，讚揚他"德器深厚，勳名顯赫"。[53] 更重要的是，我們前面已經提到，《高要縣志》的纂修，就是在余漢謀的敦促下進行的，他還被奉為民國《高要縣志》的"總裁"。可以說，在政治的層面上，余漢謀是民國《高要縣志》的總後台。

不過，在高要以外，余漢謀的地位和名聲卻不無爭議。1938 年 10 月，廣州淪陷，輿論認為與余漢謀大有關係。據某些人的回

---

50 蕭繼宗：《新生活運動史料》，台北：中國國民黨中央委員會黨史委員會，1975 年，第 210 頁。

51 民國《高要縣志》，第 78、88、652 頁。

52 同上，第 761 頁。

53 同上，第 791、907 頁。

憶説，日軍情報人員透露，余漢謀曾派代表與日方代表會面，並答應採取不抵抗政策，棄守廣州，1941 年，國民黨派駐郵局的情報人員發現余漢謀一封列有向日軍投降的條件的信函。[54] 不論真相如何，面對對余漢謀不利的輿論，民國《高要縣志》的編纂者下了一番注腳，為余漢謀辯護：

> 廣州陷後，一時輿論對漢謀極端責備，在渝粵籍中委致詞，漢謀亦將此次前後應戰經過，詳細縷電各方，毫無欺飾，深自引咎。其後蔣委員長抵曲江，對漢謀云："粵省情形複雜，我最知，外間責備既多，擬將爾革職留任。"漢謀以處分太輕，懇請加重，謂苟於國家民族有利，雖犧牲個人，絕對甘心。委員長不許，謂以後倚畀之事正多，並以忠誠負責和平穩厚等語慰勉之。[55]

縣志更進一步引用蔣介石致廣東中央委員會的電報，謂自己必須對廣州淪陷負上責任。儘管此電文並沒有提到余漢謀三字，但編纂者作的結論卻是，"釋此電文，委員長對此粵事，引為己責，而於漢謀不廢法而勖勉有加，是以則漢謀平日為人自有以上結委員長之知，而委員長亦可謂善將將也矣。"[56] 由於民國《高要縣志》遲至 1948 年方編纂完成，上述這番維護余漢謀的話，

---

**54** 何崇校、劉作、周養浩：〈抗日戰爭中余漢謀與侵略軍的勾結〉，《廣州文史資料》，1980 年，第 18 期，第 153－166 頁。

**55** 民國《高要縣志》，第 908 頁。

**56** 同上，第 908 頁。

不但是針對抗戰期間的輿論的回應，更企圖營造出余漢謀與蔣介石在 1940 年代後期關係良好的形象。其實，余漢謀長期在陳濟棠手下，蔣介石對他的信任大抵有限，而他對蔣介石的忠誠，很可能也是半心半意的。1942 年，眼見國軍節節敗退，一些地方將領企圖向中央政府的權威提出挑戰，余漢謀據說便是其中一個與廣西軍事領袖李濟深（1886－1959）達成協議的將領之一，同意一旦重慶政府崩潰，便共同合作。[57] 也有一種說法謂，1944 年左右，余漢謀與部分地方軍事將領達成協議，對日軍不予抵抗，任由日軍摧毀蔣介石的軍隊。[58] 抗戰結束後，新任縣長鄧澂濤被政敵攻擊，其中一個罪名就是他是余漢謀介紹的，故"恃勢傲物"。[59] 我們很難判斷這類說法是否屬實，在戰爭形勢不明朗的時候，地方將領各懷異志，是自然不過的事。余漢謀和蔣介石之間互相猜疑，是不足為奇的，民國《高要縣志》營造的假象，毋寧是為了調和中央和地方的矛盾。

余漢謀原籍高要，對地方事務積極支持，即使有漢奸之嫌，又得不到蔣介石的信任，《高要縣志》還是透過美化他和蔣的關係，為之辯護。與此同時，陳濟棠雖並非高要人，但在管治廣東

---

**57** Ch'i Hsi-Sheng, *Nationalist China at War: Military Defeats and Political Collapse, 1937-45*, Ann Arbor: The University of Michigan Press, 1982, pp. 113-114.

**58** Lloyd Eastman, "Nationalist China during the Naking decade 1927-1937", in Lloyd Eastman, Jerome Ch'en, Suzanne Pepper, and Lyman Van Slyke (eds.), *The Nationalist Era in China 1927-1949*, Cambridge: Cambridge University Press, 1991, p. 176.

**59**《高要縣政府施政報告》，1946 年，第 16 頁。

期間（1931－1936），為廣東的經濟帶來一定的發展，而高要亦有所受惠，連接高要和三水、高要和德慶的兩條公路，就是在陳濟棠主粵的時候興築的。不過，在民國《高要縣志》中，除了在〈禮俗〉一章提到恢復祭孔一事和〈政制〉一章提及陳濟棠外，"陳濟棠"這個名字，在整本縣志中幾乎沒有再出現過。[60] 在敍述 1936 年前廣東與中央政府的關係時，不但沒有提到任何人名，就連陳濟棠領導的西南政治局也簡稱為"西南"，刻意淡化中央和地方的矛盾。對於這種情況，民國《高要縣志》只輕描淡寫地說：

自時關後，民得稍稍安息，然中央與西南各省，政令未相通流，西南則務以馴擾其民，中央則息待時機之轉。至二十五年八月粵省歸政中央，於是全國始告統一。[61]

如何處理陳濟棠的角色，對於民國《高要縣志》的編纂者來說，似乎並不容易。一方面，余漢謀在 1930 年代與蔣介石合作，背叛西南政權以前，與陳濟棠的關係已頗為緊張，[62] 陳濟棠治粵期間，即使對粵省或高要有何貢獻，民國《高要縣志》似乎都儘量隻字不提。另一方面，陳濟棠雖然不再獨霸南天，但蔣介石仍委任他為最高國防會議委員，在抗日戰爭期間，又委任他為農林部

---

**60** 民國《高要縣志》，第 666、252 頁。

**61** 同上，第 906 頁。

**62**《南天歲月》，第 504－516 頁。

長。至少在名義上，南京政府並沒有視陳濟棠為蔣介石的叛徒。大抵考慮及此，民國《高要縣志》的編纂者在不得不提到陳濟棠的場合下，只能低調處理，或不予置評。

地方與中央之間在財政上的矛盾，在縣志中也常常得到反映。民國《高要縣志》〈財計〉一章，表現出控制着寶興組織的編纂者，對中央在地方施行的財稅政策，存有許多不滿。在文化和意識形態的層面上，縣志編纂者都會刻意把高要和國家聯繫起來，不過，他們也明白，這種聯繫是要付出真金白銀的代價的 —— 地方需要向上一級政府繳稅；而民國年間，省政府和中央政府巧立各種稅項和收費的名目，讓地方苦不堪言。怨憤之情，在縣志裏躍然紙上。

《高要縣志》〈財計〉一章共分三篇，即國家財政收入、省府財政收入、自治財政收入。編纂者解釋說，過去的縣志一般不收錄國家財政，他們作出這樣的劃分是因為：

> 惟時勢激蕩，稅課繁興，稽徵與經徵，或分權或合一，各機關佈列縣境。凡屬地方民眾，無論為一種人事行為，或日用所需，或出於工商營利，均須直接間接盡輸，將之分誼於國庫，雖僅效壤流耍，足徵一方之擔負。[63]

接着便是一列長長的稅務項目，大部分都是中央政府對地方

---

63 民國《高要縣志》，第 304 頁。

徵收的。1941年，南京政府修訂財政政策，把許多省政府的稅收項目撥歸中央。據其他資料顯示，1930年代時，高要的地稅是廣東最高的，原來每畝土地的徵稅是零點三八元，但加上各種附加的費用後，竟增加至每畝十一元。[64] 這些旁證，也許可以說明高要當時的財政實況。對於政府為改組警隊而向地方籌款一事，《高要縣志》的作者也加了一筆：

以上各種籌措，大都先組委員會以定議，後乃投商承攬，或委員辦理，惟弊孔均多，民眾忍痛輸將。而歸於正用，足以昭示於人者，或不遞於十分之二三。[65]

高要縣與廣東省之間的財政矛盾，在抗日戰爭結束後高要縣長作出的施政報告呈現得更赤裸裸。當時，廣東省下令地方籌購軍糧，卻撥款不足，米糧亦供不應求，該縣長在其施政報告中乃大吐苦水謂：

如眾所周知，軍糧之籌購，實余到任後最嚴重最困難而又最危險最嫌疑之問題，……而本縣奉令配購之糧，原定每月二千大包（幾經請求減免之後，始以二月至四月共五千六百二十二包，

**64** 陳啟輝：《廣東土地利用與糧食產銷》（出版年不詳，約1930年代），第50、51冊，收入蕭錚編：《民國二十年代中國大陸土地問題資料》，台北：成文出版社，1977年，第25674－25675頁。

**65** 民國《高要縣志》，第387頁。

五月至八月共四千大包），額定價款每大包一萬元（幾經請求之後，始准每大包先發價款一萬八千元），以三月至八月間之米價，最低者為每百斤八萬餘元，以軍米一大包計，重一百六十司斤⋯⋯余於三月初接任縣長職務，僅得前任移交糧款三百三十九萬元，與此空頭支票之議決案，而上峰嚴屬之督責，即須照案撥足，並須繼續籌購，按月依額清繳，各鄉鄉長又以連年災歉，差價過鉅，無法遵行，縷述民間困苦，紛紛請求豁免，有云："如政府強令民眾必行難辦之事，全體鄉保長，願自行入獄，聽候政府處置。"一言一淚，聞者傷心。余為邑人，稔知邑事，此案如不實施，則事經前任與各地方法團及各鄉長議決呈報上級有案，上官責難，將必無言以對，如付實施，則因時效已去，差價過鉅，地方確無能力負荷。**66**

可以說，在文化事務上，身為校長和教師的縣志編纂，能夠提出許多宏圖偉略，儘管他們的想法不一定能付諸實行；然而，在經濟事務上，這些地方讀書人便顯得無能為力了，他們的儒道思想，他們的民族理念，都不能為高要縣面對的財政困境提供什麼靈丹妙藥。在《縣志》〈財計〉一章中，編纂們嘗試把高要的命運和國家的命運以至世界市場聯繫起來，希望中央政府能夠保證土產的銷售，與外國貨品抗衡。對於高要縣的經濟不景氣，也希望中央政府能夠加以垂注。然而，這都不過是一廂情願而已，在

---

**66**《高要縣政府施政報告》，1946年，第1－2頁。

經濟的層面上，"國家"在縣志中呈現的形象，並沒有什麼神聖感，而更多是對地方造成的負擔。

## 小結：國民與邑人

民國《高要縣志》的纂修者，雖然都是在清朝獲得功名之人，同時也是民國的新進，他們竭力為自己穿上一件現代知識分子的外衣，也竭力為高要縣套上一身現代和民族主義的外衣。不過，由於他們的教育背景和與外部世界的接觸有限，在當時大城市的知識分子的眼中，他們起碼落後了半個世紀。他們認識許多"現代"和"民族"的觀念，其實是國民政府潛移默化的結果，國民政府為他們提供了一套熟悉的辭彙，讓他們更容易地表述他們"國民"的身份。值得注意的是，1930年代國民黨主張的"國民"觀念，和1900年代梁啟超等人提出的"新民"的"民"的觀念是有着許多微妙的差別的。梁啟超強調，要成為"新民"，人們必須從改善個人的道德和行為做起，中國人有必要學習自由、自治、自尊和公德等觀念。1930年代國民政府的"國民"觀念並沒有"個人"，所謂"個人"只不過是集體的一個份子，應隨時為國家服務，其強調的是"國民"的工具性的功能，而非"國民"身份對"個人"的意義。"國家"是至高無上的目的，個人只不過是工具。任何地域或行政單位，都只能附屬於國家之下。

當這樣的國家觀念應用到地方的時候，地方的特色自然是受到打壓的。民國《高要縣志》的編纂者批評人們的風俗習慣迷信落後，隱含的議程是這些"迷信落後"的風俗，是國民的弱點，是窒礙國家進步的原因。與此同時，主要編纂者的母語和日常語言都是粵語，但他們對於粵曲和粵劇，卻水火不容，而另倡"國樂"。總之，地方讀書人在企圖改革地方風俗的過程中，以為自己也在參與建設新的中國文化，但由於在情感和利益的層次上，他們更能認同的是自己的地方，因此，要正面地表現地方特色，只能把地方與國家拉上關係，但如此一來，他們實際上是在削平地方特色，地方觀念和國家觀念的共存和融合，只能是在理念的層面上得到體現。

# 第 七 章

# 餘論：文化展覽背後

讓我們再次返回 1940 年的"廣東文物展覽會"去。

展覽會開放六天後,有人投書《循環日報》,質疑某籌備委員聲稱懸在會場入口的大燈籠和高腳牌樓表現了百分之一百的廣東地道色彩,該文章說:

> 館前高搭牌樓一座,大燈籠一對,高腳牌一對,門聯一對,十足國貨,無可非議,其有譽之為十足地道土貨者未免諛而失實也。何則,牌樓高腳牌門聯之三事物,非廣東出產之專有品也,[1]

要回應這一小小的質疑並不困難。那位籌備委員其實不必強調地道的廣東色彩,因為這不是"廣東文物展覽會"的本意,而那位批評者也不需要區分"國貨"與"土貨",因為時人觀念中的"廣東文化"的特色,恰恰是它所表現出來的中國文化的精華。道光年間到 1940 年代的廣東歷史,讓我們明白了這樣的觀念是如何在特定的歷史過程中形成的;而晚清到民國的廣東知識分子,在變動的政治環境和社會處境中,又是如何巧妙地運用了這種觀念。在某種意義上,正是他們的一系列政治活動和文化行為,創造和定義了"廣東文化",並且,正是這個建立地域文化認同的過程,強化和鞏固了清末以來的國家觀念。

---

1 《廣東文物》,第 279 頁。

# 文人的位置

要明白為什麼"廣東文物展覽會"選取這樣的內容，用這樣的方式來展示"廣東文化"，我們須瞭解，"廣東文物展覽會"的籌備委員屬於受過 20 世紀上半葉興起的國家意識洗禮的一代，但他們的師承關係卻可直接追溯到道光年間的廣東學人。前面數章探討了自道光以來一個世紀間"廣東文化"觀的形成過程，使我們得以把"廣東文物展覽會"的主要操辦者的個人生平，置於更具體的歷史脈絡中去理解。

如果籌備一次"廣東文物展覽會"和編纂一部《廣東通志》有任何類似之處的話，也許在於它們的組織者的構成。正如通志的編纂名單一樣，展覽會的組織也包括了提供財政支持和政治庇蔭的省政府要員，負責處理公關工作和人事關係的且具有一定學術地位的各色官吏，以及具體操辦的官員和學者。位於籌備委員名單前列者，我們最熟悉的人物有時任農林廳廳長的陳濟棠、時任第七戰區總司令的余漢謀、廣東省政府主席李漢魂（1896－1987），其他還包括省財政廳廳長顧季高，廣東省銀行行長雲照坤。有這樣的名單，"廣東文物展覽會"至少在政治、軍事和財政上，都得到一定的保障。

要得到上述各方的支持，沒有一個面面俱到的人物擔任籌委會主席，大抵是難以成事的，有了這樣的考慮，我們就不難明白，為什麼這個角色會由葉恭綽擔任。在清末以來政權更迭的歷史中，沒有幾個人物能像葉恭綽般幾乎在每一個政府中都能得到尊重並委以重任。晚清之際，葉恭綽在京師大學堂畢業後，歷任郵傳部政司主事、承政廳廳長、代理鐵路總局局長等職；入民國後，又歷任路政司司長、交通部次長、郵政總局局長、交通總長，兼理交通銀行與交通大學。1923年，葉出任廣東政府財政部長，次年又任北京交通總長；1931年又任鐵道部長，1932年後遂辭退所有公職。在這裏值得一提的是，葉恭綽先世是浙江餘姚人，後入籍番禺。祖父葉衍蘭（1823－1897）是咸豐六年進士，歷官戶部主事，軍機章京，晚年歸里主講越華書院；叔祖葉衍桂在地方上與士紳集資籌辦濟貧機構，社會地位崇高。[2] 葉恭焯有着這樣的家庭背景，加上他個人在官場的關係和對文化事業的喜好，使他成為一個處處受尊崇的元老級人物，至1940年"廣東文物展覽會"舉辦時，葉恭綽已年屆六十一，加上退休已久，至少在表面上政治立場較為中立，在文化事務上，要取得有力人士的支持，也就更容易了。

　　葉恭綽的角色雖然不可或缺，但展覽會實際的操辦工作，主要由簡又文承擔。簡不但負責了許多實務工作，更在《廣東文物》上發表了〈廣東文化研究〉一文，多少為整個展覽會提供了理論基礎。簡又文的個人背景，讓我們瞭解到民國時期廣東知識分子複雜的面貌，也更容易明白為什麼在他們的腦海中和筆桿下，"廣東文化"會以這樣的一個形態出現。

　　原籍新會的簡又文，以1940年代開始從事太平天國研究而聞

---

2　見宣統《番禺縣志》，卷20，第33－34頁。

名於中國史學界。簡又文的父親簡寅初曾加入同盟會，並受孫中山命在南洋籌款，支持革命事業。在 1918 年南洋兄弟煙草公司重組時，簡寅初是該公司的董事之一，一年後，他把股份出售，完全退出。[3] 由此或可推斷簡又文的家庭經濟情況應該不俗。簡又文在廣州嶺南學堂就讀中學期間，皈依了基督教，1917 年畢業後，赴美國芝加哥大學求學，後又在紐約一間神學院進修。1922 年回國，在中華基督教青年會全國協會任職牧師。兩年後，轉往燕京大學，任神學及哲學副教授。雖然簡又文從小接受的都是西式教育，又是基督教徒，但他在後來的著述中，強調自己在學術上繼承宋明理學的傳統，拜順德學人簡朝亮門下。既然稱得上是簡朝亮的弟子，自然也可以朱次琦再傳弟子自居。正如我們在本書第四章已經提到過的，一旦以朱次琦的再傳弟子自居，又多少可以與反滿和革命的傳統聯繫起來。[4]

簡又文的從政生涯自他在 1926 年加入國民黨始。當時，國民政府正積極為北伐作準備，其中一項工作就是要拉攏願意合作的軍閥馮玉祥。早在 1924 年，身為基督徒的簡又文便與"基督將軍"之稱的馮玉祥結交。在孫科的推薦下，簡又文在 1925 年被國民黨任命為"政治工作委員"，到馮玉祥的軍隊裏進行協調工作。簡孫二人的交往則始自至遲 1922 年，當時孫中山驅逐陳炯明，簡又

<hr>

**3** 中國科學院、上海經濟研究所、上海社會科學院經濟研究所編：《南洋兄弟煙草公司史料》，上海：上海人民出版社，1958 年，第 9－13、139 頁。

**4** 簡又文：〈悼簡竹居家夫子〉，《簡氏宗聲》，香港，1955 年。

文參與其中，就在此時認識孫科，兩人的關係似乎一直都很好，簡甚至曾經做過孫科兒子的家庭教師。1928 年，國民政府北伐成功，簡被任命為山東鹽運使，惟半年後即離職。

簡又文和孫科的密切關係，使他此後的政治生涯與孫科結下不解之緣。1920 年代末，孫科領導國民黨內部分粵籍黨員，與蔣介石及其江浙派系關係緊張，但作為孫中山的兒子，孫科在國民政府內一直都是一個舉足輕重的角色，而簡又文幾乎和他形影不離。1928 年，孫科任鐵道部長，委任簡又文作參事，簡曾解釋過所謂“參事”，即鐵道部的總秘書。[5] 1931 至 1936 年，簡又文被任命為廣東省政府委員，並同時擔任廣州社會局局長。[6] 1933 至 1946 年間，孫科在南京任立法院長，簡又文被委任為立法院委員。

1937 年，抗日戰爭爆發，簡又文避居香港，出版《大風》雜誌，積極宣傳抗日。1938 年 10 月廣州淪陷，國民黨重組港澳支部，簡是委員之一。1939 年，簡又文與嶺南大學校長李應林（1892－1954）、香港大學中文系教授的許地山（1893－1941）等人，在香港組織“中國文化協進會”，與當時中國共產黨華南局香港分局支持的“中華全國文藝界抗敵協會香港分會”，分別代表着右派和左派的聲音，就文藝在社會中的角色等問題上進行了

---

**5** 簡又文此時期的經歷見簡又文：《西北從軍記》，台北：傳記文學出版社，1982 年，第 169 頁。

**6** 王美嘉：《民國時期廣東省政府檔案史料選編》，廣州：廣東省檔案館，1987 年，1989 年，第 11 冊，第 269 頁。

不少筆戰。[7] "廣東文物展覽會"的主要籌辦組織，就是這個在簡又文的領導下"中國文化協進會"。

簡又文在 1949 年後於太平天國和陳白沙研究方面著述良多，學術成就毋庸置疑。不過，以簡又文作為民國知識分子的一種典型來說，我們不得不提出的問題是：對於一個三十來歲之前一直在教會和學術機構工作，後來又一度積極參與政治事務的人，學術到底意味着什麼呢？一個接受西式教育和西方宗教洗禮的中國人，為什麼到中年以後，會潛心研究甚至信奉宋明理學呢？筆者相信，在當時的中國學人中，簡又文的經歷並非例外。他的例子說明了當時的中國學人如何與政治糾纏不清，而其政治傾向，又怎樣影響到他的學術興趣；也顯示了經過「五四」運動洗禮的讀書人，如何不可能和中國學術傳統完全決裂。本書第五章討論過的羅香林，1940 年時年方三十四，其後在政治路途上的經歷及其在學術上的追求，也與簡又文大同小異。簡又文和羅香林，可說是民國時期廣東學人的典型，不過，純粹"學者"二字，不足以涵蓋他們的事功與志趣。他們是辛亥革命後崛起的新一代的精英，受過高深的教育，立志為國效勞，並把個人的理想託付在政府和政治事務上。他們不能說不夠"現代"與"西化"，但"現代"和"西化"這些形容詞難免掩蓋了他們與傳統中國學術的聯繫。

---

**7**　有關兩會的活動，參見盧瑋鑾：〈統一戰線中的暗湧 —— 抗戰初期香港文藝界的分歧〉，《香港文縱 —— 內地作家南來及其文化活動》，香港：華漢文化事業公司，1987 年，第 41－52 頁。

作為晚清以後受新式教育洗禮的讀書人，他們有意識地將自己與道光以來的廣東文化與學術世界聯繫起來；他們又是 20 世紀上半葉的歷史締造者，到了今天，我們要明白 1940 年代以來的廣東文化和歷史觀念的形成，他們成了我們不可迴避的研究對象。

簡又文和羅香林的經歷也讓我們想起了他們的前輩學者的經歷。清末民國的廣東學人，不少都在廣州、香港、上海等城市生活，與自己的家鄉的聯繫是極為疏離的。對於學海堂第一、二代學長來說，廣東在嚴格的意義上能不能算是他們的家鄉，也值得斟酌。他們的祖父輩來自江南、浙江或福建等地，宦遊或從商於廣州，落籍於廣州的附廓縣番禺或南海。例如，本書第三章已經提到，學海堂最著名的學長陳澧，祖父輩是從江南遷到廣州來的，父親甚至因為沒有落籍番禺，所以不能參加當地的科舉，至陳澧一代才佔籍為番禺縣人。林伯桐先世由閩遷粵，遂世為番禺人；張杓祖輩為浙江山陰人，父遊幕廣州，杓入番禺縣學為生員，遂為番禺人；張維屏曾祖自浙江山陰遷番禺，遂為番禺人；儀克中先世山西太平人，父以鹽運使司知事分發廣東，納妾生子，克中奉母居番禺，遂為番禺人；侯康先世江南無錫人，祖父遷廣東，遂為番禺人。[8] 可以說，道咸年間像學海堂學長這類被認為是廣東文化的代言人中，有相當一部分並沒有一個真正本地的 "根"，但他們卻掌握着最核心的文化資源，成為廣東文化的代言人，極

---

8 容肇祖：《學海堂考》，第 24、30、31、33 頁。

力為廣東文化尋求正統性。[9] 時至民國，像羅香林和簡又文這一代學人，青年時期到上海北京甚至外國留學，從他們的成長經歷和教育背景來看，他們對於很"地方"的地方文化，並不見得有多少切身的體驗。從晚清到民國的這些廣東學人，大多以廣州、香港、上海、北京這類大城市為他們的活動舞台，他們的地域文化觀念，往往只能夠託付在一省的層次上，才容易得到體現。就他們的仕途和事業而言，他們也往往處於國家與家鄉的夾縫之中。在他們未能廁身中央的政壇時，他們回到廣東，參與省內的政事；到他們無法影響政治時，他們又退到文化事務上去，掌握着最核心的文化資源，成為廣東文化的代言人；當他們無法定義當代的廣東文化時，又回溯歷史，界定廣東過去的文化。在現實政治中失勢，讀書人只能憑藉過去，為自己想像出一個當代的角色。

由這些文人的經歷及其在地方文化建設中的建樹，我們意識到"文化"並不是一種自然而然的客觀存在，而是在特定的歷史時空過程中建構起來的一種觀念。由此，我們有必要對從民國至今被讀書人以至研究者們視為勿庸置疑的"地方文化"的意涵重新作一點省思。

---

**9** 筆者在 1996 年提交的博士論文中，提出了這個見解；其後與麥哲維博士（Steven Miles）討論，發現彼此在這方面看法不謀而合。詳見其在博士論文的基礎上改寫出版的專著 *The sea of Learning*。

# "文化"是什麼？

　　當我們把"文化是什麼？"這個問題置於特定的時空，透過一些實實在在的人和事來考察時，不難知道"文化"所包含的內容是在不斷改變和擴充着的。從清末至民國，"文化"這個名詞經歷了一個從無到有，從"形容詞"變成"名詞"，從"單數"變成"複數"的過程。**10**

　　19 世紀末以前的中國讀書人如陳澧者，大抵不會滿口"文化"，但他們肯定關注他自己和他所在的地方是否得到"教化"。因此，由士大夫書寫的地方歷史要力圖敘述的，是這個地方如何經過教化，成為文獻之邦，鄒魯之地的過程。一個地方得到"教化"的內容和以資判斷的指標，包括學校的興辦、科舉功名的興盛、地方文人的詩文辭賦以及經學研究成就，等等。然而，經學的傳統和流派也是千差萬別的，一個時代學術正統的體認，視乎統治者的提倡和讀書人之間的較量。有清一代，漢學佔上風，道光年間漢學大師阮元在廣東設學海堂，使廣東之學術一時令人刮目相看，甚至成為此後中國學術的一方重鎮。至於同一時期亦蓬勃發展的方言文學及戲曲，在"教化"主導的文化觀念下，就沒有被算是"有文化"的標誌，甚至不被納入"文化"之列。饒有

---

**10** 筆者在這裏提出把"文化"作為形容詞或名詞使用而對"文化"的涵義達致不同的認識的想法，乃借鑒自法國年鑒史學家布羅代爾相關的討論，見 Fernand Braudel, "The History of Civilizations: The Past Explains the Present", in his *On History* (translated by Sarah Matthews), Chicago: The University of Chicago Press, 1980, pp. 177-218。

趣味的是，當時出現的許多用方言寫作的作品中，仍然處處以"教化"為目的，表達着作者對"教化"觀念的認同。

至 19 世紀末，當"culture"這個西文概念以"文化"這個漢字辭彙來翻譯，經日本移植到中國來之後，很快就被越來越多的中國讀書人認識和運用。從這時開始，在中國讀書人的言論中，"文化"成為一個實體，可以保存、改良、打倒、甚至全盤替換。這個時候成立的"國學保存會"，主張保存國學；後來的新文化運動支持者，主張摒棄封建文化，都殊途同歸地把文化視為一個可以掌握扭捏的"實體"。如果我們説，在中國的語境中，原來"文化"這個詞語是作為一個形容詞（教化與否，cultured）來使用的話，19 世紀末期以來的"文化"，已經成為一個名詞了。

也就在這個時候，種族觀念的興起，改變着中國文化正統性的理據。以推翻滿清為己任的人士的"保國"和"保教"主張，是以"保種"為基礎的。在當時的政治角力的背景下，這個"種"毫無疑問是"漢種"。滿洲人雖為外族，但他們卻極力維護漢人的名教作為其統治基礎。也就是説，反滿的國粹派或革命分子與清廷在保存"文化"方面所作出的努力，其實同出一轍。因此，他們必須突出種族觀念，才能證明為什麼滿不如漢。到了 19 世紀末，"是否屬於漢種"，就成為"教化與否"之外，另一個定義讀書人所認同的文化的重要條件。在學術正統方面，反滿人士"學術之界可以泯，種族之界不可忘"的政治立場，影響到人們對阮元和學海堂的評價。在族群問題上，在 19 世紀末以後的廣東，不論是廣府人還是客家人，要證實自己的文化正統性，便必須證明自己身上的漢人血統。辛亥革命後，隨着滿洲政權的崩潰，加上政治上"中華民族"、"五族共和"等觀念的提倡，種族概念對於定義中國文化變得相對次要。不過，它也深深地滲入到民國時期的民俗學和人類學的討論之中，影響着人們對自己的地域、族屬和文化身份的定義。

對如何定義"文化"發揮着關鍵性的影響的，無疑是清朝最後幾年教育體制的改變。隨着科舉制度廢除以及大學堂的開設，過去以科舉補習為目的書院，以及唯經學是尊的學術機構，馬上失去絕大部分的市場。在新式教育體制中，"舊學"一方面經歷了複雜的改變，另一方面，也成為部分提倡"新學"者的研究對象。而現代大學開設的人文和社會科學學科，雖不至於完全取代"舊學"，但毫無疑問大大地擴充了"學問"的範圍，從而也改變着文化的定義。新興學科的理念和的研究方法，與民國時期許多知識分子的終極關懷 —— 如何建立新的中國文化 —— 相互契合。這些知識分子不少大喊"打倒孔家店"，以反傳統的姿態示人；而反傳統反專制的口號，又使他們警覺到自己的精英心態，刻意到群眾中去。留學海外或西式大學的教育背景，使得他們無可避免地為新的中國文化注入一些西方的元素，但他們更有意識要達致的，是建立中國獨特的文化性格，為了這個目的，他們到地方上去搜尋。在這個到群眾中去的過程中，民俗學和人類學為民國知識分子提供了理據和指引。

可以說，民國時期的知識分子既是"文化主義者"，也是"民族主義者"，更或多或少是"民粹主義者"。在他們心目中，"文化"沒有雅俗之分，貴賤之別，"文化"的意義變得更中性了。當他們到群眾中去的時候，發覺不同的地方有不同面相的文化。文化"作為一個實體，實際上是複數的，中國實際上是存有"許多文化"(many cultures) 的。不過，正如本書第五章論及，民國以來的中國知識分子更希望的，也相信他們能夠做到的，是體認一種超越地域、超越階層的中國文化，以一套能容納獨特又多元的文化的語言，來承擔起以往體現在"禮"之中的傳統士大夫的文化語言所扮演的角色。由是，在民國知識分子的論述裏，地方文化和國家文化的關係，仍然是一個"你中有我，我中有你"的關係，這在清末出現的鄉土志和鄉土教科書有關"鄉"與"國"的關係的論述中，已見端倪，民國時期類似論述不過是自清末"國家"這個概念出現以來的延續而已。明乎此，我們在這裏重新品味本書開頭引用過的簡又文〈廣東文化之研究〉一文的以下兩段論述，或可有多一些理解：

> 文化是人們心力創造的結晶。一時代有一時代的文化，一地方有一地方的文化，一民族有一民族的文化，各有其特色、特質、特徵……
>
> 但二千年來廣東向為中國之一部，廣東人亦皆中國人，廣東文化亦素來是與全國一貫一致都屬於一個大系統的，不是囿於一隅或離開漢族傳統的。因此我們雖因簡便而言 "廣東的文化"，

其實應該說 "中國文化在廣東"。[11]

在 20 世紀 "中國文化" 的定義不斷擴充和改變的過程中，"地方文化" 的定義也相應地擴充和改變。在新的教育體制下，地方的思想文化和學術成就的標準改變了，使得地方的 "文化名人" 的範圍也大大擴充；種族理論、民俗和人類學研究的興起，也使得以血統、方言和風俗為參數的 "民系" 劃分，成為地方文化得以不斷細分再細分的標準。

## "廣東文化" 何在？

我們也許還不應忽略的是，就在 "文化" 的定義改變的同時，表達什麼是文化的語言也發生了不可逆轉的變化。在 19 與 20 世紀之交的革命年代，方言寫作成為宣傳政治和教育婦孺的手段，各地以方言寫作的教科書和其他文類多如雨後春筍。然而，進入民國之後，新一代的中國知識分子創造了一套新的讀書人的語言 —— 白話文 —— 一套以北方方言為基礎，夾雜着許多來自西方和日本的新名詞的標準語體文。雖然以方言寫作的文類並沒有在地方上消失，甚至偶而也會借 "白話文" 之名浮出，但這種方言文類在多大程度能被承認是 "文化"，卻一直都被質疑。面對 "國語" 和 "白話文"，廣東及許多其他地方的讀書人，大多處於

---

**11** 《廣東文物》，第 652、658 頁。

不利的位置。正如 Edward Gunn 指出:"來自北京以外的地方的作家,無可避免地要面對一場嚴峻的挑戰,他們必須先表現出對國語運用自如,才能〔在文章中加入〕自己地方語言的特色,並讓人覺得他們在文學上有所發明。"[12] 如果廣東作家的白話文寫作能力,還沒有達到北方作家的水準,他們怎敢把粵語、潮語或客語的辭彙或語法,運用到文學甚至公文的寫作上去呢?因為他們一旦這樣做,人們會認為是由於他們寫作水準不夠而犯了"錯誤",這樣的險,又有誰願意冒呢?

我們也許可以把以上海為中心的"吳語文化"的發展,和本書所敍述的"廣東文化"尤其是粵語寫作的發展作一比較。據有關吳語文學的書目顯示,早在明萬歷年間,便出現了夾雜着吳語的戲曲作品;至清嘉慶年間,也有以吳語寫作老彈詞。吳語辭典,據説早在明末就已經出現了,但好像粵語辭典一樣,更完備的吳語辭典的編撰和出版是晚清外國傳教士的功勞,為了傳教,他們更以吳語編譯了《聖經》。較早期研究吳語的文章,見於道光二十一年 (1841),有趣的是,這篇文章的旨趣和陳澧的《廣州音説》一樣,都是要説明許多吳語乃出自"中原古音"。[13] 清末韓邦慶 (1856－1894) 以吳語寫作的《海上花列傳》,至今仍被視為吳語文學的經典,這也許恰恰表明了自韓邦慶之後,再沒有

---

**12** Edward Gunn, *Rewriting Chinese: style and innovation in twentieth-century Chinese prose*, Stanford: Stanford University Press, 1991, p. 116.

**13** 板本一郎、小川環樹、倉田淳之助、太田辰夫、長田夏樹:《吳語研究書目解說》,《神戶外大論叢》,第 3 卷第 4 冊,1953 年。

那幾個吳語作家肯這樣花心思，刻意寫作出這樣地道的吳語文學作品，[14] 情況好比招子庸和他的《粵謳》。繼明代劇作家馮夢龍（1547-1646）收集吳語歌曲編就《山歌》一書後，一直到民初才有民俗學家重視並繼承馮夢龍采風的興趣。[15] 簡單來說，與粵語文學的命運類似，吳語文學大多為聲色娛樂之作，在民國讀書人的眼中，充其量只是"民間文學"或"地方文學"的一種，不論是廣東或上海的讀書人，要在全國的文學界爭長短，如果用方言來寫作，絕不是明智的策略。

因為用方言來寫作的文學被定位為"方言"文學，它永遠都不可能享有和"國語"平起平坐的地位。廣東的招子庸，只是一個在廣東本地文人記憶中的傳奇人物，而不可能成為一個對後世有所影響的文學家。20 世紀以降，中國的文學和文化必須以具有國語地位的白話文表達，而廣東人在這方面又處於不利位置，廣東文化獨有的元素，像方言文學和戲曲，不能享有"國家"的級別，只能落得一個"地方"的名堂。本來，地方語言最能夠表現地方特色 —— 尤其是我們把閩粵的方言用羅馬拼音而非漢字標記，其與北方方言的差別恐怕比歐洲各國語言之間的差別還大。不過，由於中國方言文學和寫作不能與享有國語地位的白話文平起平坐，這種"特色"在定義上是處於被視為一個整體的"中國

---

**14** 韓邦慶：《海上花列傳》（1892 年初刻），上海：上海古籍出版社，1990 年，〈前言〉，第 1—2 頁。

**15** Hung Chang-tai, *Going to the People: Chinese Intellectuals and Folk Literature 1918-1937*, pp. 25-30.

文化"的邊緣的。在"廣東文物展覽"中，放上了幾本木魚書，並不奇怪，它只不過表現了民國讀書人對方言文學的好奇和同情而已。

以地方語言表達的"廣東文化"，夾在高雅與低俗之間，也夾在地方與國家之間，既不受國家的青睞，也得不到讀書人的認同。本書第六章有關民國《高要縣志》的分析告訴我們，民國地方文人對自己的方言文化（粵曲）嗤之以鼻，對全國性的白話文也不以為然，他們把兩者都排除在"文化"的範疇以外。儘管他們面對着新的國家體制和中央地方關係，不可避免地用了一些新名詞，但他們選擇了文言文來纂寫新志，表達他們對國家意識形態的認同和對本地利益的關心。民國《高要縣志》的個案也提醒我們，以縣城為活動中心的地方文人在編纂地方歷史時，最關心的是怎樣把己縣的文化和國家文化扯上關係，至於什麼是"廣東文化"，倒不是他們的關注所在。

那麼，民國時期的"省別文化"到底意義何在呢？筆者認為，按照民國時期發展出來的地方文化觀，"廣東文化"更多是存在於過去的時空的；"廣東文化"如果有什麼與眾不同的特色，也是被置於邊緣的，民國時期的"廣東文化"明顯地難以在新的中國文化中佔據一個重要的地位。所謂的"廣東文化"，只是以行政界線劃分的一個範疇，至於裏面填塞了什麼內容，除了順應着國家文化的定義的改變而更替外，也是在這個地域範疇裏活動的人群角力的結果。隨着客家人和潮州人的自我認同的意識以及文化資源日增，他們成功地在"廣東文化"的框框中，為自己認同的文化爭取到一個席位，不讓廣府人專美。"廣東文物展覽會"的籌委，對於大多展覽品來自廣州及鄰近地區，感到遺憾，[16] 他們在展覽會上展出一本客語聖經，並在《廣東文物》裏刊登了一篇關於潮劇的文章，大抵是要補救戰亂時期無法全面搜集各方文物的不足。這些細微的舉動和表態，也許顯示出，到了 1940 年代談到"廣東文化"的時候，絕對不能冷落客潮兩個族群，而讓廣府人專美罷了。

在這樣的論述邏輯下，在中國，地方文化的存在，絕對不會對國家文化造成威脅，正如客家人在強調自己的特色的同時，並不會阻礙他們表達自己的中國人或漢人的身份。中國文化定義本身所具有的彈性，足以包容為統治者或知識分子所接受的地方或民族特色。在中國，越是要強調地方文化的特色，也就越是要強調地方文化與中國文化的關係。廣府話和客家話和國語大不相同，是無可置疑的事實，但廣府或客家學人在討論他們的方言特色時，就非將其與"中原"或"古音'扯上關係不可。中國的地方和民族文化既千差萬別，又有許多共同之處，但在地方學人的觀念中，地方的差異性完全整合到理想中的中國文化的統一性中去。簡又文提醒人們，"廣東文化"之謂，其實是"中國文化在廣東"之意，一針見血地讓我們明白了中國知識分子眼中的"中國文化"和"地方文化"的一體兩面。如果"地方主義"有與中央分離之意，那麼，"地方主義"絕對不是中國知識分子地方文化觀

---

16《廣東文物》，第 2 頁。

的主導思想。

## 地域文化研究再思

我在這本小書中嘗試從若干個側面，考察清末以來"廣東文化"觀念形成的歷史過程，藉此探討中國地域文化與國家認同之間的辯證關係。不過，本研究的所謂"地域"，不僅僅是指客觀意義上的行政或地理單位，而更多的是指人們主觀的地域區分或藉着地域界限來表達的"自己"和"他者"之別。從這個角度看，過去許多"地域文化"的研究，忽略了對表達"地域文化"的文類和文獻本身的形成過程的分析，很容易會掉進這些文獻的作者的思維陷阱之中。如果我們按照這些作者的劃分 —— 很多時候又是行政區域的劃分 —— 來進行"區域研究"，用來劃定我們研究的"區域"，其學理根據是相當值得質疑的。例如，把"吳文化"或"湖南經濟"作為一個分析單位，箇中的道理似乎不言而喻，普遍的讀者也罕有質疑這種以行政區域或習以為常的分類作為所謂的區域研究的基礎，但在實證研究中，我們不難覺察這種劃分其實是相當主觀和隨意的。

我們往往會因應自己研究的需要，進行臨時性和分析性的地域劃分，在處理政治和經濟問題方面，客觀參數較多，諸如行政、稅收和軍事的管轄範圍，商品（特別是實行分區專賣的鹽）和貨幣流通的範圍等等。然而，在處理文化現象方面，則絕對不能單從研究者的眼光出發，漠視研究對象的主觀意識。這又聯繫到近年人文社會科學十分關注的"認同"（identity）問題，我們按照自己認識的語言和風俗分別而劃分出來的文化區域界線，往往只是一廂情願，絕不可強加於我們的研究對象身上。我們可以在平面的地圖上按照我們的需要劃分區域，可以在立體的歷史時空裏根據文獻劃分區域，但必須時加警惕的是，研究對象腦海中的區域觀念，並不一定和我們作為研究者劃分的區域範圍疊合；而他們以區域來劃分的文化現象，在很多情況下，實際上也是"跨區域"的。

這種或可稱為區域研究取向的方法，其最具顛覆性之處，在於突破 18 世紀民族 — 國家興起以來奉國別史為圭臬的史學範式。今天，全球化與本土化的口號響徹雲霄，跨國企業無遠弗屆，鼓吹民族主義的結果是可分可合，國家界線在某種意義上愈趨模糊，以國家為歷史過程的單位，顯然已不能滿足人們對自身歷史的自我認知的要求。至於地理空間如何劃分才是最有效的分析單位，要視乎研究者研究的是什麼問題。區域研究取向的目的，絕對不是為了以小見大，化整為零，因為所謂大和小是相對的。如果説由於中國太大，所以要把它劃分成小塊作局部細微的分析，只不過是傳統的國家歷史的延續 —— 尤其是在毫無學理根據的情況下，按照行政界線作出的劃分，就更是如此。

由於歷史學家無可避免地要仰賴文字史料，因此，所謂"地域文化"，實際上也是以維護中國文化為己任的士大夫或知識分子眼中的地域文化。翻看地方志乘，士大夫筆下的地方特色，都大同小異。這類出自地方文獻中的語句，表述的與其説是歷史真實，不如說更多是發言者的感性的認識與評價。因此，如果我們把前代士大夫甚至近代知識分子所綜述的地方特色當成是事實，是相當誤導和危險的。這些看起來很"地方"的文獻，實際上表現的是從上而下的"國家"意識的滲透和從下而上的對"國家"意識的理解和創造，中國是一個迷信文字的社會，能夠駕馭文字的士大夫或知識分子，長期以來是社會崇拜和認同的對象。而所謂"士大夫"或"知識分子"，正如筆者在本書第一章論及，與其說是一個具體的具備什麼學歷的人，不如說是一種社會普遍追求的形象和楷模。也因為這樣，在最"地方"的文本中，處處見到"國家"的存在。

因此，二元對立的"基層／民間／地方 vs. 國家／官方／中央"的分析框架，若用於討論中國社會或討論傳統中國的知識群體，其適用程度是很值得我們質疑的，有理由相信，這個分析框架並不適用於國家和地方社會已經達到相當程度的整合的明清時期的中國。傳統中國的士大夫，對於某朝代或某皇帝可能不滿，但在意識形態和價值追求方面，卻罕有與官方抗衡者；無論他和中央距離有多遠，他從不把自己視作"基層"或"邊緣"，從不把自己視作僅僅是屬於某"地域"的群體，因為他們總是執意相信自己是屬於"天下"的。即使是在動輒以二元對立觀來觀照世界的民國知識分子，在敘述他們定義的地方文化時，也不會把"國家"和"地方"對立起來。這種實際上多元而在表述上又趨向統一的辯證的國家地方關係，恰恰是中國文化最誘人的地方。筆者認為，研究中國"地域文化"，不可忽略的是從認同並定義着這種文化的人們的眼光和世界觀出發，而不可基於後人的角度和認識把自己的價值觀強加於研究對象。我們必須透過審視操控着書寫歷史權利的讀書人的"文化觀念"的形成及演進的歷史過程，從歷史批判中拆解自己對"地域文化"的迷信，才能更切身處地去理解定義這些地域文化的人物和他們身處的時代。

# 徵引文獻及書目（按漢語拼音／英文字母排序）

## 一、中文

1. 阿英:《反美華工禁約文學集》,上海:中華書局,1962年。

2. 阿英:《晚清文學叢鈔:説唱文學卷》,北京:中華書局,1960年。

3. 《白話醒腦筋》(佚名),香港1910年版。

4. 板本一郎、小川環樹、倉田淳之助、太田辰夫、長田夏樹:《吳語研究書目解説》,《神戶外大論叢》,第3卷,第4期,1953年版。

5. 蔡鵬雲:《最新澄海鄉土格致教科書》,汕頭圖書報社宣統元年(1909)版。

6. 陳春聲:《地域認同與族群分類:1640－1940年韓江流域民眾"客家"觀念的演變》,《客家研究》創刊號,2006年6月,第1-43頁。

7. 陳公博、周佛海:《陳公博周佛海回憶錄合編》,香港:春秋出版社1971年版。

8. 陳澧:《東塾集》,廣州:菊坡精舍藏版光緒十八年(1892)版。

9. 陳澧著,陳之邁編:《東塾續集》,台北:文海出版社,1972年。

10. 陳其壽:《靜觀齋文存》,台城西華印書館,1927年。

11. 陳錫祺主編:《孫中山年譜長篇》,北京:中華書局,1991年。

12. 陳旭麓、方詩銘、魏建猷編:《中國近代史詞典》,上海:上海辭書出版社,1982年。

13. 陳序經:《蛋民的研究》,上海商務印書館1946年版,台北:東方文化書局,1971年影印版。

14. 陳序經:《廣東與中國》,《東方雜誌》,第36卷,第2號,1939年1月16日。

15. 陳寅恪：《唐代政治史述論稿》，上海：上海古籍出版社，1997年。

16. 陳玉環：《論 1905 年至 1906 年粵路風潮》，廣州市文化局、廣州市文博學會編：《羊城文物博物研究 —— 廣州文博工作四十年文選》，廣州：廣東人民出版社，1993年。

17. 陳玉堂編著：《中國近現代人物名號大辭典》，杭州：浙江古籍出版社，1993年。

18. 陳澤泓《愛國未有不愛鄉 —— 試釋黃節編著廣東鄉土歷史教科書》，《廣東史志》，1999年，第2期。

19. 陳卓瑩編著：《粵曲寫唱常識》，廣州：廣東人民出版社，1953年。

20. 陳子褒：《婦孺三四五字書》，廣州，光緒二十六年（1900）。

21. 陳子褒：《婦孺須知》，廣州，光緒十九年（1893）。

22. 陳子褒：《教育遺議》（寫於1897－1922年間），香港1952年重印版。

23. 陳子褒：《小學釋詞國語粵語解》，廣州，光緒二十六年、三十三年（1900、1907）。

24. 陳子褒：《幼雅》，廣州，光緒二十三年（1897）。

25. 程美寶、劉志偉：〈18、19世紀廣州洋人家庭的中國傭人〉，《史林》，2004年，第4期。

26. 程美寶：〈"Whang Tong"的故事 —— 在域外撿拾普通人的歷史〉，《史林》，2003年，第2期。

27. 程美寶：〈"番鬼"學粵語〉，《東方文化》，1997年，第4期。

28. 程美寶：〈"嶺學"正統性之分歧 —— 從孫璞論阮元說起〉，廣東炎黃文化研究會，廣州炎黃文化研究會編：《嶺嶠春秋 —— 廣府文化與阮元論文集》，廣州：中山大學出版社，2003年。

29. 程美寶：〈從民俗到民族 —— 地方文化與國家認同〉，《清華社會學理論》，2001年，第1期。

30. 程美寶：〈地域文化與國家認同 —— 晚清以來"廣東文化"觀的形成〉，楊念群編：《空間、記憶和社會轉型 ——"新社會史"研究論文精選集》，上海：上海人民出版社，2001年。

31. 程美寶：〈庚子賠款與香港大學的中文教育：二三十年代香港與中英關係的一個側面〉，《中山大學學報》，1998年，第6期。

32. 程美寶：〈區域研究取向的探索：評楊念群《儒學地域化的近代形態》〉，《歷史研究》，2001 年，第 1 期。

33. 程美寶：〈由愛鄉而愛國：清末廣東鄉土教材的國家話語〉，《歷史研究》，2003 年，第 4 期。

34. 程幸超：《中國地方政府》，香港：中華書局，1987 年。

35. 崇禎《東莞縣志》。

36. 《崇正工商總會議案簿》（1921 年 5 月－1940 年 5 月），香港大學馮平山圖書館藏。

37. 《初續白話碎錦》（佚名），廣州：以文堂，出版年不詳。

38. 《傳家寶訓》（佚名），香港：五桂堂書局，出版年不詳。

39. 《春娥教子》（佚名），廣州：以文堂，出版年不詳。

40. 村尾進：《カソトソ 學海堂の知識人とアヘソ弛禁論，嚴禁論》，《東洋史研究》，第 44 卷，第 3 期，1985 年，第 85－118 頁。

41. 《打洞結拜》（佚名），廣州：以文堂，出版年不詳。

42. 大久保英子：《明清時代書院の研究》，東京：國書刊行會，1976 年版。

43. 《大埔海下村翁氏藏書》，第 28 冊，香港沙田中央圖書館藏。

44. 戴季陶：《戴季陶先生文存》，第 2 冊，台北：中國國民黨中央委員會，1959 年版。

45. 《淡水歌》（佚名），出版年地不詳。

46. 道光《高要縣志》。

47. 道光《廣東通志》。

48. 道光《開平縣志》。

49. 道光《連山綏瑤廳志》。

50. 道光《新會縣志》。

51. 道光《新寧縣志》。

52. 道光《永安縣三志》。

53. 道光《肇慶府志》。

54. 鄧淳：《嶺南叢述》，出版地不詳，序於道光十年（1830）。

55. 鄧爾麟著，藍樺譯：《錢穆與七房橋世界》，北京：社會科學文獻出版社，1995年。

56. 鄧又同：《香港學海書樓七十年概況》，何竹平編：《學海書樓七十周年紀念文集》，香港：學海書樓董事會，1993年。

57. 鄧又同編：《香港學海書樓講學錄選輯》，香港：學海書樓，1990年。

58. 鄧章興主編：《廣東全省第四次教育會議提案之四（1）：修訂初級中學校各科教學綱要》，1934年。

59. 《第八才子花箋》（佚名），廣州：翰經堂藏板，道光二十年（1840），法國巴黎國家圖書館藏。

60. 《第八才子花箋》（佚名），靜淨齋藏板，序於康熙五十二年（1713），法國巴黎國家圖書館藏。

61. 丁寶蘭編：《嶺南歷代思想家 評傳》，廣州：廣東人民出版社，1992年。

62. 丁守和編：《辛亥革命時期期刊介紹》，北京：北京人民出版社，1987年。

63. 丁賢俊、喻作風編：《伍廷芳集》，北京：中華書局，1993年。

64. 《訂正粵音指南》(*Guide to Cantonese: being L.C. Hopkins' translation of Kuen Hua Chih Nan"rendered into a Cantonese, assisted by Fung Iu Ting*), Hong Kong: Wing Fat & Company, 1930。

65. 董鼎編：《學府紀聞：國立北京大學》，台北：南京出版有限公司，1981年。

66. 杜雲之：《中國電影史》，台北：台灣商務印書館，1986年。

67. 段雲章、倪俊明編：《陳炯明集》，廣州：中山大學出版社，1998年。

68. 方志欽主編：《簡明廣東史》，廣州：廣東人民出版社，1993年。

69. 《粉嶺文獻》，第6－10冊，香港中文大學圖書館藏。

70. 風俗改革委員會：《風俗改革叢刊》，廣州：廣州特別市黨務宣傳部，1930年。

71. 馮愛群：《中國新聞史》，台北：學生書局，1967年。

72. 馮自由：《革命逸史》，台北：商務印書館，1969年。

73. 《芙蓉屏》（佚名），廣州：以文堂，同治十年（1871）。

74. 《附刻蘇妃新文 南雄珠璣巷來歷故事》（佚名），廣州：明文堂，出版年不詳，英國大英圖書館藏。

75. 《改良嶺南即事》（佚名），出版年地不詳。

76. 《感應篇直講》（佚名），蘇州重印，道光十九年（1839）。

77. 高靜亭：《評點正音撮要》，廣州十八甫時雅書局石印，光緒三十二年（1906）。

78. 高靜亭：《正音撮要》，廣州城福芸樓藏板，光緒三十三年（1907）。

79. 高靜亭：《正音撮要》，上海：錦章圖書局，1920 年。

80. 高靜亭：《正音撮要》，同治六年（1867）重鐫，出版地不詳。

81. 高時良編：《中國近代教育史資料彙編：洋務運動時期教育》，上海：上海教育出版社 1992 年版。

82. 《高要縣賓興館產業四刻》，1945 年，出版地不詳。

83. 《高要縣政府施政報告》（民國三十五年 12 月 25 日在高要縣參議會報告），出版地不詳。

84. 高應篤等編：《中華民國內政志》，台北：中華文化出版事業委員會，1957 年。

85. 《歌謠週刊》。

86. 《格致彙編》。

87. 《格致新報》。

88. 龔書鐸：《近代中國與近代文化》，長沙：湖南人民出版社，1988 年。

89. 辜宣存：〈先賢林大欽逸事〉，《民俗》週刊，第 46 期，1929 年版。

90. 古直：《客人對》，上海：中國書店 1930 年版。

91. 古直：〈述客方言的研究者〉，《國立中山大學語言歷史研究所週刊》，第 8 卷，第 85－87 期，1929 年。

92. 顧潮：《歷劫終教志不灰：我的父親顧頡剛》，上海：華東師範大學出版社，1997 年。

93. 顧頡剛：《顧頡剛古史論文集》，第 1 冊，北京：中華書局，1988 年。

94. 顧頡剛：〈顧頡剛自傳（4）〉，《東方文化》，第 4 期，1994 年。

95. 顧頡剛：〈廣州兒歌甲集序〉，《民俗》週刊，第 17、18 期合刊，1928 年。

96. 顧頡剛：〈聖賢文化與民眾文化〉，《民俗》週刊，第 5 期，1928 年。

97. 顧炎武：《日知錄集釋》，長沙：岳麓書社，1994 年。

98. 顧炎武：《天下郡國利病書》，廣雅書局光緒廿六年（1900）版。

99. 關健兒：《祖廟萬福台是佛山戲劇發展的見證》，《佛山文史資料》，第 8 輯，1988 年。

100. 《官話指南》（佚名），序於光緒七年（1881），北京，光緒三十四年（1908）重印。

101. 光緒《高明縣志》。

102. 光緒《嘉應州志》。

103. 光緒《清遠縣志》。

104. 光緒《四會縣志》。

105. 光緒《新寧縣志》。

106. 〈廣東督軍莫榮新、省長翟汪、省會員警廳廳長魏邦平等鎮壓廣東五四運動的佈告、函電〉，《廣東文史資料》，第 24 期，1979 年。

107. 《廣東教育公報》，第 1 卷，第 6 期，1928 年 12 月。

108. 廣東經濟年鑒編纂委員會：《二十九年度廣東經濟年鑒》，廣州：廣東省銀行經濟研究室，1941 年。

109. 《廣東名人故事》（佚名），廣州：富貴堂，出版年不詳。

110. 《廣東群報》。

111. 廣東省文史研究館編：《三元里人民抗英鬥爭史料》，北京：中華書局，1979 年。

112. 廣東省中山圖書館、廣東省珠海市政協編：《廣東近現代人物詞典》，廣州：廣東科技出版社，1992 年。

113. 《廣東文物》，1941 年，上海：上海書店，1990 年。

114. 《廣州民國日報》。

115. 《廣州日報》。

116. 廣州市市立博物院編：《廣州市市立博物院成立概況》，廣州：天成印務局，1929 年。

117. 《廣州市政府新署落成紀念專刊》，廣州，1934 年版。

118. 廣州市政協文史資料研究委員會編：《南天歲月：陳濟棠主粵時期見聞實錄》，

《廣州文史資料》，第 37 冊，廣州：廣東人民出版社，1987。

119. 《桂枝寫狀南音》（佚名），廣州：廣文堂，出版年不詳，此文獻承蒙龍彼德教授（Prof. Piet van der Loon）借閱。

120. 《國粹學報》。

121. 《國華報》。

122. 《國立中山大學日報》。

123. 《國民政府公報》，第 2666 號，1946 年 11 月 4 日（台北成文出版社有限公司1972 年重印，第 205 冊）。

124. 《寒宮取笑》（佚名），出版年地不詳。

125. 韓邦慶：《海上花列傳》，初版光緒十八年（1892），上海：上海古籍出版社1990 年版

126. 韓錦春、李毅夫：〈漢文 "民族" 一詞的出現及其早期使用情況〉，《民族研究》，1984 年，第 2 期。

127. 《合訂粵海春秋》（佚名），出版年地不詳，疑為香港。

128. 何崇校、劉作、周養浩：〈抗日戰爭中余漢謀與侵略軍的勾結〉，《廣州文史資料》，第 18 輯，1980 年，第 153－166 頁。

129. 《賀壽封相曲本》（佚名），廣州：廣文堂，出版年不詳，此文獻承蒙龍彼德教授（Prof. Piet van der Loon）借閱。

130. 賀躍夫：〈第二次鴉片戰爭時期廣東團練抗夷考述〉，《中山大學史學集刊》，第 1 期，1992 年，第 192－202 頁。

131. 《花箋記》（佚名），廣州，香港：五桂堂，出版年不詳，民國年間。

132. 《花箋記》（佚名，原書名不詳，封面頁缺），出版年地不詳，英國牛津聖約翰學院藏。

133. 《華字日報》。

134. 《皇娘問卜》（佚名），廣州：以文堂，出版年不詳。

135. 黃佛頤：《廣東鄉土史教科書》，粵城時中學校刊本，光緒三十二年（1906）。

136. 黃佛頤：《先三鄉賢年譜》，純淵堂，光緒廿九年（1903）。

137. 黃福慶：《近代中國高等教育研究：國立中山大學》，台北：中央研究院近代史研究所，1988 年。

138. 黃晦聞（黃節）：《廣東鄉土地理教科書》，上海：國學保存會，光緒三十三年，1907 年。

139. 黃晦聞（黃節）：《廣東鄉土地理教科書》，上海：國學保存會，光緒三十四年，1908 年。

140. 黃晦聞（黃節）：《廣東鄉土歷史教科書》，上海：國學保存會，光緒三十三年，1907 年。

141. 黃節：〈黃史〉，《國粹學報》，第 1 期，《史編》，1905 年。

142. 黃節：《粵東學術源流史》，鈔本，廣東省立中山圖書館藏。

143. 黃麗鏞：《魏源年譜》，長沙：湖南人民出版社，1985 年。

144. 黃培芳：《虎坊雜識》，出版年地不詳。

145. 黃培芳：《黃氏家乘》，道光廿七年（1847）刊於廣州純淵堂。

146. 黃培芳：《雲泉隨札》，出版年地不詳，序於嘉慶十八年（1813）。

147. 黃培堃、岑錫祥：《廣東鄉土地理教科書》，粵東編譯公司光緒三十四年（1908）再版。

148. 黃啟臣、鄧開頌：《略論粵海關的若干特殊制度及其影響》，明清廣東省社會經濟研究會編：《明清廣東社會經濟研究》，廣州：廣東人民出版社，1987 年。

149. 黃榮康：《求慊齋文集》，出版年地不詳，序於 1922 年。

150. 黃壽祺、張善文：《周易譯注》，上海：上海古籍出版社，1990 年。

151. 黃義祥：《中山大學史稿》，廣州：中山大學出版社，1999 年。

152. 黃映奎、黃佛頤：《廣東鄉土史教科書》，廣州，光緒三十二年（1906）。

153. 黃友棣：《怎樣指導學校音樂活動》，廣東省政府教育廳第一科，1941 年。

154. 黃瑜：《雙槐歲鈔》，北京：中華書局，1999 年。

155. 黃釗：《石窟一征》，同治元年（1862），台北：台灣學生書局，1970 年。

156. 黃遵憲：《日本國志》，上海：圖書集成印書局，光緒二十四年（1898），台北：文海出版社，1974 年。

157. 黃遵憲：《雜感》，《人境廬詩鈔箋注》，上海：上海古籍出版社，1981 年。

158. 黃佐：《廣州人物傳》，廣州：廣東高等教育出版社，1991 年。

159. 吉田寅：《"三字經"と入華宣教師の中國語佈教書》，《中國關係論說資料》，第 35 卷，1-Extra，1993 年。

160. 嘉靖《潮州府志》。

161. 嘉靖《廣東通志》。

162. 嘉靖《廣東通志初稿》。

163. 嘉慶《新安縣志》。

164. 嘉慶《增城縣志》。

165. 簡朝亮編：《朱九江先生集》，台北：台灣商務印書館，1973 年重印。

166. 簡又文：《悼簡竹居家夫子》，《簡氏宗聲》，香港，1955 年。

167. 簡又文：《西北從軍記》，台北：傳記文學出版社，1982 年。

168. 簡又文編：《宋皇台紀念集》，香港：宋皇台紀念集編印委員會，1960 年。

169. 江藩著，鍾哲整理：《國朝漢學師承記，附國朝經師經義目錄，國朝宋學淵源記》，北京：中華書局，1983 年。

170. 姜義華、吳根梁編：《康有為全集》，上海：上海古籍出版社，1987 年。

171. 蔣介石：《新生活運動》（葉楚傖記錄），南京：正中書局，1935 年。

172. 蔣星煜：《以戲代藥》，廣州：廣東人民出版社，1980 年。

173. 酒中馮婦：《嶺南風月史》，出版年地不詳，疑為民國年間。

174. 康熙《永安縣次志》。

175. 康有為：《康有為自訂年譜》，約光緒二十四年（1898），台北：文海出版社，1972 年重印。

176. 康有為：《中庸注》，光緒二十八年（1902），台北：台灣商務印書館，1966 年重印。

177. 科大衛、劉志偉：〈宗族與地方社會的國家認同 —— 明清華南地區宗族發展的意識形態基礎〉，《歷史研究》，2000 年，第 3 期。

178. 酈露：《嶠雅》，廣州：廣東高等教育出版社，1990 年。

179. 來新夏：《方志學概論》，福州：福建人民出版社，1983 年。

180. 來新夏：《中國地方志綜覽 1949－1987》，合肥：黃山書社，1988 年。

181. 賴伯疆、黃鏡明：《粵劇史》，北京：中國戲劇出版社，1988 年。

182. 賴際熙:《崇正同人系譜》,香港,1925 年。

183. 賴際熙撰,羅香林輯:《荔垞文存》,鈔本影印,1974 年。

184. 《浪子悔改》(*The Parable of the Prodigal Son in Canton Dialect* by James Legge),出版年地不詳,英國大英圖書館藏。

185. 《浪子悔改》(佚名),增沙藏版,咸豐九年(1859),英國大英圖書館藏。

186. 雷澤普:《松下述學集》,粵東編譯公司,1923 年。

187. 雷澤普:《新寧鄉土地理》,宣統元年(1909),出版地不詳。

188. 黎春榮:〈東莞風俗談〉,《民俗》週刊,第 4 期,1928 年。

189. 黎錦熙:《方志學兩種》,長沙:岳麓書社,1984 年。

190. 黎錦熙:《三十五年來之國語運動》,莊瑜、賀聖鼐編:《最近三十五年之中國教育》,上海:商務印書館 1931 年版。

191. 李昌祺:《剪燈餘話》,收入瞿佑等著:《剪燈新話(外二種)》,上海:上海古籍出版社,1981 年。

192. 李調元:《粵風》,上海:商務印書館,1935 年。

193. 李福清(B. Riftin):〈俄羅斯所藏廣東俗文學刊本書錄〉,《漢學研究》,第 12 卷,第 1 期,1994 年。

194. 李福清(B. Riftin):〈中央研究院傅斯年圖書館罕見廣東木魚書書錄〉,《中國文哲研究通訊》,第 5 卷,第 3 期,1995 年。

195. 李默:《廣東方志考略》,長春:吉林省地方志編纂委員會,吉林省圖書館學會,1988 年。

196. 李孝悌:《胡適與白話文運動的再評估 —— 從清末的白話文談起》,《胡適與近代中國》,台北:時報文化出版企業有限公司,1991 年。

197. 李孝悌:《清末的下層社會啟蒙運動 1901－1911》,台北:中央研究院近代史研究所,1992 年。

198. 李新魁:《廣東的方言》,廣州:廣東人民出版社,1994 年。

199. 李新魁:《廣州方言研究》,廣州:廣東人民出版社,1995 年。

200. 李緒柏:《清代廣東樸學研究》,廣州:廣東省地圖出版社,2001 年。

201. 李學訓:《現行地方民意機構制度》,上海:中華書局,1946 年。

202. 李永熾：《日本的近代化與知識分子》，台北：水牛出版社，1970 年。

203. 梁伯強：〈醫學上中國民族之研究〉，《東方雜誌》，第 23 卷，第 13 期，1926 年版。

204. 梁家彬：《廣東十三行考》，上海：商務印書館，1937 年。

205. 梁培熾：《南音與粵謳之研究》，San Francisco: Asian American Studies, School of Ethnic Studies, San Francisco State University, 1988。

206. 梁培熾：《香港大學所藏木魚書敘錄與研究》，香港：香港大學亞洲研究中心，1978 年。

207. 梁啟超：《飲冰室合集》，上海中華書局，1936 年重印。

208. 梁啟超著、夏曉虹輯：《〈飲冰室合集〉集外文》，北京：北京大學出版社，2005 年。

209. 梁群球主編：《廣州報業》，廣州：中山大學出版社，1992 年。

210. 梁山、李堅、張克謨：《中山大學校史》，上海：上海教育出版社，1983 年。

211. 梁廷枬：《海國四說》，北京：中華書局，1993 年。

212. 梁廷枬：《海國四說》，道光二十六年（1846），出版地不詳。

213. 梁廷枬：《夷氛紀聞》，上海：商務印書館，1937 年。

214. 梁威：《粵劇源流及其變革初述》，廣州市政協文史資料研究委員會、粵劇研究中心編：《廣州文史資料》，第 42 輯，《粵劇春秋》，1990 年。

215. 梁翊：〈紀念先父梁贊燊〉，《高要文史》，1985 年，第 1 輯。

216. 梁應麟：《粵東白話兩孟淺解》，香港：孔聖會，1916 年。

217. 梁贊燊：《兩廣方言學堂地文學課本》，清風橋文茂印局，出版年不詳。

218. 梁贊燊編：《高要前代名人著述彙鈔》，肇慶：高要縣文獻委員會，1948 年。

219. 梁肇庭：〈客家歷史新談〉，《中國社會經濟史研究》，1982 年，第 1 卷，第 1 期。

220. 《兩廣方言學堂同學錄》，廣州，1936 年重刻。

221. 列文森著，鄭大華、任菁譯：《儒教中國及其現代命運》，北京：中國社會科學出版社，2000 年。

222. 林昌彝：《射鷹樓詩話》，上海：上海古籍出版社，1988 年。

223. 林達泉：〈客說〉，溫廷敬編：《茶陽三家文鈔》，宣統二年（1910），台北：

文海出版社，1966 年重印。

224. 林培廬：《潮州七賢故事》，1933 年，台北：東方文化書局，1971 重印。

225. 林宴瓊：《學憲審定潮州鄉土教科書》，汕頭中華新報館，宣統二年（1910）。

226. 林英儀：《韓山書院沿革述略》，《潮州文史資料》，第 5 輯，1986 年。

227. 《嶺東日報》。

228. 《嶺南學校大觀》，廣州：嶺南大學，1917 年。

229. 凌鴻勳、高宗魯：《詹天佑與中國鐵路》，台北：中央研究院近代史研究所，1977 年

230. 劉伯驥：《廣東書院制度》，台北：台灣書店，1958 年。

231. 劉復、李家瑞：《中國俗曲總目稿》，1932 年，台北：文海出版社 1973 年重印。

232. 劉萬章：〈本刊結束的話〉，《民俗》週刊，第 111 期，1930 年。

233. 劉萬章：〈粵南神話研究〉，《民俗》週刊，第 112 期，1933 年。

234. 劉向撰，向宗魯校證：《說苑校證》，北京：中華書局，1987 年。

235. 劉學鍇、余恕誠：《李商隱詩歌集解》，北京：中華書局，1989 年。

236. 劉志偉：《在國家與社會之間：明清廣東里甲賦役制度研究》，廣州：中山大學出版社，1997 年。

237. 柳存仁：〈神話與中國神話接受外來因素的限度和理由〉，台北：漢學研究中心"中國神話與傳說"會議論文，1995 年 4 月。

238. 盧瑋鑾：《香港文縱 —— 內地作家南來及其文化活動》，香港：華漢文化事業公司，1987 年。

239. 羅敬之：《羅香林先生年譜》，台北：國立編譯館，1995 年。

240. 羅獻修輯：《興寧縣鄉土志》，鈔本，廣東省中山圖書館藏。

241. 羅香林：〈廣東民族概論〉，《民俗》週刊，第 63 期，1929 年。

242. 羅香林：〈客家源流考〉，世界客屬總會秘書處彙編：《香港崇正總會三十周年紀念特刊》，香港：香港崇正總會，1950 年。

243. 羅香林：《國父家世源流考》，重慶：商務印書館，1942 年。

244. 羅香林：〈胡曉岑先生年譜〉，《興寧文史》，第 17 輯，1993 年。

245. 羅香林：《客家史料彙編》，台北：南天書局有限公司，1992 年（香港 1965

年初版）。

246. 羅香林：《客家研究導論》，興寧：希山書藏 1933 年初版，上海文藝出版社 1992 年影印。

247. 羅香林：《民俗學論叢》，出版年地不詳，自序於 1965 年。

248. 羅香林：《香港與中西文化之交流》，香港：中國學社，1961 年。

249. 羅香林：《乙堂文存》，香港大學馮平山圖書館藏。

250. 羅香林：《乙堂札記》，香港大學馮平山圖書館藏。

251. 羅香林：《粵東之風》，台北：東方文化書局 1974 年重印。

252. 《羅香林教授所藏函牘、他人手稿及賀片》，香港大學馮平山圖書館藏。

253. 《落爐不燒》（佚名），咸豐十一年（1861），出版地不詳。

254. 《馬可福音傳》（佚名），光緒八年（1882），出版地不詳。

255. 麥仕治：《廣州俗話書經解義》，廣州：文寶閣，出版年不詳，約光緒十九至 二十年（1893－1894）。

256. 麥哲維（Steven Miles）：〈謝蘭生《常惺惺齋日記》與嘉道間廣州城市生活一覽〉，《華南研究資料中心通訊》，第 33 期，2003 年 10 月 15 日。

257. 《賣胭脂》（佚名），出版年地不詳。

258. 梅山：〈選夫 —— 梅縣的故事〉，《民俗》週刊，第 65 期，1929 年。

259. 《美禁華工拒約報》，廣州，1905 年版。

260. 《蒙正招親》（佚名），出版年地不詳。

261. 《孟子正義》，北京：中華書局，1987 年。

262. 民國《赤溪縣志》。

263. 《民俗》週刊。

264. 《明德社主辦學海書院簡章》，《宇宙旬刊》，第 2 卷，第 10 期，1935 年。

265. 內田慶市：〈“官話”研究における“漢訳聖書の 位置付け〉，《中國關係論説資料》，第 35 卷，2－1。

266. 倪海曙：《清末中文拼音運動編年史》，上海：上海人民出版社，1959 年。

267. 鳥居久靖：《館藏廣州俗曲目書目》，Biburia ビブリア，第 45 期，1971 年。

268. 歐大任:《百越先賢志》,《叢書集成》版。

269. 歐榘甲:《新廣東》(1901年),張枬、王忍之編:《辛亥革命前十年間時論選集》,北京:生活・讀書・新知三聯書店,1978年重印。

270. 潘懋元、劉海峰:《中國近代教育史資料彙編:高等教育》,上海:上海教育出版社,1993年。

271. 潘淑華:《"建構"政權,"解構"迷信？ —— 1929年至1930年廣州市風俗改革委員會的個案研究》,載鄭振滿、陳春聲主編:《民間信仰與社會空間》,福州:福建人民出版社,2003年。

272. 培之:〈潮州民間神話二則〉,《民俗》週刊,第31期,1928年。

273. 佩韋居士編:《省話八聲七絕》,會城藝新印務局,1912年。

274. 祁彪佳著,黃裳校錄:《遠山堂明曲品劇品校錄》,上海:古典文學出版社,1957年。

275. 錢曼倩、金林祥:《中國近代學制比較研究》,廣州:廣東教育出版社,1996年。

276. 錢穆:《晚學盲言》,台北:東大圖書股份有限公司,1987年。

277. 錢穆:《中國近三百年學術史》,上海:商務印書館,1937年。

278. 乾隆《潮州府志》。

279. 乾隆《番禺縣志》。

280. 乾隆《高州府志》。

281. 乾隆《嘉應州志》,廣州:廣東省中山圖書館,1991年。

282. 乾隆《新會縣志》。

283. 乾隆《增城縣志》。

284. 欽珮:〈翁源山歌〉,《民俗》週刊,第75期,1929年。

285. 《清高宗純皇帝實錄》。

286. 清華大學校史編寫組:《清華大學校史稿》,北京:中華書局,1981年。

287. 清水:〈翁源兒歌〉,《民俗》週刊,第91期,1929年。

288. 清水:〈讀蘇粵婚喪〉,《民俗》週刊,第35期,1928年。

289. 邱捷:〈關於孫中山家世源流的資料問題〉,《孫中山研究叢刊》,第5輯,1987年。

290. 邱捷：〈再談關於孫中山的祖籍問題〉，《中山大學學報》，1990 年，第 4 期。

291. 邱平：〈西南政變後中山大學的兩次易長〉，《廣東文史資料》，第 13 輯，1964 年。

292. 屈大均：《廣東新語》，廣州：水天閣康熙三十九年（1700）版。

293. 屈大均：《廣東新語》，香港：中華書局，1974 年。

294. 璩鑫圭、唐良炎編：《中國近代教育史資料彙編：學制演變》，上海：上海教育出版社，1991 年。

295. 《勸戒社彙選》（佚名），光緒二年（1876），出版地不詳，疑為廣州，英國大英圖書館藏。

296. 《仁化鄉土志》，鈔本，廣東省中山圖書館藏。

297. 《日本現存粵語研究書目》，天理：日本天理大學，1952 年。

298. 容肇祖：〈告讀者〉，《民俗》週刊，第 71 期，1929 年。

299. 容肇祖：〈粵謳及其作者〉，《歌謠週刊》，第 2 卷，第 14 期，1936 年。

300. 容肇祖：〈迷信與傳說自序〉，《民俗》週刊，第 77 期，1929 年。

301. 容肇祖：〈容肇祖自傳〉，《東莞文史》，第 29 期，1998 年。

302. 容肇祖：〈我的家世和幼年〉，載東莞市政協編：《容庚容肇祖學記》，廣州：廣東人民出版社，2004 年。

303. 容肇祖：〈我最近對於 民俗學要說的話〉，《民俗》週刊，第 111 期，1933 年。

304. 容肇祖：〈學海堂考〉，《嶺南學報》，第 3 卷，第 4 期，1934 年。

305. 容肇祖：〈徵集方言之我見〉，《歌謠週刊》，第 35 期，1923 年。

306. 阮真：〈幾種現行初中國文教科書的分析研究〉，《嶺南學報》，第 1 卷，第 1 期，1929 年

307. 《三鳳鸞全套》（佚名），1872 年，1915 重印，出版地不詳。

308. 桑兵：《晚清學堂學生與社會變遷》，台北：稻禾出版社，1991 年。

309. 莎彝尊：《正音辨微》，廣州，道光十七年版（1837）。

310. 莎彝尊：《正音咀華》，廣州聚文堂藏板，咸豐三年（1853）。

311. 《山伯訪友》（佚名），廣州：廣文堂，出版年不詳。

312. 商壁：《粵風考釋》，桂林：廣西民族出版社，1985 年。

313. 商衍鎏：《清代科舉考試述錄》，1958年，北京：新華書店，1983年。

314. 邵彬儒：《俗話傾談》、《俗話傾談》二集，瀋陽：春風文藝出版社，1997年，中國古代珍稀本小說續第2冊。

315. 邵彬儒：《俗話傾談》初集，出版年地不詳，廣東省中山圖書館藏。

316. 邵彬儒：《俗話爽心》，廣州：守經堂，出版年不詳，約民國年間。

317. 邵鴻：〈清代後期江西賓興活動的官、紳、商 —— 清江縣的個案〉，南開大學社會史研究中心編：《中國社會歷史評論》，第4輯，北京：商務印書館，2002年。

318. 石峻：〈客途秋恨與繆蓮仙〉，《藝林叢錄》，第3輯，香港：商務印書館，1962年。

319. 《時事畫報》。

320. 壽羅香林教授論文集編輯委員會：《壽羅香林教授論文集》，香港：萬有圖書公司，1970年。

321. 順治《潮州府志》。

322. 司馬遷：《史記》，北京：中華書局，1975年。

323. 司徒尚紀：〈廣東文化地理〉，廣州：廣東人民出版社，1993年。

324. 司徒優：〈讀了台山歌謠集之後〉，《民俗》週刊，第74期，1929年。

325. 孫文：〈三民主義〉，曹錦清編：《民權與國族 —— 孫中山文選》，上海：遠東出版社，1994年。

326. 《太師梁儲傳》（佚名），香港：陳湘記書局，出版年不詳。

327. 譚彼岸：《晚清的白話文運動》，武漢：湖北人民出版社，1956年。

328. 譚汝謙編：《中國譯日本書綜合目錄》，香港：中山大學出版社，1980年。

329. 譚正璧、譚尋：《木魚歌，潮州 歌敘錄 》，北京：書目文獻出版社，1982年。

330. 田仲一成：《清代地方劇資料集（二）華中、華南篇》，東京：東洋文化研究所，1969年。

331. 《挑線櫃》（佚名），出版年地不詳。

332. 同治《 南海縣志》。

333. 同治《高要縣志》。

334. 同治《廣州府志》。

335. 同治《新會縣志》。

336. 《土話指南》（佚名），上海：土山灣慈母堂第二次印 1908 年版。

337. 萬曆《永安縣志》。

338. 汪宗衍：《陳東塾（澧）先生年譜》，台北：文海出版社，1970 年。

339. 汪宗衍：〈關於粵謳輯者通信〉，《民間文藝》，第 2 輯，1927 年。

340. 王立達：《現代漢語中從日語借來的詞彙》，《中國語文》，第 68 期，1958 年。

341. 王美嘉編：《民國時期廣東省政府檔案史料選編》，廣州：廣東省檔案館，1987－1989 年。

342. 王齊樂：《香港中文教育發展史》，香港：波文書局，1983 年。

343. 王士楨：《南海集》，出版年地不詳，序於康熙二十三年（1684）。

344. 王水照選注：《蘇軾選集》，上海：上海古籍出版社，1984 年。

345. 王文寶：《容肇祖與中山大學民俗學會》，《民間文學論壇》，1987 年，第 5 期。

346. 王先明：《近代紳士：一個封建階層的歷史命運》，天津：天津人民出版社，1997 年。

347. 王章濤：《阮元年譜》，合肥：黃山書社，2003 年。

348. 王兆椿：《從戲曲的地方性縱觀粵劇的形成與發展》，劉靖之、冼玉儀編：《粵劇研討會論文集》，香港：香港大學亞洲研究中心，三聯書店（香港）有限公司，1995 年。

349. 韋承祖：〈廣東靈西婚喪概述〉，《民俗》週刊，第 25－26 期，1928 年。

350. 《溫舊情》（佚名），廣州：廣文堂，出版年不詳。

351. 溫肅：《溫文節公集》，出版年地不詳。

352. 《文章遊戲》（佚名），廣州，嘉慶廿一、廿三，道光元年、四年（1816，1818，1821，1824）各版。

353. 翁輝東、黃人雄：《首版潮州鄉土地理教科書》，曉鐘報社 1909 年版。

354. 吳楚帆：《吳楚帆自傳》，香港：偉青書店，1956 年。

355. 吳道鎔：《澹庵文存》，1937 年，出版地不詳。

356. 吳道鎔：《廣東文徵作者考》，1915 年，台北：台灣商務印書館，1971 年重印。

357. 吳道鎔：《勝朝粵東遺民錄》，張淦祥、楊寶霖主編：《莞水叢書第四種》，樂水園 2003 年版。

358. 吳道鎔編：《廣東文徵》，香港：珠海書院，1973 年。

359. 吳平、邱明一編：《周作人民俗學論集》，上海：上海文藝出版社，1999 年。

360. 吳天任：〈黃榮康傳〉，載黃耀案選注，政協廣東省三水縣文史委員會編：《黃祝蕖戰時詩選》，北京：中國文史出版社，1990 年。

361. 吳天任編著：《清何翽高先生國炎年譜》，台北：台灣商務印書館，1981 年。

362. 吳相湘：《民國百人傳》，第 1 輯，台北：傳記文學出版社，1971 年。

363. 吳義雄：〈"廣州英語"與 19 世紀中葉以前的中西交往〉，《近代史研究》，2001 年第 3 期。

364. 吳義雄：《在宗教與世俗之間 —— 基督教新教傳教士在華南沿海的早期活動研究》，廣州：廣東教育出版社，2000 年。

365. 伍梅、龔炳章編輯：《廣寧縣鄉土志》，出版年地不詳。

366. 西川喜久子：《珠江三角洲の地域社會と宗族‧鄉紳 —— 南海縣九江鄉のばあい》，《中國關係論說資料》，第 33 卷，3－1，1991 年。

367. 夏東元編：《鄭觀應集》，上海：上海人民出版社，1982 年。

368. 咸豐《順德縣志》。

369. 咸豐《續修高要縣志稿》。

370. 《鹹水歌》，出版年地不詳，廣東省立中山圖書館藏。

371. 冼玉清：〈中國最早發明攝影機的科學家〉，《廣東文獻叢談》，香港：中華書局 1965 年版。

372. 冼玉清：〈清代六省戲班在廣東〉，《中山大學學報》，1963 年，第 3 期。

373. 冼玉清：〈招子庸研究〉，《嶺南學報》，第 8 卷，第 1 期，1947 年。

374. 香迷子：《再粵謳》，廣州：五桂堂，1890 年。

375. 蕭繼宗編：《新生活運動史料》，台北：中國國民黨中央委員會黨史委員會，1975 年。

376. 蕭啟岡、楊家蕭編：《學部審定嘉應新體鄉土地理教科書》，啟新書局 1910 年版。

377. 蕭錚：《民國二十年代中國大陸土地問題資料》，台北：成文出版社，1977年。

378. 《笑刺肚》（佚名），香港，出版年不詳。

379. 謝蘭生：《常惺惺齋日記》（嘉慶廿三年至道光九年，1818－1829），中國國家圖書館藏。

380. 〈辛亥革命及龍濟光統治時期〉，《廣東文史資料》，第43輯，1984年。

381. 《新刻百八鐘》（佚名），廣州：守經堂，1889年。

382. 《新民叢報》，台北：藝文印書館，1966年重印。

383. 《新增後續改良嶺南即事叢刊》（佚名），廣州：守經堂，出版年不詳。

384. 熊月之：《西學東漸與晚清社會》，上海：上海人民出版社，1994年。

385. 《繡像第八才子箋注》（佚名），福文堂藏板，出版年不詳，法國巴黎國家圖書館藏。

386. 《繡像第八才子書》（佚名），考文堂藏板，出版年不詳，英國大英圖書館藏。

387. 〔徐〕金池編纂：《廣東和平徐氏宗譜總譜》，1991年編印，1993年重印。

388. 徐世昌：《清儒學案》，台北：世界書局，1979年重印。

389. 徐思道：《東莞底風俗 —— 喊驚》，《民俗》週刊，第52期，1929年。

390. 徐渭著，李夏波、熊澄宇注釋：《南詞敘錄注釋》，北京：中國戲劇出版社，1989年。

391. 許地山：〈粵謳在文學上底地位〉，《民鐸雜誌》，第3卷，第3期，1922年；又載於《民俗叢書》，第56輯，台北：東方文化書局，1971年重印。

392. 許復琴：《廣東民間文學的研究》，香港：海潮出版社，1958年。

393. 許家維：〈姊妹會與神童〉《民俗》週刊，第5期，1929年

394. 宣統《東莞縣志》。

395. 宣統《番禺縣志》。

396. 宣統《高要縣志》。

397. 宣統《南海縣志》。

398. 宣統《增城縣志》。

399. 薛虹：《中國方志學概論》，黑龍江：黑龍江人民出版社，1984年。

400. 《學海堂志》，香港：亞東學社，1964 年重印。

401. 〈學務大臣奏據編書局監督編成鄉土志例目擬通飭編輯片〉，《東方雜誌》，第 2 卷，第 9 期，1905 年。

402. 〈訓令第 581 號：禁止男女學生不得共同演劇及演習戲曲俗樂曲〉，《廣東教育公報》，第 1 卷，第 6 期，1928 年 12 月。

403. 嚴復著，王栻編：《嚴復集》，北京：中華書局，1986 年。

404. 嚴忠明：〈《豐湖雜記》與客家民系形成的標誌問題〉，《西南民族大學學報‧人文社科版》，總 25 卷，第 9 期，2004 年 9 月。

405. 《羊城竹枝詞》（佚名），吟香閣藏板，1877 年。

406. 楊寶霖：〈愛國志士鄧淳和他的《嶺南叢述》〉，楊寶霖等編輯：《東莞近百年文化名人專輯》，中國人民政治協商會議，東莞市委員會文史資料委員會出版，1998 年。

407. 楊寶霖：《東莞詩詞俗曲研究》，樂水園印行，2002 年。

408. 楊成志：《民俗學問題格》，1928 年，台北 1969 年重印。

409. 楊恩壽：《坦園日記》，約同治（1862－1874）年間，上海：上海古籍出版社 1983 年版。

410. 《楊妃醉酒》（佚名），廣州：以文堂，出版年不詳。

411. 楊國楨：《林則徐考》，福州：福建人民出版社，1989 年。

412. 楊國楨編：《林則徐書簡》，福州：福建人民出版社，1981 年。

413. 楊冀嶽：〈黃遵憲與胡曉岑〉，興寧縣政協文史委員會編：《興寧文史》第 17 輯《胡曦曉岑專輯》，1993 年。

414. 楊文信：〈試論雍正、乾隆年間廣東的“正音運動”及其影響〉，載單周堯、陸鏡光主編：《第七屆國際粵方言研討會論文集》（《方言》2000 年增刊），北京：商務印書館，2000 年。

415. 楊予六：《中國歷代地方行政區劃》，台北：中華文化出版事業委員會，1957 年。

416. 姚薇元：《鴉片戰爭史實考 —— 魏源道光洋艘征撫記考訂》，北京：北京人民出版社，1984 年。

417. 葉寶奎：《明清官話音系》，廈門：廈門大學出版社，2001 年。

418. 葉恭綽：《遐庵談藝錄》，香港：太平書局，1961 年。

419. 葉少華：〈東莞明倫堂〉，《東莞文史》，第 30 期，1999 年。

420. 乙堂（羅香林）：《香港崇正總會發展史》，香港崇正總會編：《崇正總會三十周年紀念特刊》，1950 年。

421. 《易蘭池先生榮哀錄》，廣州第八甫藝通印務局承刊，1920 年。

422. 《軼聞文選》，廣東省立中山圖書館藏民國剪報冊，年份不詳，約 1920－1930 年代。

423. 應劭：《風俗通義》，上海：上海古籍出版社，1990 年。

424. 《英台回鄉南音》（佚名），出版年地不詳。

425. 雍正《廣東通志》。

426. 《由英話淺學啟蒙書譯》（佚名），出版地不詳，同治十二年（1873）。

427. 《遊花園》（佚名），廣州：以文堂，出版年不詳。

428. 于飛：〈關於制錢〉，《民俗》週刊，第 101 期，1930 年。

429. 余一心：《抗戰以來的中山大學》，《教育雜誌》，第 31 卷，第 1 期，1941 年。

430. 余英時：《文化評論與中國情懷》，台北：允晨文化實業股份有限公司，1988 年。

431. 俞蛟：《潮嘉風月記》，上海：上海古籍出版社，1990 年。

432. 虞學圃、溫歧石：《江湖尺牘分韻撮要合集》，佛山：英華書局，出版年不詳，約民國年間。

433. 虞學圃、溫歧石：《江湖尺牘分韻撮要合集》，廣州：翰寶樓，序於乾隆四十七年（1782）。

434. 虞學圃、溫歧石：《江湖尺牘分韻撮要合集》，廣州：聚經堂，咸豐十年（1860）。

435. 《原本招子庸正粵謳解心》，省城太平門外第七甫口堂板，出版年不詳。

436. 袁洪銘：〈兩姊妹的故事（東莞童話之一）〉，《民俗》週刊，1929 年，第 64 期。

437. 袁家驊：《漢語方言概要》，北京：文字改革出版社，1960 年。

438. 《粵音指南》（佚名），出版年地不詳。

439. 《越華報》。

440. 曾紀蔚：〈鄒魯在中山大學任內〉，《廣東文史資料》，第 18 輯，1965 年。

441. 《增廣嶺南即事雜撰》（佚名），上海：錦章圖書局，出版年不詳。

442. 張報和總纂：《始興縣鄉土志》，清風橋文茂印局，出版年不詳。

443. 張伯楨：《袁督師配祀關嶽議案》，《滄海叢書》，北京：滄海叢書社，1915 年。

444. 張解民：〈宣統遺老溫肅生平述略〉，《順德文史》，第 5 期，1985 年 1 月。

445. 張心泰：《粵遊小志》，夢楳僊館藏板，序於光緒廿五年（1899）。

446. 張玉成：《南北官話纂編大全 》，乾隆五十五年（1790），出版地不詳，一貫堂，嘉慶廿五年（1820）重刻。

447. 招勉之：《關於粵謳及其作者的尾巴〉，《民俗》週刊，第 19－20 期，1928 年。

448. 招子庸：《校本正粵謳》，廣州城內學院前麟書閣板，1910 年。

449. 招子庸：《粵謳》，出版年地不詳，序於道光八年（1828）。

450. 招子庸：《粵謳》，廣州第七甫通藝局石印，出版年不詳。

451. 招子庸：《粵謳》，廣州石經堂書局影印，光緒十七年（1891）。

452. 招子庸：《粵謳》，省城第七甫五桂堂藏板，出版年不詳。

453. 招子庸：《越謳》，十六甫萃古堂發兌，出版年不詳。

454. 招子庸：《正粵謳》，廣州荳雲閣，出版年不詳。

455. 《招子庸粵謳》，鈔本，廣東省中山圖書館藏。

456. 招子庸著，陳寂評注：《粵謳》，廣州：廣東人民出版社，1986 年。

457. 趙爾巽：《清史稿》，1928 年，《二十五史》，上海：上海古籍出版社，上海書店 1986 年版。

458. 趙世瑜：《眼光向下的革命:中國現代民俗學思想史論（1918－1937）》，北京：北京師範大學出版社，1999 年。

459. 趙煜：《吳越春秋》，四部備要‧史部，上海中華書局。

460. 肇慶市端州區地方志編纂委員會編：《肇慶市志》，廣州：廣東人民出版社，1996 年。

461. 《真好唱》（佚名），出版年地不詳，序於光緒三十年（1904）。

462. 鄭德華：〈客家歷史文化的承傳方式 —— 客家人"來自中原"說試析〉，《學術研究》，2005 年，第 3 期。

463. 鄭德能：《胡適之先生南來與香港文學》（原載《香港華南中學校刊》創刊號，1935 年 6 月 1 日），收入鄭樹森、黃繼持、盧瑋鑾編：《早期香港新文學資料選（1927－1941）》，香港：天地圖書有限公司，1998 年。

464. 鄭放、何凱怡等：〈五四運動在廣東各地〉，《廣東文史資料》，第 24 輯，1979 年。

465. 鄭師渠：《國粹，國學，國魂 —— 晚清國粹學派文化思想研究 》，台北：文津出版社，1992 年。

466. 鄭師渠：《晚清國粹派:文化思想研究》，北京:北京師範大學出版社，1997 年。

467. 鄭振鐸：〈巴黎國家圖書館中之中國小説與戲曲〉（1927 年），載鄭振鐸：《中國文學研究》，香港：古文書局，1961 年重印。

468. 鄭振鐸：《中國俗文學史》，1938 年，北京：文學古籍刊行社，1959 年重印。

469. 鄭振滿：《明清福建家族組織與社會變遷》，長沙:湖南教育出版社，1992 年。

470. 政協肇慶史委員會、文史資料研究委員會：《肇慶文史:肇慶地方歷史簡編》，第 1 輯，1985 年。

471. 中國科學院、上海經濟研究所、上海社會科學院經濟研究所編：《南洋兄弟煙草公司史料》，上海：上海人民出版社，1958 年。

472. 中國科學院北京天文台:《中國地方志聯合目錄》，北京:中華書局，1985 年。

473. 中國人民政治協商會議、廣東省廣州市委員會：《廣州文史資料專輯:廣州近百年教育史料》，廣州：廣東人民出版社，1983 年。

474. 《中國日報》（1904－1908）。

475. 《中華民國高要縣志初編》。

476. 中山大學歷史系、中國近代現代史教研組研究室編：《林則徐集‧日記》，北京:中華書局，1962 年。

477. 中條修、李大清:《近代新漢語 における中日語彙の交流 —— 逆移入され な日本制中日同形漢語の異同を中心 に》，《中國關係論説資料》，第 35 卷，2－2，1993 年。

478. 鍾貢勳：《戴校長與母校》，國立中山大學校友會編：《國立中山大學成立五十周年紀念特刊 》，台北：國立中山大學校友會，1974 年。

479. 鍾貢勳：〈季師主持中山大學的五年〉，《戴季陶先生文存三續編》，台北：中國國民黨中央委員會，1971 年，第 233－245 頁。

480. 鍾敬文：〈我在民俗學研究上的指導思想及方法論〉，《民間文學論壇》，1994

年，第 1 期。

481. 周去非：《嶺外代答》，上海：上海遠東出版社，1996 年。

482. 朱謙之：《自傳兩種》，台北：龍文出版社，1993 年。

483. 朱希祖：〈恢復《民俗》週刊的發刊詞〉，《民俗》週刊，第 111 期刊，1933 年。

484. 《朱希祖先生文集》，台北：九思出版有限公司，1979 年。

485. 朱有瓛：《中國近代學制史料》，上海：華東師範大學出版社，1983 年。

486. 《朱子語類》，北京：中華書局，1986 年。

487. 珠海市政協、暨南大學歷史系編：《唐紹儀研究論文集》，廣州：廣東人民出版社，1989 年。

488. 鄒伯奇：《鄒徵君存稿》，出版地不詳，序於同治十一年（1873）。

489. 鄒伯奇：《鄒徵君遺書》，粵東省城西湖街富文齋刊印，同治十一年（1873）。

490. 鄒魯：《回顧錄》，長沙：岳麓書社，2000 年。

491. 鄒魯、張煊：《漢族客福史》，出版年地不詳，序於宣統二年（1910）。

# 二、英文

1. Anderson, Benedict, *Imagined Communities: Reflections of the Origins and Spread of Nationalism*, 1983, reprinted London: Verson, 1985.

2. Ball, James Dyer, *Cantonese made easy*, Hong Kong: China Mail Office, 1888.

3. Ball, James Dyer, *Cantonese made easy,* Hong Kong: Kelly & Walshm 1892.

4. Ball, James Dyer, *How to speak Cantonese: fifty conversations in Cantonese colloquial* Hong Kong: China Mail Office, 1889.

5. Ball, James Dyer, *The Shun-tak dialect*, Hong Kong: China Mail Office, 1901.

6. Berger, Peter, Luckmann,Thomas, *The Social Construction of Reality: a treatise in the sociology of knowledge*, London: Penguin Press, 1967.

7. Braudel, Fernand, "The History of Civilizations: The Past Explains the Present", in his *On History* (translated by Sarah Matthews), Chicago: The University of Chicago

Press, 1980.

8. Bridgman, E. C., *Chinese Chrestomathy in the Canton dialect,* Macao: S. Wells William, 1841.

9. Briggs, Asa, *Victorian Things*, London: B.T. Batsford Ltd, 1988.

10. Brokaw, Cynthia, *The Ledgers of Merit and Demerit: Social Change and Moral Order in Late Imperial China*, Princeton, New Jersey: Princeton University Press, 1991.

11. Brook, Timothy, *Praying for Power: Buddhism and the Formation of Gentry Society in Late-Ming China*, Cambridge [Mass.]: The Council on East Asian Studies, Harvard University and the Harvard-Yenching Institute, 1993.

12. Buck, John Lossing, *Chinese Farm Economy*, Chicago: University of Chicago Press, 1930.

13. Burke, Peter, *Popular Culture in Early Modern Europe*, Hants: Scolar Press, first edition 1978, revised reprint 1994.

14. Burne, Charlotte, *The Handbook of Folklore*, London: Sidgwick & Jackson, 1914.

15. Ch'i, Hsi-Sheng, *Nationalist China at War: Military Defeats and Political Collapse, 1937-45*, Ann Arbor: The University of Michigan Press, 1982.

16. Chalmers, John, *English and Cantonese Pocket Dictionary*, Hong Kong: Chinese Printing & Publishing Company, 1873.

17. Chan Wing-hoi, "Ordination names in Hakka genealogies: a religious practice and its decline", in Helen Siu, David Faure (eds.) *Down to earth: the territorial bond in South China*, Stanford: Stanford University Press, 1995, pp. 65-82.

18. Chang, Chung-li, *The Chinese Gentry: Studies on their Role in Nineteenth-Century Chinese Society*, Seattle: University of Washington Press, 1955.

19. Chang, Chung-li, *The Income of the Chinese Gentry*, Washington: University of Washington Press, 1962.

20. Chang, Hao, *Liang Ch'i-ch'ao and Intellectual Transition in China 1890-1907*, Cambridge [Mass.]: Harvard Universtiy Press, 1971.

21. Chang, Hsin Pao, *Commissioner Lin and the Opium War*, Cambridge [Mass.]: Harvard University Press, 1964.

22. *Chinese phonetic vocabulary: containing all the most common characters, with*

*their sounds in the Canton dialect*（中文書名《初學粵音切要 》）, Hong Kong: London Missionary Society Press, 1855.

23.　Choi Po King, "Education and Politics in China: Growth of the Modern Intellectual Class 1895-1949", (unpublished D.Phil. dissertation, Oxford: University of Oxford, 1987).

24.　Chung, Stephanie Po-yin, *Chinese Business Groups in Hong Kong and Political Change in South China, 1900-25*, Basingstoke: Macmillan Press Ltd, 1998.

25.　Cohen, Myron, "Being Chinese: The Peripheralization of Traditional Identity", in "The Living Tree: The Changing Meaning of Being Chinese Today", *Daedalus*, Vol. 120, No. 2, 1991, pp. 113-134.

26.　Crossley, Pamela Kyle, Siu, Helen and Sutton, Donald (eds.), *Empire at the Margins: Culture, Ethnicity and Frontier in Early Modern China* (forthcoming).

27.　Crossley, Pamela, "Thinking about Ethnicity in Early Modern China", *Late Imperial China*, Vol. 11, No. 1, 1990, pp. 1-34.

28.　DeFrancis, John, *The Chinese Language: fact and fantasy*, Honolulu: University of Hawaii Press, 1984.

29.　*Dictionary of American Biography*, Supplement Four 1946-50, New York, Charles Scribner's Sons, New York, 1974.

30.　Dikötteer, Frank, *The Discourse of Race in Modern China*, Stanford: Stanford University Press, 1992.

31.　Dirlik, Arif, "The ideological foundations of the New Life Movement: a study in counterrevolution", *Journal of Asian Studies*, Vol. 34, No. 4 , 1975, pp. 945-980.

32.　Duara, Prasenjit, "Knowledge and Power in the Discourse of Modernity: The Campaigns Against Popular Religion in Early Twentieth-Century China", *Journal of Asian Studies*, Vol. 50, No. 1, 1991, pp. 67-83.

33.　Duara, Prasenjit, "Superscribing Symbols: The Myth of Guandi, Chinese God of War", *Journal of Asian Studies*, Vol. 47, No. 4, 1988, pp. 778-795.

34.　Dudbridge, Glen, "The Goddess Hua-Yueh San-niang and the Cantonese Ballad Ch'en-hsiang T'ai-tzu", *Chinese Studies*（漢學研究）, Vol. 8, No. 1, 1990, pp. 627-646.

35.　Eastman, Lloyd, "Nationalist China during the Naking decade 1927-1937", in

Eastman, Lloyd, Ch'en, Jerome, Pepper, Suzanne, and Van Slyke, Lyman (eds.), *The Nationalist Era in China 1927-1949*, Cambridge: Cambridge University Press, 1991.

36. Eberhard, Wolfram, *Folktales of China*, Chicago: The University of Chicago Press, 1965.

37. Ebrey, Patricia Buckley, *Confucianism and Family Rituals in Imperial China, A Social History of Writing about Rites*, Princeton: Princeton University Press, 1991.

38. Eitel, John, *A Chinese dictionary in the Cantonese dialect*, London: Trubner & Co., Hong Kong: Lane, Crawford & Co., 1877.

39. Elman, Benjamin, "Qing Dynasty 'Schools' of Scholarship", *Ch'ing-shih wen-t'i*, Vol. 4, No. 6, 1981, pp. 1-44.

40. Elman, Benjamin, "The Hsueh-Hai T'ang and the Rise of New Text Scholarship in Canton", *Ch'ing-shih wen-t'i*, Vol. 4, No. 2, 1979, pp. 51-82.

41. Elman, Benjamin, *Classicism, Politics and Kinship: The Ch'ang-chou School of New Text Confucianism in Late Imperial China*, Berkeley: University of California Press, 1990.

42. Elman, Benjamin, *From Philosophy to Philology: Intellectual and Social Aspects of Change in Late Imperial China*, Cambridge [Mass.]: Council on East Asian Studies, Harvard University, 1984.

43. Esherick, Joseph, Rankin, Mary, *Chinese Local Elites and Patterns of Dominance*, Berkeley, Los Angeles, London: University of California Press, 1990.

44. Faure, David and Siu, Helen (eds.), *Down to Earth: The Territorial Bond in South China*, Stanford: Stanford University Press, 1995.

45. Faure, David, "Becoming Cantonese, the Ming Dynasty Transition", in Faure, David, Liu, Tao Tao (eds.), *Unity and Diversity: Local Cultures and Identities in China*, Hong Kong: Hong Kong University Press, 1996.

46. Faure, David, "The Lineage as a Cultural Invention: the case of the Pearl River Delta", *Modern China*, Vol. 15, No. 1, 1989, pp. 4-36.

47. Faure, David, *The structure of Chinese rural society: lineage and village in eastern New Territories*, Hong Kong: Oxford University Press, 1986.

48. Fei Xiaotong, *China' s Gentry: essays in rural-urban relations* (a collection of essays written by Fei in 1947 and 48), Chicago and London: The University of Chicago

press, 1953.

49. Freedman, Maurice, *The Study of Chinese Society* (a collection of essays written by Freedman in the 1960s and 70s, edited by G. William Skinner), Stanford: Stanford University Press, 1979.

50. Fried, Morton , "Community Studies in China", *The Far Eastern Quarterly*, Vol. 14, No. 1, 1954, pp. 11-36.

51. Gamble, Sidney, *Ting Hsien: A North China Rural Community*, New York: Institute of Pacific Relations, 1954.

52. Godley, Michael, "China's World's Fair of 1910: Lessons from a Forgotten Event", *Modern Asian Studies*, Vol. 12, No. 3, 1978, pp. 503,521.

53. Goody, Jack, *Literacy in Traditional Societies*, Cambridge, Cambridge University Press, 1968.

54. Goody, Jack, *Logic of Writing and the Organization of Society*, Cambridge, New York: Cambridge University Press, 1986.

55. Goody, Jack, *The Domestication of the Savage Mind*, Cambridge, London, New York, Melbourne: Cambridge University Press, 1977.

56. Gunn, Edward, *Rewriting Chinese: style and innovation in twentieth-century Chinese prose*, Stanford: Stanford University Press, 1991.

57. Harrell, Stevan (ed.), *Cultural Encounters on China's Ethnic Frontiers and Harrell, Ways of being Ethnic in Southwest China*, Seattle: University of Washington Press, 1994.

58. Hashimoto, Oi-kan Yue, *Phonology of Cantonese*, Cambridge: Cambridge University Press, 1972.

59. Hisayaki Miyakawa, "The Confucianization of South China", in Wright, Arthur (ed.), *The Confucian Persuasion*, Stanford: Stanford University Press, 1960, pp. 21-46.

60. Ho, Ping-ti, *The ladder of success in Imperial China: aspects of social mobility, 1368-1911*, New York: Wiley, 1964.

61. Hobsbawm, Eric and Ranger, Terrance (eds.), *The Invention of Tradition*, Cambridge: Cambidge University Press, 1983.

62. Hsiao, Kung-chuan, *Rural China: Imperial Control in the Nineteenth Century*, Seattle:

University of Washington, 1960.

63. Hummel, Arthur, *Eminent Chinese of the Ch'ing Period (1644-1912)*, Washington: United States Government Printing Office, 1944.

64. Hung, Chang-tai, *Going to the People: Chinese Intellectuals and Folk Literature 1918-1937* Cambridge [Mass.]: The Council on East Asian Studies, Harvard University, 1985.

65. Huntington, Ellsworth, *The Character of Races*, New York, London: Charles Scribner's Sons, 1924.

66. Jenks, Edward, *A History of Politics*, London, 1900.

67. Jones, Richard Foster, *The Triumph of the English Language: a survey of opinions concerning the vernacular from the introduction of printing to the Restoration*, Stanford: Stanford University Press, 1953.

68. Kwong, Luke, *A Mosaic of the Hundred Days: personalities, politics and ideas of 1898* Cambridge [Mass.]: Council on East Asian Studies, Harvard University Press, 1984.

69. Lai, Jeh-Hang , "A Study of a Faltering Democrat, the Life of Sun Fo 1891-1949", (unpublished D. Phil. dissertation, Univeristy of Illinois, 1976).

70. Leibo, Steve, "Not So Calm an Administration: The Anglo-French Occupation of Canton 1858-1861", *Journal of the Hong Kong Branch of the Royal Asiatic Society,* Vol. 28, 1988, pp. 16-33.

71. Leong, Sow-Theng, "The Hakka Chinese of Lingnan: ethnicity and social change in modern times", in Pong, David, Fung, Edmund S.K. (eds.) (1985), *Idea and Reality: social and political change in modern China* (New York, London, University Press of America), 1985, pp. 287-322.

72. Leong, Sow-Theng, *Migration and Ethnicity in Chinese History: Hakkas, Pengmin, and Their Neighbors* (edited by Tim Wright, with an introduction and maps by G.William Skinner), Stanford: Stanford University Press, 1997.

73. Leung, Man-kam, "Juan Yuan (1764-1849) The Life, Works and Career of a Chinese Scholar-Bureaucrat" (unpublished D. Phil. dissertation, University of Hawaii, 1977).

74. Levenson, Joseph, "The Province, the Nation, and the World: The Problem of Chinese Identity", in Feuerwerker, Albert, Murphey, Rhoads, and Wright, Mary (eds.),

*Approaches to Modern Chinese History*, Berkeley and Los Angeles: University of California Press, 1967.

75. Levenson, Joseph, *Confucian China and its Modern Fate: The Problem of Monarchical Decay* Berkeley and Los Angeles: University of California Press, 1964.

76. Levenson, Joseph, *Confucian China and its Modern Fate: The Problem of Intellectual Continuity* London: Routledge and Kegan Paul Limited, 1965.

77. Levenson, Joseph, *Confucian China and its Modern Fate: The Problem of Historical Significance* London: Routledge and Kegan Paul Limited, 1965.

78. Lo, Jung-pang, *K'ang Yu-wei: a biography and a symposium*, Tucson: Published for the Association for Asian Studies by the University of Arizona Press, 1967.

79. Luk, Bernard Hung-Kay, "Chinese Culture in the Hong Kong Curriculum: Heritage and Colonialism", *Comparative Education Review*, Vol. 35, No. 4.

80. Luk, Bernard Hung-Kay, "Lu Tzu-chun and Ch'en Jung-kun: two exemplary figure in the ssu-shu education of pre-war urban Hong Kong", in Faure, David, Hayes, James, Birch, Alan (eds.), *From village to city: studies in the traditional root of Hong Kong society*, Hong Kong: Centre of Asian Studies, University of Hong Kong, 1984.

81. Lutz, Jessie Gregory, *China and the Christian Colleges 1850-1950*, Ithaca and London: Cornell University Press, 1971.

82. MacGillivray, D. (ed.), *A Century of Protestant Missions in China (1807-1907)*, 1907, reprinted San Francisco: Chinese Materials Center, Inc.,1979.

83. Mair, Victor, "Language and Ideology in the Written Popularizations of the Sacred Edict", in Johnson, David, Nathan, Andrew, Rawski, Evelyn (eds.), *Popular Culture in Late Imperial China*, Berkeley and Los Angeles: University of California Press, 1985.

84. Mann, Susan and Kuhn, Philip, "Dynastic decline and the roots of rebellion", in Twitchett, Denis and Fairbank, John (eds.), *The Cambridge History of China*, Vol. 10, Late Ch'ing, 1800-1911, Part I Cambridge: Cambridge University Press, 1978, pp. 107-62.

85. Michael, Franz, "State and Society in Nineteenth century China", *World Politics*, Vol. 7, No. 3, 1955, pp. 419-433.

86. Miles, Steven Bradley, "Rewriting the Southern Han (917-971): The Production of Local Culture in Nineteenth-Century Guangzhou", *Harvard Journal of Asiatic*

*Studies*, Vol. 62, No. 1, June 2002, pp. 39-75.

87.  Miles, Steven Bradley, *The Sea of Learning: Mobility and Identity in Nineteenth-Century Guangzhou*, Cambridge [Mass.] and London: published by the Harvard University Asia Center, distributed by Harvard University Press, 2006.

88.  Morrison, Robert, *Vocabulary of the Canton Dialect*, Macau: The Honorable East India Company Press, 1828.

89.  Murray, Dian, *Pirates of the South China coast 1790-1810* , Stanford: Stanford University Press, 1987.

90.  Nicole Constable (ed.), *Guest People: Hakka Identity in China and Abroad*, Seattle and London: University of Washington Press, 1996.

91.  Ong, Walter, *Orality and Literacy: the technologizing of the word*, London, New York: Methuen & Co., 1982.

92.  Overmyer, Daniel, "Values in Chinese Sectarian Literature: Ming and Qing Pao-chuan", in Johnson, David, Nathans, Andrew, Rawski, Evelyn (eds.), *Popular Culture in Late Imperial China*, Berkeley and Los Angeles: University of California Press, 1985.

93.  Polachek, James, *The Inner Opium War*, Cambridge [Mass.] and London: The Council on East Asia Studies, Harvard University, 1992.

94.  Pomerantz-Zhang, Linda, *Wu Tingfang (1842-1922): Reform and Modernization in Modern Chinese History*, Hong Kong: Hong Kong University Press, 1992.

95.  Pong, David, "The Vocabulary of Change: Reformist Ideas of  the 1860s and 1870s", in Pong,  David, Fung, Edmund S. K. (eds.), *Idea and Reality: Social and Political Change in  Modern China*, Lanham, New York, London: University Press of America, 1985.

96.  *Questions and Answers to Things Chinese,* Canton, 1850, a British Library collection.

97.  Rawski, Evelyn, "Economic and Social Foundations of Late Imperial Culture", in Johnson, David, Nathan,  Andrew, Rawski, Evelyn (eds.),  *Popular Culture in Late Imperial China*, Berkeley,  Los Angeles,  London: University of California Press, 1985.

98.  Reynolds, David, "Redrawing China's Intellectual Map: Images of Science in Nineteenth-Century China", *Late Imperial China*, Vol. 12, No. 1, 1991, pp. 27-61.

99.  Rhoads, Edward, *China's Republic Revolution: the Case of Kwangtung, 1895-1913*,

Cambridge, [Mass.], Harvard University Press, 1975.

100. Sargart, Laurent, "Phonology of a Cantonese dialect of the New Territories: Kat Hing Wai", *Journal of Hong Kong Branch of Royal Asiatic Society,* Vol. 22, 1982, pp. 142-160.

101. Schneider, Laurence, "National Essence and the New Intelligentsia", in Furth, Charlotte (ed.), *The Limits of Change: Essays on Conservative Alternatives in Republican China*, Cambridge: [Mass.]: Harvard University Press), 1976, pp. 57-89.

102. Schneider, Laurence, *Ku Chieh-kang and China's New History: Nationalism and the Quest for Alternative Traditions*, Berkeley: University of California Press, 1971.

103. Schwartz, Vera, *The Chinese Enlightenment: Intellectuals and the Legacy of the May Fourth Movement of 1919*, Berkeley: University of California Press, 1986.

104. Siu, Helen (compiled and edited), *Furrows: Peasants, Intellectuals, and the State, Stories and Histories from Modern China*, Stanford: Stanford University Press, 1990.

105. Siu, Helen, "Recycling Tradition: Culture, History, and Political Economy in the Chrysanthemum Festivals of South China", in S. C. Humphreys, *Cultures and Scholarship*, Ann Arbor: The University of Michigan Press, 1997.

106. Siu, Helen, *Agents and Victims in South China: Accomplices in Rural Revolution*, New Haven and London: Yale University Press,1989.

107. Smith, Carl, *Chinese Christians: elites, middlemen, and the church in Hong Kong*, Hong Kong: Oxford University Press, 1985.

108. Snow, Donald, "A Short History of Published Cantonese: What is a Dialect Literature?", *Journal of Asian Pacific Communication*, Vol. 4, No. 3, 1994, pp. 127-48.

109. Snow, Donald, "Written Cantonese and the culture of Hong Kong: the growth of a dialect literature", (unpublished D.Phil. dissertation, Indiana: Indiana University), 1991.

110. Sollars, Werner, *The Invention of Ethnicity*, Oxford: Oxford University Press, 1989.

111. *The Illustrated London News.*

112. Tien Hung-mao, *Government and Politics in Kuomintang China 1927-1937*, Stanford: Stanford University Press, 1972.

113. *Times* (London)

114. Wakeman, Frederick, *Strangers at the Gate: Social disorder in south China, 1839-1861*, Berkeley and Los Angeles: University of California Press, 1966.

115. *Walter Schofield's collection of Cantonese songs* (n.d.), (bound and stocked in the Hong Kong Collection of the United College Library, the Chinese University of Hong Kong).

116. Wang Gungwu, *The Chineseness of China: selected essays*, Hong Kong: Oxford University Press, 1991.

117. Ward, Barbara, "Readers and Audiences: An Exploration of the Spread of Traditional Chinese Culture", in Jain, Ravindra (ed.), *Text and Context, the Social Anthropology of Tradition*, Philadelphia, Institute for the Study of Human Issues, Inc., 1977.

118. Ward, Barbara, "Sociological Self-Awareness: Some Uses of the Conscious Models", *Man*, Vol. 1, 1966.

119. Ward, Barbara, "Varieties of the Conscious Model: The Fishermen of South China", in her *Through Other Eyes: An Anthropologist's View of Hong Kong*, Hong Kong: The Chinese University Press, 1989.

120. Weber, Max (edited by Guenther Roth and Claus Wittich), *Economy and Society*, Berkeley: University of California Press, 1978, Ch. V.

121. *Who was who in American*, Vol. 2, Chicago: The A.N. Marquis Company, 1950.

122. *Who's who in China 1918-1950*, reprinted in Hong Kong, Chinese Material Center, 1982.

123. Wright, Arthur (eds.), *The Confucian Persuasion*, Stanford: Stanford University Press, 1960.

124. Yeh, Wen-hsin, *The Alienated Academy: Culture and Politics in Republican China 1919-1937* (Cambrdige, [Mass.]: Council on East Asian Studies, Harvard University,1990.

125. Young, Ernest, *The Presidency of Yuan Shih-k'ai*, Ann Arbor: The University of Michigan Press, 1977.

126. Yung, Bell, *Cantonese Opera: Performance as creative process*, Cambridge: Cambridge University Press, 1989.

127. Yung, Sai-shing, "Mu-yu shu and the Cantonese popular singing arts", *The Gest Library Journal*, Vol.2, No.1, 1987.

128. Yung, Wing, *My Life in China and America*, New York: Henry Holt and Company, 1909.

129. Zheng, Su De San, "From Toison to New York: Muk'Yu Songs in Folk Tradition", *Chinoperl Papers*, No. 16, 1992.

# 索引（按漢語拼音排序）

# 初 版 後 記

"學者願著何書？"——在學海堂落成後一年，兩廣總督阮元曾出此題策問堂中生徒，時任阮元幕僚的方東樹，兼閱學海堂課文，就此條策問作出了這樣的回應：

"余慨後世著書太易而多，殆於有孔子所謂不知而作者。"

在完成這部書稿的時候，讀到阮元此策問和方東樹此感慨，不禁汗顏。我讀書太少，才學疏淺，將讀書一得之見，勉力草成一書，既初嘗了著書不易之味，更生出"不知而作"之懼。不過，既然自己選擇了治學之途，總要將陋見訴諸文字，以求得同好切磋，高人指點。這疊稿子，畢竟是自己踏入求學門檻之後的一點心得，更何況，在我從事這個課題研究的過程中，得到許多師友鼓勵和教誨，作為一個於己於人的交代，把這本小書交與出版，或許談不上有什麼可取之處，但至少可以給我一個答謝師友的機會。

這本小書，是以我在牛津大學求學時期的博士論文為基礎寫成的。我的博士論文原來用英文寫成，寫作時主要以英文學界為對象，故在內容的細節、體例和行文習慣上，均與現在這本用中文出版的小書有較大的差別，但全書的基本視角和主要論點，都是在我寫作博士論文時形成的。因此，我首先要感謝的，是我的博士論文導師科大衛先生（Prof. David Faure），先是他願意收我這個素不相識的人為學生，再是他願意為我的冥頑不靈而怒髮衝冠，至今我都認為，成年之後還有人會為自己的不足而動怒，是人生中最值得珍視的一種福氣。儘管這本小書距離科先生的期望還很遠很遠，但如果沒有他的指點，可能我今天還不懂得如何爬上學術的門檻。科先生經常講，學生畢業以後，就成為朋友了。畢業以後，雖然我從他這個朋友中得到了更多的幫助，但更多的，是我從他那裏學到的東西，並沒有因為我已經畢業而減少，在我的感覺上，他永遠是我的老師，而我們從就讀中文大學以來即以"先生"稱之，也就是老師的意思。這個稱謂，是不會因為時地遷移而改變的。

我特別感銘於心的，是耶魯大學的蕭鳳霞教授（Prof. Helen Siu）以及她的母親蕭老太和姐姐 Esther。她們在我最困難的時候，給我提供了一個寧靜舒適的居住環境，在生活上給予我無微不至的關懷，使我可以安心地完成博士論文的寫作。自 1992 年認識 Helen 以來，儘管因為她的平易近人而從來沒有尊稱過她一聲"蕭教授"或"蕭老師"，而都是隨隨便便地以 Helen 稱之，但她在教室以外給我的指導和啟發卻是難以言盡的。

在牛津大學攻讀博士學位期間，我的一眾師友同窗，都給了我各種的指導和關懷。杜德橋教授（Prof. Glen Dudbridge）在史料翻譯上的嚴格把關，使我不敢輕視對一字一詞的精確理解。已故的龍彼德教授（Prof. Piet van der Loon）讓我瀏覽他起居室四壁滿載的戲文歌冊，使我領略到學術之淵的高深莫測。中國研究所的其他老師，包括 Dr. Tao Tao Liu、Dr. Laura Newby 和 Dr. Robert Chard，都在不同的方面給過我們許多指導和鼓勵。我還要感謝我的"德行導師"（moral tutor），治法國歷史的 Theodore Zeldin 教授，他在我思路最為閉塞之時，讓我跟他在大學公園踱步聊天，聆聽他治史為學的追求，至今雖僅剩下隻言片語，卻教我畢生受用。在同學和朋友當中，沈艾娣（Henrietta Harrison）、宋愫愫（Susanna Thornton）和在香港認識的美國學者傅靈湘（Lisa Fischler），除了在我的學習和生活中，給我許多幫助外，還在不同階段審讀過我用英文撰寫的博士論文，指正了我的舛誤。

　　我還難以忘懷的，是我大學階段的同學和朋友，特別是周立基、葉翠鳳和蕭榮漢三位，他們一直給予我許多精神上的支持。1994－1995 年間，為撰寫博士論文，我在台北從事了大半年的研究，經早前認識的台灣大學研究生費絲言的介紹，得以與另外兩位台大研究生王鴻泰和陳雯怡成為室友，我們一起讀書，相互切磋，分工做飯，在我日後的治學歷程中，這段學生時代的經歷一直是我抖擻精神的源泉。

　　在撰寫這部中文書稿期間，許多師友包括柯麗莎（Elisabeth Köll）、宋怡明（Michael Szonyi）、張瑞威、卜永堅、馬木池、鄭振滿、丁荷生（Kenneth Dean）、蔡志祥、廖迪生、張兆和等等，都給予我許多支持、關心和幫助。

　　這部小書的整個寫作過程，給我許許多多幫助的，還有中山大學的師友們。畢業以後，我到中山大學求職，在王珣章校長的安排下，得以受聘為中山大學教師，任教至今。中山大學歷史系的許多前輩學者對學術的執着和他們的人格魅力，給我極大的感召；我的同事之間融洽的關係，給了我一個可以靜下心來的工作環境，尤其是李萍、陳樹良、龍波等老師，在我的工作和生活上給予我多方面的關心和幫助，使我得以克服了種種困難，愉快地投入教學和研究。本書從英文的博士論文到中文的專著的寫作，特別得到桑兵、邱捷、陳春聲、劉志偉等教授的鼓勵、支持與鞭策，他們從我開始寫作博士論文以來，自始至終給予我多方面的指導，桑兵教授審閱了本書的初稿，提出了許多富有啟發的意見；劉志偉教授在我的書稿定稿之前，從頭到尾看了一遍，指正了各種大大小小的錯誤與疏漏。他們一直以來給予我許許多多的批評和指點，讓我時刻記住自己的治史工夫是如何的未到家。

在我的博士論文寫作階段，得到台灣漢學研究中心的資助；這本小書在深入研究和完稿階段，得到國家哲學社會科學研究基金青年項目、中山大學人文社會科學發展基金項目和香港大學人文社會研究所的資助，謹一併致謝。

我還要感謝我的二叔，如果當年沒有他的支持，我很難想像可以下決心遠赴牛津大學，開始另一段學習生涯。

最後，讓我以此書獻給我已故的外婆和阿爺，還有在病榻中的舅父，是他們把我撫養成人，我為我的因循延宕而未能讓他們親睹此書深感歉疚！

程美寶

2005 年 8 月 9 日於康樂園

| | |
|---|---|
| 責任編輯 | 俞　笛　李　斌 |
| 書籍設計 | 吳丹娜 |

| | |
|---|---|
| 書　　名 | 地域文化與國家認同：晚清以來"廣東文化"觀的形成 |
| 著　　者 | 程美寶 |
| 出　　版 | 三聯書店（香港）有限公司<br>香港北角英皇道 499 號北角工業大廈 20 樓<br>Joint Publishing (H.K.) Co., Ltd.<br>20/F., North Point Industrial Building,<br>499 King's Road, North Point, Hong Kong |
| 香港發行 | 香港聯合書刊物流有限公司<br>香港新界荃灣德士古道 220-248 號 16 樓 |
| 印　　刷 | 美雅印刷製本有限公司<br>香港九龍觀塘榮業街 6 號 4 樓 A 室 |
| 版　　次 | 2018 年 2 月香港第一版第一次印刷<br>2021 年 12 月香港第一版第二次印刷 |
| 規　　格 | 大 32 開（140 × 210 mm）416 面 |
| 國際書號 | ISBN 978-962-04-4280-3 |